新世纪普通高校工商管理类统编教材编委会

编委会主任

  王性玉 河南大学商学院 博士 教授 博导

编委会委员

  王 伟 郑州大学商学院 博士 教授 硕导
  冯海龙 河南大学商学院 博士 副教授 硕导
  唐华仓 河南农业大学经济管理学院 博士 教授 硕导
  任鸣鸣 河南师范大学经济与管理学院 博士 教授 硕导
  褚晓飞 河南科技大学经济学院 博士 副教授 硕导
  王定迅 河南财经政法大学会计学院 教授 硕导
  程云喜 河南工业大学管理学院 教授 硕导
  何 楠 华北水利水电学院管理与经济学院 博士 教授 博导
  田 军 郑州航空工业管理学院经贸学院 博士 教授 博导
  李保红 信阳师范学院经济与管理学院 博士 教授 硕导
  赵志泉 中原工学院经济管理学院 博士 副教授 硕导
  刘玉来 洛阳师范学院商学院 博士 教授 硕导
  史保金 河南科技学院经济与管理学院 教授
  赵国栋 商丘师范学院经济与管理学院 教授
  张振江 平顶山学院经济与管理学院 教授

编委会秘书

  任 乐 河南大学商学院

新世纪普通高校工商管理类统编教材
总主编　王性玉

管理信息系统
Management Information System

主　编　张志娟
副主编　王健聪

河南大学出版社
·郑州·

图书在版编目(CIP)数据

管理信息系统/张志娟主编.—郑州:河南大学出版社,2020.2
ISBN 978-7-5649-4141-3

Ⅰ.①管… Ⅱ.①张… Ⅲ.①管理信息系统－高等学校－教材 Ⅳ.①C931.6
中国版本图书馆 CIP 数据核字(2020)第 027463 号

责任编辑　付会娟
责任校对　聂会佳
封面设计　郭　灿

出　版	河南大学出版社
	地址:郑州市郑东新区商务外环中华大厦2401号　邮编:450046
	电话:0371-86059750(高等教育与职业教育出版分社)
	0371-86059701(营销部)　　网址:hupress.henu.edu.cn
排　版	郑州市今日文教印制有限公司
印　刷	河南育翼鑫印务有限公司
版　次	2020年3月第1版　　　　印　次　2020年3月第1次印刷
开　本	787 mm×1092 mm　1/16　印　张　16.75
字　数	397千字　　　　　　　　定　价　45.00元

(本书如有印装质量问题,请与河南大学出版社营销部联系调换)

总　序

始于18世纪英国的工业革命(Industrial Revolution)对管理学产生了极为重要的影响。工业革命带来了生产方式的巨大变革,计划、组织、领导和控制等职能成为管理工厂和企业生产运营的主要手段。以"科学管理"为代表的一系列管理理论,为工商管理(Business Administration)学科的建立奠定了坚实的理论基础。而管理学和商学的标准化教育由美国开始,以1881年宾夕法尼亚大学沃顿商学院(The Wharton School of the University of Pennsylvania)的建立为标志,产生了现代意义上的商学院。第二次世界大战结束后,由于企业对管理人才的需求迅速膨胀,管理教育开始蓬勃发展。工商管理教育至20世纪90年代趋于成熟,并向国际化、综合化和现代化的方向迈进。

中国的工商管理随着洋务运动由西方引入。1839年,洋务运动的倡导者张之洞在武昌创立了湖北自强学堂,其下设的商务门堪称我国最早的商科专业。1912年中华民国成立后,商科被单列为独立学科,保证了它的自由发展。1949年中华人民共和国成立后,院系进行调整,由综合性大学与财经院校共同培养财经类人才。国家教委在1997年颁布了新的《普通高等学校本科专业目录》,把管理学设置为独立的学科门类,工商管理划归为管理学门类下的一级学科。

经初步统计,目前,全国1 200多所本科院校中,有85%的学校设置了工商管理或相近的专业,它们已成为我国十大热门招生和就业的专业,培养出了一批经济建设人才。与资本主义市场经济相比,中国社会主义市场经济有其独特的性质,中国的工商管理学科的发展不仅要向西方的同类学科理论学习,更要结合中国国情,形成适合中国社会主义经济建设的理论方法和知识体系。

从我国普通高校工商管理类教材的情况来看,经过改革开放40多年的建设,商科教育知识体系已逐步完善,如国内教材在知识点宽度指标上普遍高于国外教材,但还存在若干需要解决和创新的问题。一是国内教材比较侧重于对理论框架的介绍,即"是什么、为什么",而对具体方法"怎么做"介绍较少。二是国内教材一般在书后不列或列出为数不多的参考文献,且多以同类教材和相关专著为主,对学术期刊、原版书参考较少;主要理论来源于同类教材,导致内容和结构趋同,难以体现出特色。三是国内教材有的缺乏案例,即使有相应案例,其篇幅很短,基本为文字描述,没有详尽的背景资料和数据,编写案例的目的主要是加深对某些知识点的理解,而不是通过案例分析提高操作的实际能力。四是很多国内教材对教材的适用人群进行说明时,定位过于宽泛,不少教材的使用范围不仅涉及相关专业的本科生、研究生、MBA以及管理培训,还可以作为实际工作者的参考资料。这样定位过于宽泛,必然导致失去特色。

鉴于此,我们根据作者多年的教育经验和教学体会,按照教育部《关于积极推进"高等教育面向21世纪教学内容和课程体系改革计划"》的要求,组织编写了这套"新世纪普通高校工商管理类统编教材"。为解决或部分解决上述国内教材存在的若干问题,达到编写目的,我们认真组织编写力量,单本教材的主编和副主编,均具有博士学位或副教授以上职称,并长期坚持在教学第一线,就该门课程课堂讲授过五遍以上。我们还聘请知名专家担任主审,与主编共同定稿。

本套教材在编写过程中力求体现以下五点特色。

一、内容系统全面

根据工商管理类专业人才培养目标及其对知识体系的要求,本套教材内容系统全面,涵盖了工商管理类各主要专业,如工商管理、会计学、财务管理、市场营销、人力资源管理、供应链管理、电子商务等,较大限度地满足了这些专业课程的教学需要。

二、定位明确,编写理念特色化

工商管理各个层次的教学目的和要求不同,必然要求其教材的侧重点不同。本套教材基于这样的编写理念,主要面向大学本科生的专业教学,为学生搭建一个专业学习平台。本套教材的编写者除大学教师外,还邀请了有丰富实践经验的业界管理人员、咨询专家和研究人员等参与教材的编写,他们为教材注入许多新的理念和观点,突破了传统单本教材"大而全"的结构体系。

三、反映前沿,力求创新

工商管理的理论和实践发展十分迅速,一本教材如不能及时地跟上理论与实践的发展,必然会在几年后被其他同类教材所取代,因此,优秀的工商管理教材应该不断地更新内容,体现与时俱进的思想。本套教材在编写过程中,力求既能够反映已经成熟或公认的理论与学术思想,又能够反映具有代表性的工商管理各专业领域最新理论、技术和方法。

四、采用本土化案例,提高案例质量

案例教学是工商管理的学科特色。在国外,尤其是美国的工商管理教材对案例十分重视。本套教材在案例编写过程中,立足于国情,采用了大量的真实案例,包括经典案例和最新案例,以及实际咨询工作中的经验总结,并对背景资料和各种数据作了比较详尽的介绍。通过对这些来自业界的真实案例进行分析讨论,有助于学生识别问题、分析问题和解决问题能力的提高。

五、理论联系实际,做到学以致用

本套教材在编写过程中,不仅对"是什么、为什么"等概念、原理等进行阐述,而且还注重介绍"怎么做",设计了大量的方法讲解和过程分析,使学生在接触新知识的同时了解相关理论在现实社会中如何运用。

本套教材在编写过程中,得到了河南大学出版社、许多高校和研究机构的专家学者的大力支持,在此一并致谢。由于编者想局部突破并有所创新,各方面对这套教材的期望与要求都很高,这无疑加大了编写的难度,加之水平有限和时间紧促,书中难免存在一些缺点和疏漏,恳请专家和广大读者提出宝贵意见,以期日臻完善。

王性玉
2020年1月

前　言

在过去的6年里,我们在自己用书的过程中,仔细复查、认真审视本教材内容,及时发现其中存在的问题和不足;同时,我们也利用各种机会,通过各种渠道广泛收集有益于本教材改进的意见和建议。在保持第1版内容全面、简明扼要和案例丰富等特点的基础上,为提升教材的活性和适应性,我们对其进行了修订:调整和完善了原有的章节结构,将企业资源计划系统、供应链管理系统、电子政务系统整合为系统应用,增加管理信息系统的概念要素、管理信息系统的开发等;各章节中,对逐步沉淀、成熟的内容予以继承,对其中新被发现的不足乃至谬误予以纠正;补充了新出现的相关理论、技术和方法,调整了一些发生变化与演进的知识点,删除了一些过时的内容,如补充了"物联网与云计算""大数据管理"等内容,调整了"数据、信息、知识和智能""信息系统结构和分类"等知识点,删除了电子商务系统、ERP软件提供商等已不合时宜的介绍。

新版的教材以管理信息系统开发过程为主线,从社会和技术系统视角,全面、系统地阐释了管理信息系统的基本概念、体系结构、技术基础、开发方法、管理策略和应用领域。全书由11章组成:第1章是管理信息系统的概念要素,第2章是管理信息系统概论,这两章在对"管理""信息""系统"三个概念要素进行介绍的基础上,归纳和阐释管理信息系统的发展阶段、概念、结构和类型;第3章是管理信息系统的技术基础,主要介绍与管理信息系统关系最为密切的数据库技术和计算机网络技术,以及正在改变系统开发和利用模式的云计算和物联网技术;第4章到第9章,对系统开发方式、方法和开发项目管理等内容进行简单但不失系统总结,以结构化开发方法为例,详细介绍管理信息系统的开发过程,包括系统规划、系统分析、系统设计、系统实施、系统运行和维护;第10章是决策支持系统,第11章是管理信息系统应用,这两章介绍了管理信息系统在实践应用领域的典型样态,包括管理信息系统的重要分支决策支持系统以及企业资源计划系统、供应链管理系统、电子政务系统。

教材中的每个章节前都有简单明了的"知识导航",章节后都有对整章内容进行梳理的"知识总结"和"思考题",帮助学生在学习前明确学习重点和难点,学习后进行归纳和总结。同时,大部分章节都配有案例和案例讨论题,旨在通过案例阅读和案例讨论实现教学互动,给学生提供创新思考的空间。

本教材可作为工商管理、管理科学与工程、信息管理和信息系统、计算机应用等专业的本科生和研究生教材,还可以作为MBA等专业学位学生的教学用书,也可以供相关领域从业人员参考。

本教材由张志娟任主编,王健聪任副主编,具体分工为:第4到9章由张志娟编写,第1、2、3、10、11章由王健聪编写,全书的审核与统稿由张志娟完成。真诚感谢刘爱菊老师在改版过程中给予的指导和帮助。

  在编写教材的过程中,我们参考了大量的书籍和课件,吸取了很多专家同仁的精辟见解,在此一并表示感谢。由于水平有限,本教材难免有疏漏之处,敬请读者批评指正。

编 者

2020 年 1 月

目　录

总　序 …………………………………………………………………………………（ 1 ）

前　言 …………………………………………………………………………………（ 1 ）

第1章　管理信息系统的概念要素 ……………………………………………………（ 1 ）
　　1.1　信息 ……………………………………………………………………………（ 1 ）
　　1.2　系统与信息系统 ………………………………………………………………（ 8 ）
　　1.3　管理与信息系统 ………………………………………………………………（ 14 ）

第2章　管理信息系统概论 ……………………………………………………………（ 23 ）
　　2.1　管理信息系统的产生和发展 …………………………………………………（ 23 ）
　　2.2　管理信息系统的概念和特征 …………………………………………………（ 26 ）
　　2.3　管理信息系统的基本功能和结构 ……………………………………………（ 27 ）
　　2.4　管理信息系统的类型 …………………………………………………………（ 34 ）

第3章　管理信息系统的技术基础 ……………………………………………………（ 42 ）
　　3.1　数据库技术 ……………………………………………………………………（ 42 ）
　　3.2　计算机网络 ……………………………………………………………………（ 58 ）
　　3.3　云计算与物联网 ………………………………………………………………（ 75 ）

第4章　管理信息系统的开发 …………………………………………………………（ 85 ）
　　4.1　管理信息系统开发概述 ………………………………………………………（ 85 ）
　　4.2　管理信息系统的开发方法 ……………………………………………………（ 89 ）
　　4.3　管理信息系统开发的项目管理 ………………………………………………（ 95 ）

第5章　管理信息系统的系统规划 ……………………………………………………（100）
　　5.1　管理信息系统的系统规划概述 ………………………………………………（100）
　　5.2　管理信息系统的系统规划模型与方法 ………………………………………（102）
　　5.3　企业流程重组 …………………………………………………………………（114）

第6章　管理信息系统的系统分析 ……………………………………………………（119）
　　6.1　系统分析概述 …………………………………………………………………（119）
　　6.2　初步调查与可行性分析 ………………………………………………………（121）
　　6.3　系统详细调查 …………………………………………………………………（123）
　　6.4　组织结构与管理业务调查 ……………………………………………………（124）
　　6.5　数据流程分析 …………………………………………………………………（129）

6.6 确定新系统的逻辑方案 …………………………………………………… (138)
6.7 系统分析报告 ……………………………………………………………… (139)

第7章 管理信息系统的系统设计 …………………………………………… (143)
7.1 系统设计概述 ……………………………………………………………… (143)
7.2 系统模块结构设计 ………………………………………………………… (144)
7.3 系统物理配置方案设计 …………………………………………………… (150)
7.4 代码设计 …………………………………………………………………… (153)
7.5 处理过程设计 ……………………………………………………………… (156)
7.6 输出设计 …………………………………………………………………… (157)
7.7 输入设计 …………………………………………………………………… (159)
7.8 系统设计说明书 …………………………………………………………… (161)

第8章 管理信息系统的系统实施 …………………………………………… (163)
8.1 系统实施概述 ……………………………………………………………… (163)
8.2 硬件准备 …………………………………………………………………… (165)
8.3 程序设计 …………………………………………………………………… (166)
8.4 系统测试与调试 …………………………………………………………… (170)
8.5 系统的切换 ………………………………………………………………… (177)

第9章 管理信息系统的运行与维护 ………………………………………… (180)
9.1 管理信息系统的运行管理 ………………………………………………… (180)
9.2 管理信息系统的安全 ……………………………………………………… (183)
9.3 管理信息系统的维护 ……………………………………………………… (185)
9.4 管理信息系统的评价 ……………………………………………………… (188)

第10章 决策支持系统 ………………………………………………………… (191)
10.1 决策支持系统概述 ……………………………………………………… (191)
10.2 决策支持系统的组成 …………………………………………………… (194)
10.3 智能决策支持系统 ……………………………………………………… (198)
10.4 群体决策支持系统 ……………………………………………………… (200)

第11章 管理信息系统应用 …………………………………………………… (204)
11.1 企业资源计划系统 ……………………………………………………… (204)
11.2 供应链管理信息系统 …………………………………………………… (218)
11.3 电子政务系统 …………………………………………………………… (231)

参考文献 …………………………………………………………………………… (255)

第 1 章　管理信息系统的概念要素

【知识导航】

信息的概念、性质和度量方法；
信息素质与信息道德；
系统的概念、特征、分类以及系统思想和方法；
信息系统的概念、功能和类型；
管理理论与管理信息化；
信息系统对管理决策的支持。

以信息科学技术、系统科学思想和策略以及管理理念和方法为基础建立的各种管理信息系统(Management Information System, MIS)在现代社会经济生活中，特别是企业经营管理决策中，发挥着日益重要的作用。从字面上看，管理信息系统一词由三个概念要素组成：管理、信息和系统。然而，管理信息系统不是三个概念要素的简单堆砌，而是各个要素的有机整合。深入地领会和理解管理信息系统的内涵需要一个切实努力的过程，本章首先对与管理信息系统相关的三个概念要素展开介绍。

1.1　信息

1.1.1　数据、信息、知识与智慧

1. 数据

数据是对客观事物的记录和描述，是未经加工的事实。数据是可鉴别的、抽象的符号，它不仅可以是狭义上的数字，还可以是具有一定意义的文字、字母、图形、图像、视频、音频等。例如，当前的气温、一个人的身高体重、企业的领料单和订货单等都是数据。

在计算机科学中，数据是指所有能输入到计算机并被计算机程序处理的符号的总称。随着技术的发展，计算机存储和处理的对象十分广泛，数据的类型非常丰富，可以说，数据已无所不包。

2. 信息

信息一词在英文、法文、德文、西班牙文中均是"information"，它来源于拉丁文"informatio"，有解释、陈述之意。日本称之为"情报"，我国台湾则多用"资讯"。人们从不

同的角度理解信息,产生了多种信息的定义:信息论创始人香农在《通信的数学理论》中给出了信息的数学定义,认为信息是用以消除随机不确定性的东西,并提出了信息量的概念和信息熵的计算方法;控制论创始人维纳在《控制论——动物和机器中的通信和控制问题》中认为信息不是物质也不是能量,是"人们在适应外部世界,并使这种适应反作用于外部世界的过程中,同外部世界进行交换的内容";信息管理专家霍顿提出,信息是"为了满足用户决策的需要而经过加工处理的数据"。

在管理信息系统领域,信息普遍被定义为:经过加工处理后的数据,能对接收者的行为产生影响,对接收者的决策具有价值。由此可见,信息在客观上应该可以反映某一事物的现实情况,同时在主观上是可以接受、利用并指导行动的。

信息和数据是管理信息系统中两个最基本的概念,它们既有联系,又有区别。数据和信息的关系就像"原料"和"成品",信息来源于数据,是对数据进行加工处理的产物,只有经过加工处理或解释的数据,才能成为有意义的信息,如图1.1所示。举个常被讨论的例子:一辆正在行驶的汽车,时速表上显示80千米/小时,这是对汽车时速的记录和描述,只是一个"数据";驾驶员根据这一数据,结合路面情况及自身经验,得到汽车速度快慢的判断,据此做出加速或者减速的处理,此时,数据经过了解释转变成了"信息"。同样的数据,每个人解释时依据的背景和目的不同,解释也可能不同,其对决策的影响也可能不同。问题的关键在于对数据的认识是否正确,对数据的处理是否合理,这决定了我们能否把"原料"变成创造财富的"产品"。信息工作者的任务之一就是收集、整理数据,并把它转化为有用的信息。

需要说明的是,一般情况下,对于数据和信息并不严格区分,两者可以相互替代使用。

数据 ⟶ 加工、解释 ⟶ 信息

图1.1 信息和数据

3. 知识

知识是以某种方式把一个或者多个信息关联在一起的信息结构,是客观世界规律性的总结。结构化的经验、价值观念、关联信息和专家见识等的流动组合都是知识,它们是人脑通过思维重新构建的系统化信息的组合。知识通常产生并运用于知识工作者的大脑中。

人们通过信息来感知和认识世界,又要根据所获得的信息组织知识。如图1.2所示,只有通过对信息的研究、重组、提炼,才能获得知识,没有信息,也就谈不上知识。知识是信息的一部分,是一种特定的信息。知识和信息的关系类似信息和数据,同样可以看作是"成品"和"原料"的关系,信息是知识的原料,这些原料经过人们的接受、选择、处理,才能成为新的、系统的知识。

信息 ⟶ 研究、提炼 ⟶ 知识

图1.2 信息和知识

联合国经合组织在《以知识为基础的经济》报告中,将知识分成事实知识(知道是什么,指关于事实方面的知识)、原理知识(知道为什么,指事物客观原理和规律性方面的知识)、技能知识(知道怎样做,指满足人们某种需要的技艺、技巧和能力方面的知识)和人力知识(知道谁有知识,指谁知道做某事)4大类,其中,事实知识和人力知识属于原始信息,原理知识和技能知识则属于深加工信息。

从知识管理的角度,可以把知识分为显性知识和隐性知识。显性知识是可以用语言文字等表述的知识,容易以一定的形式交流和共享;隐性知识是高度个性化且难以格式化的知识,可意会而不可言传,要靠在实践中摸索和体验来获得。显性知识相对易于管理,而隐性知识则相对难于管理。随着知识经济的时代的到来,信息和知识取代资本和能源成为创造财富的主要因素,人们发现隐性知识更为宝贵,但隐性知识所包含的经验、技巧等难以共享,而且它会随着人员的变动大量流失。如果说信息管理是对数据的管理,信息管理的主要任务是对显性知识的管理,那么,知识管理则是对思维的管理,知识管理的主要任务是对隐性知识的管理。信息管理是知识管理的基础,知识管理是信息管理的延伸和发展。

4. 智慧

智慧是指利用知识解决问题、创造财富的能力,是激活了的、富有洞察力的知识。智慧主要表现为收集、加工、传播、应用信息和知识的能力,以及对事物发展的前瞻性看法。人们在了解、掌握了多方面的知识后,能够预见一些事情的发生并采取行动,这就是"智慧"。

智慧不像数据和信息那样能被简单地表达出来,也不像知识那样可以外化与他人共享。智慧是一种更加个性化、比隐性知识更加难以理解和更加模糊的概念,它是人们经过长期的学习和实践,通过人脑更高级的处理过程所形成的一种认识世界和改造世界的高层次能力。如图1.3所示。

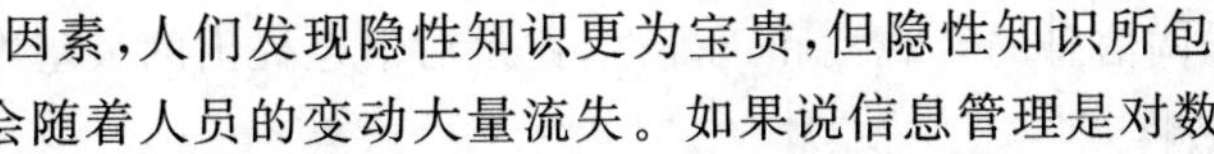

知识 ⟶ 理解、创造 ⟶ 智慧

图1.3 智慧和知识

以信息为核心,数据、信息、知识、智慧是一组有紧密联系又有所区别的重要概念,它们都来自客观事物,但根据对客观事物记录和描述的处理程度不同,在信息价值链中处于不同的环节和层次,如图1.4所示。数据是未经加工、处理的事实,是对客观世界的直接描述和记录;信息是经过加工、对人们的决策活动有价值的数据;知识是由信息抽象、提炼而成的结晶,是现代社会的宝贵资源;智慧是把知识运用并产生新的知识的过程,是创新的能力。

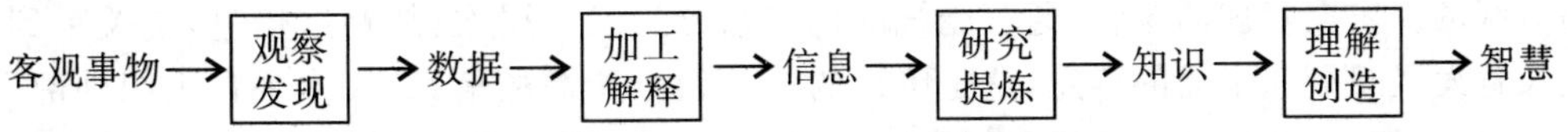

客观事物 → 观察发现 → 数据 → 加工解释 → 信息 → 研究提炼 → 知识 → 理解创造 → 智慧

图1.4 信息价值链

1.1.2 信息的性质

信息的定义揭示了信息的一些本质特性,但信息还存在许多由本质特性派生出来的一般性质,如事实性、时效性、共享性、价值性、层次性、可变换性、可传输性、不完全性等,这些性质直接或间接地决定了信息的运动规律和使用方法。对信息一般性质的进一步认识，有助于帮助我们更好地理解和运用信息，更大限度地发掘信息的效用和价值。

1. 信息的事实性

事实性是信息的核心价值，是信息的第一属性。不符合事实的信息不仅没有价值，而且可能价值为负，既害别人，也害自己。破坏信息事实性的事件在管理中时有发生，如谎报产量、谎报利润和成本、造假账等，这些都会误导管理决策。美国最大的管理咨询公司安达信，帮助安然公司做假账，后被戳穿，安达信失去诚信，几乎到了破产的边缘。强调信息的事实性就是强调信息的客观性和正确性，这是对信息提出的最基本要求。

2. 信息的时效性

信息的时效性是指从信息源发送信息，经过接收、加工、传递、利用的时间间隔及其效率。时间间隔越短，使用信息越及时，使用程度越高，则时效性越强。时效性就是要注重时间这个因素对于信息"寿命"的影响。时间可以使信息部分或完全失去效用，成为"过时"或"老化"的信息。

3. 信息的共享性

信息的共享与物质和能源不同，不具有排他性，是一种"非零和"的共享。我告诉你一个信息，我并没有失去什么，你是不能把这个信息的记忆从我脑中抹去的，可见，同一信息可以同时被不同人占有；而我分给你一个苹果，你得到了一个苹果，我却完全地失去了这个苹果，一得一失和为零。信息共享的非零和性是信息不同于物质和能源的一个十分重要的特征。信息共享的各方，收益、受损是不确定的，一家公司的物料需求信息在供应链企业间分享会增加供应链的敏捷性，而一项保密技术被竞争对手获得则会损害公司的利益。

4. 信息的价值性

信息是加工处理后对决策有影响的数据，数据是零散、无规则的，不进行加工处理，就无法实现信息的存储、检索和利用，所以，信息凝结了人类劳动，是有价值的。人们使用信息去开展科学研究或者购买心仪的商品，信息能够满足人们特定需要，这是使用价值。在百度文库、知网下载文献需要充值，观看优酷、网易的影视剧作品和在线课程需要付费，咨询公司有偿提供市场分析数据等都是信息价值性的体现。

5. 信息的层次性

管理是分层次的，处于不同层次的管理人员，决策所需的信息是不同的，因而信息也是分级的。依据管理的层级，通常笼统的把信息分为三个层次：战略层信息，是关系到企业长远发展规划和全局的信息，这是组织的高层领导所需的信息，大多来自组织外部，如产品投产、停产、新厂址的选择、开拓新市场信息等；战术层信息，是关系到企业运营管理的信息，这是中层管理人员所需的信息，大部分来自组织内部，有时也用到组织外部的信息，如月度生产计划、产量情况及成本信息等；作业层信息，是企业业务运作的信息，是基层业务人员所需的信息，一般来自组织内部，如每天的产量、领料信息等。

6. 信息的可变换性

信息本身是看不见、摸不着的，它必须借助于某种数据表达形式、展现于某种物质介质才能存在和传递。比如,信息系统可以向用户提供丰富多彩的表达形式,如数字、字符、文字、声音、图像等,并可以存储在磁介质、半导体介质和光盘等不同的存储介质上,满足各类用户在信息使用方面的不同需求。信息是内容,所依附的载体是形式,信息离开数字、符号或者磁盘、光盘等载体就不能表述,而信息的内容又与载体无关。同一内容的信息可以通过不同的载体形式表现出来,这就是信息的可变换性。

7. 信息的可传输性

信息可以在时间或空间上从一点传递到另一点。信息传输的渠道、方式多种多样,可以是通信、电话等个人传输方式,也可以是电视、报纸、互联网等大众传播方式。每一个信息的接收者都可以成为一个新的信息发送者,向其周围的其他接收者传输信息。信息传输成本远远低于传输物质和能源,我们应尽可能地用信息传输代替物质传输,通过信息流来减少物流。信息的可传输性加快了全社会资源的交流。

8. 信息的不完全性

信息的不完全性是指某一客观事物的信息是不可能被全部得到的。我们知道信息的获取与人们认识事物的程度有关,人类认识世界的能力在特定的时空是有局限性的,再加上客观事物的复杂性和动态性所带来的信息的无限性,导致了信息总是不完全的。在信息处理工作中,信息的完全性是相对的,信息的不完全性是绝对的。

1.1.3 信息的度量

信息的量是可以计算的,不同的信息内容中包含的信息量大小不同,有的包含的信息量多一些,有的则少一些,有的空洞不包含信息量,甚至包含有错误信息。1948 年,信息论创始人香农在《通信的数学理论》中指出,信息是用以消除随机不确定性的东西。按照信息论的观点,信息量的大小取决于信息内容消除人们认识的不确定程度。消除的不确定程度大,则发出的信息量就大;消除的不确定程度小,则发出的信息量就小;如果事先就确切地知道信息的内容,那么所包含的信息量就等于零。

1. 自信息量的度量

自信息量的度量公式为:

$$I(X_i) = -\log_a P(X_i), i = 1, 2, 3, \cdots, n$$

已知某事件发生的概率为 $P(X_i)$,则得到这件事确实发生所获得的信息量为 $I(X_i)$。其中:$a=2$,信息量单位为比特(bit);$a=e$,信息量单位为奈特(nat);$a=10$,信息量单位为哈特(Hart)。在通信及目前的绝大多数信息传输系统中,都是以二进制为基础的,因此信息量单位以比特最为常用,本书中取 $a=2$。

收到某消息获得的信息量等于不确定性减少的量,所以,将某事件发生所得到的信息量记为 $I(X_i)$,$I(X_i)$ 应该是该事件发生的概率 $P(X_i)$ 的函数,即 $I(X_i) = f[P(X_i)]$。如果函数取概率的负对数,那么就有自信息量的度量公式 $I(X_i) = -\log_a P(X_i)$,而函数取概率的负对数是由 $I(X_i)$ 的性质决定的,不再赘述。

举例说明自信息量的度量,某大学有 5 个学院分别是数学院、物理学院、外语学院、外贸学院和医学院,每个学院的学生人数分别是 400,400,500,500,200,你到该学校去找甲同学,这时,在你的头脑中,甲所处的可能空间是该学校的2 000人,当传达室人员告诉你"甲这个同学是外语学院的",那么,你找人的可能性空间就缩小到了原来的1/4,我们不直接用1/4来表示信息量,而用1/4的负对数来表示,即$-\log_2 1/4=2$,"甲这个同学是外语学院的"所包含的信息量为2比特。

2. 平均自信息量的度量

平均自信息量的度量公式为:
$$H(x)=-\sum P(X_i)\log_2 P(X_i), i=1,2,3,\cdots,n$$

若某事件的结果有n个不确定的状态,每个状态出现的概率为$P(X_i)$,则获得此事件的结果所需要的信息量为$H(x)$。其中,X_i代表第i个状态,$P(X_i)$代表出现第i个状态的概率。

平均自信息量是事件出现n种结果所获信息量的数学期望,是一个平均信息量,因为与热力学第二定律中熵的公式相似,也被称为信息熵。自信息量是由事件的不确定性决定的,事件出现的概率不同所含有的信息量就不同。因此,自信息量不能用来表征有n个不确定的状态的事件的不确定度,要通过定义平均自信息量来表征该事件的不确定度。

举例说明平均自信息量的度量,某大学有5个学院分别为数学院、物理学院、外语学院、外贸学院和医学院,每个学院的学生人数分别是400,400,500,500,200,你到该学校去找甲同学,传达室人员问你"甲这个同学是哪个学院的",要计算甲是某一个学院的信息量,就要用平均自信息量的度量公式,取5个事件的加权平均作为整个系统的信息量,即$-(0.2\times\log_2 0.2+0.2\times\log_2 0.2+0.25\times\log_2 0.25+0.25\times\log_2 0.25+0.1\times\log_2 0.1)=2.26$,获得甲同学是某个学院学生所需的信息量是2.26比特。

需要注意的是,香农提出了一个通信系统模型,如图1.5所示,信源是信息的发出者,它可以是人、机器、自然界的物体等;信宿是信息的接收者,它可以是人也可以是机器。从概念上讲,自信息量$I(X_i)$是信宿对事物认识不确定性减少的度量,而平均自信息量$H(x)$则是信源在客观总体上的平均不确定性的度量,二者在数值计算上可以相等,但代表含义有所不同。如果某事件的结果有几个不确定的状态,每个状态出现的概率相同,那么,该事件的信息量等于事件中任一状态的自信息量,且此时信息熵值最大。例如,硬币下落可能有正反两种状态,出现这两种状态的概率都是1/2,获得硬币下落结果的信息量$H(x)=-\sum P(X_i)\log_2 P(X_i)=-[P(X_1)\log_2 P(X_1)+P(X_2)\log_2 P(X_2)]=-(-0.5-0.5)=1$比特;硬币落下正面朝上或反面朝上事件的自信息量均为$I(X)=-\log_2 P(X)=-\log_2 0.5=1$比特,二者相等。由此,我们还可以得到这样的结论:1比特的信息量是指含有两个独立均等概率状态的事件所具有的不确定性能被全部消除所需要的信息量。

图1.5 香农通信系统模型

1.1.4 信息素质与信息道德

在信息时代，我们每天都在不停地产生、传递和接收信息，缺少获取和利用信息的能力会使我们失去很多宝贵的机会，因此，信息素质的培养越来越受到重视。早在1974年，美国信息工业协会会长Paul Zurkowski就提出了信息素质的问题，他认为，信息素质就是利用大量的信息工具和信息源去解答问题的技术和能力。现在学者们普遍认为，信息素质包含4个核心内容：信息意识、信息知识、信息能力和信息道德。信息意识指对信息敏锐的感受力、持久的注意力和对信息价值的判断力、洞察力，简而言之就是人们对有价值的信息是否敏感；信息知识指与信息技术相关的术语、概念、基本知识、法律法规等内容，熟悉、知晓这些知识的程度影响了人们的信息素质；信息能力包括对信息的收集、传递、加工处理和利用的能力，以及对信息系统的基本操作能力、对信息和信息系统进行评价的能力；信息道德是信息活动中应遵循的道德规范。

信息道德是信息素质的重要维度。信息技术是一把双刃剑，在为人类创造了巨大的物质财富和精神财富的同时，也带来各种各样的困扰和挑战，如侵犯个人隐私和知识产权、黑客和病毒攻击、网络欺诈等各种问题。为了规范信息活动、协调人与人之间的信息关系，相关的信息法律法规不断出台，但法律法规的制定和完善难以跟上信息技术变革的步伐，在建立和完善法律法规的同时，还需要研究如何提升信息素质、如何建立和普及相应的信息道德，来引导和规范人们的信息活动和信息行为。

道德是一系列帮助指导人的行为、活动和选择的原则或标准。道德和法律都是约束人们行为的社会规则，但是道德又不同于法律。法律是一种强制性的行为规范，而道德则更多是对个人或文化的诠释。信息道德是指调整个人与个人、个人与社会之间信息关系的行为规范的综合，它不是国家强制制定和执行的，而是依靠社会舆论、信念、习惯、传统和教育的力量来维持的。当前信息道德主要涉及隐私问题、产权问题、正确性问题和存取权问题等，在所有这些方面，信息技术均有有利的一面和不利的一面。信息道德的判断标准必须与信息时代的大环境相吻合，在处理信息技术以及其他新技术所带来的道德问题时，有四项原则可以参考：

① 匀称原则。新技术所带来的好处必须超过其损害或风险，不能再有别的比其好处多而损害少的方案。

② 获许原则。对新技术的影响应当事先知道，并同意接受风险。

③ 公正原则。必须公平的分配技术的好处和负担，谁得到利益谁就应当承担风险的公平份额，谁没得到益处，就不应当承受重大的风险。

④ 风险最小原则。即使以上三项原则均被接受，技术的实现也应尽可能避免不必要的风险。

数据处理管理联盟（Data Processing Management Association，DPMA）作为全球五大信息专业组织之一制定了下列信息道德标准，你是否认可？

① 对业主。

尽一切努力保证自己具有最新知识和正确的经验，以适应工作的需要；避免兴趣上的矛盾，并且保护业主意识到任何潜在的矛盾；保护委托给自己的信息的隐私性和机密性；

不错误地表达和删除源于实情的信息;不企图利用业主的资源获取私利,或做任何未经正式批准的事情;不利用计算机系统的弱点谋取私利或达到个人目的。

② 对社会。

将自己的技术和知识传播给公众;尽自己最大的努力,保证产品得到社会信任和应用;支持、尊重和服从地区、州和联邦法律;不错误地表达和删除公众关心的、源于问题和实情的信息,也不允许这种已知的信息搁置作废;不利用个人性或秘密性的知识,不以任何非法的形式得到个人好处。

③ 对专业。

忠于专业关系;当看到非法的、不道德的事件时,应采取合适的行动;然而当反对任何人的时候,必须坚信自己是有理的、正确的、负责任的,并不带任何个人情绪;尽力与人共享自己的专业知识;和他人合作以达到了解和识别问题;在没有得到特殊许可和批准的情况下,不利用信誉去做其他工作;不利用他人缺乏经验和缺乏知识去占便宜,以得到个人好处。

需要指出的是,处理信息道德问题并没有一成不变的定律可供参照,制定具体实施策略必须结合所处社会和组织的特质。

1.2 系统与信息系统

1.2.1 系统

1. 系统的概念

系统的概念是管理信息系统三大基础概念之一。系统一词是从希腊语"sys-tema"派生出来的,意为"由部分组成的整体"。系统论的创始人美籍奥地利人、理论生物学家贝塔朗菲把系统定义为"相互作用的诸要素的综合体",认为系统是由处于一定的相互关系中并与环境发生关系的各个组成部分的总体。现在我们普遍认为,系统是由一些相互联系、相互制约的若干组成部分结合而成的,具有特定功能的有机整体。系统的概念包含三个基本要点。

(1) 系统是由若干要素组成的

这些要素可能是一些个体、元件或零件,也可能本身就是一个系统。如运算器、控制器、存储器和输入/输出设备共同组成了计算机的硬件系统,而硬件系统本身又是计算机系统的一个子系统。

(2) 系统有一定的结构

一个系统是其构成要素的集合,这些要素既相互联系又相互制约。系统内部各要素之间相对稳定的联系方式、组织秩序及控制关系的内在表现形式就是系统的结构。如钟表是由齿轮、发条、指针等零部件按照一定的方式装配而成的,但一堆齿轮、发条、指针随意放在一起却不能构成钟表。

（3）系统有一定的功能

功能是系统与外部环境相互联系和相互制约中表现出来的性质、能力和功效。如钟表的功能是告诉我们时间，信息系统的功能是提供信息。

系统是由一些部件组成的，这些部件间存在着密切的联系，通过这些联系达到某种目的，或者说是为了达到某种目的而相互联系的部件的集合。例如，企业是由研究与开发、生产、销售与服务、人力资源管理、供应等部门组成的实现产品生产与销售的营利性组织系统。在整个社会经济系统中，企业只是一个子系统，企业系统又可进一步分解成若干个子系统，如生产管理、财务与会计、物资供应、产品销售、人事劳动等，而且这些子系统还可以继续细分为更小的子系统。

2．系统的特征

（1）整体性

一个系统至少要由两个或更多的可以相互区别的要素或子系统所组成，它是这些要素和子系统的集合。系统的整体功能不是各组成要素功能的简单叠加或拼凑，而是有机地组成一个整体。组成要素及其联系必须服从系统的整体目标，要以整体最优为原则，而不是局部最优。

（2）目的性

系统都具有明确的目的性。所谓目的就是系统运行要达到的预期目标，它表现为系统所要实现的各项功能。系统目的或功能决定着系统各要素的组成和结构。输出响应就是系统目的性的反映，如果开发出来的信息系统未达到原定系统目标，这个系统就是一个失败的系统。

（3）层次性

系统有大有小，任何复杂的系统都有一定的层次结构。一方面，系统是上一级的要素，而上一级系统又是更上一级系统的要素；另一方面，系统可以进一步分成若干个子系统，子系统也可以进一步划分为更小的部分。依此类推，可以将一个系统逐层分解，体现出系统的层次性。利用系统的层次性，人们在实现一个系统时，可以采用分解的方法，先把一个系统合理、正确地划分为若干个层次，之后再从较高层或较低层入手进行剖析。

（4）相关性

相关性是指系统内各要素或子系统之间相互作用、相互依赖的关系，这些关系可能是结构关系、功能关系，也可能是因果关系等。这些关系决定了整个系统的运行机制，分析这些关系是构筑一个系统的基础。例如，销售系统与生产系统、财务系统、采购系统之间就是既相互联系又相互制约的。

（5）适应性

任何系统都是更大系统的一个子系统，从这个角度，我们可以把环境看作是一种更高层次的系统。系统在环境中运行，系统与环境相互作用、相互影响，进行物质、能量、信息的交换，环境变化很快，要求系统要有更强的适应能力，否则环境变化，系统不能适应，就没有生命力。

3. 系统的分类

由于系统的目的、内外部要素及结构组成方式等特征不同,系统分类有多种方法。常见的有自然与人工系统之分,有简单与复杂系统之分,有抽象和实体系统之分,有开放与封闭系统之分等。各类系统之间没有严格的界限,而且可能会随时间和环境变化而相互转化。

(1) 按系统的起源

按系统的起源,可把系统分为自然系统与人工系统。自然系统的组成部分是自然物质,其特点是自然形成的,如大气系统、生态系统等。人工系统是为了达到人类的目的而由人所建立起来的系统,包括生产系统、交通系统等。

(2) 按系统的复杂程度

按系统的复杂程度,可把系统分为简单系统和巨系统。简单系统是指组成系统的要素比较少,它们之间关系又比较单纯,如某些非生命系统。巨系统是指组成系统要素的数目非常庞大的系统,如果组成系统的要素非常多,但要素种类比较少且它们之间关系比较简单,这类系统称为简单巨系统,如激光系统;如果组成系统的要素不仅数量大而且种类也很多,它们之间的关系又很复杂,并有多种层次结构,这类系统称为复杂巨系统,例如人体系统和生态系统。

(3) 按系统的抽象程度

按系统的抽象程度,可把系统分为实体系统和抽象系统。实体系统指以物理状态的存在作为组成要素的系统,这些实体占有一定空间,如自然界的矿物、生物,生产部门的机械设备、原始材料等。抽象系统是由概念、原理、假说、方法、计划、制度、程序等非物质实体构成的系统,如管理、法制、教育、文化系统等。两类系统在实际中常结合在一起,以实现一定功能。实体系统是抽象系统的基础,而抽象系统又往往对实体系统提供指导和服务。

(4) 按系统和外界的关系

按系统和外界的关系,可把系统分为封闭系统和开放系统。封闭系统可以和外界分开,外界不影响系统主要现象的复现,如医院的无菌病房就是一个相对的封闭系统。开放系统是指不可能和外界分开的系统,或者可以分开,但分开以后系统的重要性质将会变化的系统。封闭系统和开放系统有时也可能互相转化,例如,企业是个开放式系统,但如果把全国甚至全球都当成系统以后,那么总的系统就转化为封闭式系统。

4. 系统思想和方法

(1) 系统思想和方法

系统的思想和方法是系统科学的精髓,它是按照事物本身的系统性把对象放在系统的形式中加以考察的一种思想和方法。它包含了上述系统概念的定义和对系统特性的认识及分类等内容,始终着重在整体与要素、要素与要素、整体与环境的相互关系中揭示对象的系统性质和运动规律。系统的思想是指导管理信息系统开发和应用的基本思想,即在系统规划和设计开发时,主要应从整体上分析和研究系统的目标、构成要素和系统环境三者之间的相互联系和相互制约等关系,并从动态、发展、变化的角度,来指导管理信息系统的功能及结构设计等。

(2) 系统工程方法

20世纪中叶,随着现代科学技术的发展,特别是系统论、信息论、控制论以及运筹学和计算机技术的诞生和进步,系统工程作为一种崭新的科学方法逐渐得到了广泛运用。1940年,美国贝尔电话公司为统筹安排微波通信网而提出了"系统工程"这一术语。1957年,古德和麦克霍尔出版了《系统工程》,标志着系统工程这门新兴学科的诞生。

系统工程是系统思想和方法的具体应用过程,是在系统论的指导下,以数学、运筹学及计算机技术为手段来研究一般系统的规划、设计、组织、管理、评价等问题的科学方法。随着人类社会的发展,包括信息系统在内的现代社会系统越来越呈现出规模庞大、结构复杂、因素众多、功能综合的特征。解决这类复杂大系统的开发与管理问题,是系统工程的主要任务。霍尔提出的三维结构系统工程方法论,从时间维、逻辑维、知识维的角度,论述了如何解决复杂问题的系统工程方法,如图1.6所示。

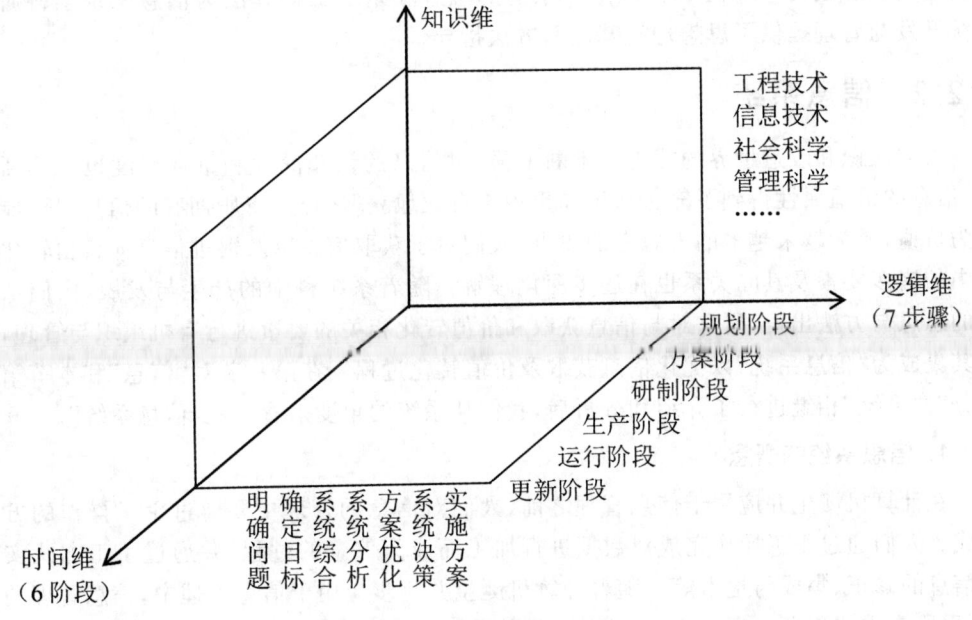

图1.6 霍尔三维结构图

① 时间维表示系统从规划到更新,按时间顺序排列的系统工程全过程,可分为六个阶段。

规划阶段:明确系统研究目标,提出系统设想和初步方案;

方案阶段:提出具体的系统计划方案,并从中选择一个最优方案;

研制阶段:以计划为指南,研制系统的实现方案,并制定具体实施计划;

生产阶段:生产系统的构件及整个系统,并提出安装计划;

运行阶段:对系统进行安装和调试,使系统按预定的目标运行服务;

更新阶段:完成系统的评价,提出系统的改进或更新意见,为系统进入下一个研制周期准备条件。

② 逻辑维是指每个阶段所要进行的工作步骤,它是运用系统工程方法在思考、分析和解决问题时应遵循的一般程序。逻辑维的工作思路和实施步骤是与时间维紧密联系并依次递进的一个过程。

明确问题:首先要明确系统要解决的主要问题是什么;
确定目标:设计系统实现目标的主要指标;
系统综合:列出系统各种可选的方案;
系统分析:应用系统工程技术,对每一个系统方案进行比较、分析、计算;
方案优化:找出满足约束条件的最优方案;
系统决策:确定最佳方案;
实施方案:方案实施。

③ 知识维是指关于复杂系统问题的解决方案只用某一专业学科领域的知识是难以解决的,需要运用多个相关学科的专业知识去寻找综合解决方案。

国内外实践表明,运用科学的系统工程管理方法,可使决策的可靠性提高一倍以上,节约时间和总投资平均在15%以上。系统的思想和系统工程方法为信息系统学科研究系统开发与管理提供了思想理论基础和方法指导。

1.2.2 信息系统

人类认识和改造世界的能力在不断增强,对信息的认知深度和重视程度也在不断提高,信息的价值属性得到了充分认识和重视。有效地获取信息、将所拥有的信息尽可能转化为价值,成为越来越多的人思考的焦点,人们对于获取信息以及促进信息向价值转化过程中的诸多要素及其间关系也在逐步深化理解。随着系统科学的产生与发展,人们从系统的思想与方法出发,研究对与信息获取和价值转化相关的要素进行有机组织与管理,并将其集成为"信息系统"以优化信息获取及价值转化过程。在第一节对"信息"和本节第一部分对"系统"相继进行了介绍和分析后,我们从系统的角度来看一看"信息系统"。

1. 信息系统的概念

在计算机诞生并应用于信息管理之前,人们对信息的管理主要通过手工操作的方式完成。人们通过手工操作完成对数据进行加工而成为信息的过程,并通过手工方式实现对信息的修正、集成与检索等。随着计算机诞生并逐步应用于信息管理中,信息管理的技术、手段与方式逐渐发生变化,自动化与智能化程度不断提高,信息系统的组成要素及其外观样态也在发生改变。开始有人根据信息系统中信息处理方式是否使用了计算机技术而把信息系统分为基于计算机的信息系统和基于手工的信息系统。现在我们所讲的信息系统是基于计算机的系统,它是由人、计算机硬件、计算机软件和数据资源等诸多要素有机集成与整合而形成的系统,目的是及时、准确地输入、处理、输出、反馈和控制信息,实现信息的价值。

信息系统是系统的子集,具备系统的整体性、目的性、层次性、相关性和适应性等所有特征。从系统的类别角度看,信息系统是典型的人工系统,是在人的组织与建设下产生的;信息系统有诸多要素组成,且要素之间联系复杂,是复杂的巨系统;信息系统包括对信息进行管理的理念、数据资源等非物质要素,也包括计算机硬件等物理状态的要素,是实体和抽象结合的系统;信息系统需要通过系统边界从外部环境中摄取数据,还要将有价值的信息作用于环境以实现价值,同时将与环境相互作用的信息作为反馈,因此,它是开放的系统。

2. 信息系统的功能

信息系统通常都具有数据的输入、处理、输出、反馈和控制这五个基本功能。输入指捕获或者收集系统内外部的原始数据,处理是将输入的数据转换成更具有意义的形式,输出指将经过处理的信息传递给需要的人或组织,控制是对构成信息系统的各种信息处理设备进行管理从而使整个输出、处理和输入环节有序化,信息系统还需要将输出信息反送给输入以评价和校正输入。其功能结构如图1.7所示。

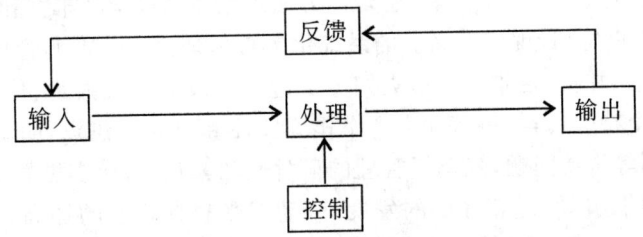

图1.7 信息系统功能结构

3. 信息系统的类型

(1) 按信息管理功能

从信息系统所完成的主要信息管理功能角度来看,信息系统包括信息处理系统和信息传输系统。信息处理系统对数据进行处理,使它获得新的结构与形态或产生新的数据。比如计算机系统就是一种信息处理系统,通过它对输入数据的处理可获得不同形态的新的数据。信息传输系统不改变信息本身的内容,作用是把信息从一处传到另一处。由于信息的作用只有在广泛的交流中才能发挥出来,因此,网络通信技术的进步极大地促进了信息系统的发展。

(2) 按对业务活动的支持层次

按信息系统对生产业务活动支持的主要层次差异,可以将信息系统分为作业控制信息系统、管理控制信息系统和战略规划信息系统。根据"安东尼模型",任何组织的生产业务活动都可在纵向上分为基层的作业控制活动、中层的管理控制活动以及高层的战略规划活动。作业控制活动是组织内的日常活动,作业控制信息系统从作业活动中生产和获取数据,辅助作业管理,它是整个组织信息系统的基础;管理控制活动负责监督作业活动,保证组织实现目标、节约资源,管理控制信息系统辅助控制与调度活动;战略规划活动包括制定战略计划、建立组织的长期目标、进行长期分析与预测等,战略规划信息系统负责向组织高层提供有效信息支持,以提高其决策的效率和有效性。

(3) 按应用领域

在信息系统的实际应用中,人们更多地是按信息系统的应用领域划分其类别归属。随着信息系统的发展与普及,其应用领域在不断地拓展,相应的信息系统的应用类型也越来越多,如地理信息系统、气象信息系统、医疗信息系统、法律信息系统、军事信息系统以及管理信息系统等。从本书的书名可以看出,我们所要讨论的重点是信息系统在组织管理领域特别是在企业管理领域应用的具体形态,即管理信息系统。

1.3 管理与信息系统

1.3.1 管理

与管理信息系统关系最为密切的应当说是管理科学。管理活动在人类认识和改造世界的实践过程中萌芽、发展与演进着,管理的方法理论体系也不断丰富和创新。

19世纪末20世纪初,现代意义上的系统化的管理理论——古典管理理论开始形成。泰勒、法约尔、韦伯、甘特、吉尔布雷斯夫妇等是这一阶段的代表人物,他们将管理视为有组织的社会的一个特殊要素,将劳动生产率作为关注和研究的焦点,明确了管理的目标、领域、职能与原则等重要问题,强调了管理的科学性和客观性,切实提高了劳动生产率。

20世纪20年代开始,随着经济的发展,劳动者受教育程度的提高,人们的需求多样化,管理的重点转向人的因素,行为科学学派逐渐成长起来。以梅奥为代表,行为科学学派将管理学、社会学与心理学结合起来,对人的个体行为、群体行为、组织行为和领导行为展开了研究。

第二次世界大战后迅速发展起来的现代管理学派融入自然科学研究的优秀成果,以定量化和系统化分析为研究手段、以运筹学为研究基础、以管理决策为主要着眼点,开创了现代管理研究的新时代。现代管理学派又可进一步细分为社会系统学派、系统管理学派、管理科学学派、决策理论学派、权变管理学派等。西蒙是决策理论学派的代表,他对管理决策问题进行了系统的研究,包括决策的过程、准则、技术、组织结构以及程序化决策和非程序化决策的区别等。

自20世纪后期起,由于管理环境的巨大变化,管理学理论与实践迎来了新一轮大发展,通常被统称为后现代管理理论。后现代管理理论较多关注组织战略规划与环境关系,以波特为代表的竞争战略理论和以哈默为代表的企业过程重组理论都是这一时期的重要成果。

在管理理论发展过程中,许多管理学家都提出了自己的见解,不同管理岗位上的实践者们对管理也都有自己的看法。管理是人们有目的、有意识的实践活动,是管理者在一定条件下,为了实现一定的目标,通过计划、组织、领导和控制等活动,对组织的人、财、物和信息等各种资源进行合理配置和有效利用的过程。任何管理信息系统都蕴含着管理先进、成熟的思想和方法,管理科学的发展为企业信息化和管理信息系统的发展与应用奠定了理论基础。

1.3.2 全球化与管理信息化

1. 全球化

互联网的崛起使全球信息网络迅速形成,从而引发了经济、社会、文化、生活等各个领域的全面全球化。全球性工作群体、全球制造、全球采购、全球供应、全球技术支持和全球售后服务等模式纷纷出现。利用跨境电商平台速卖通,企业冲破了国家间的障碍,实现了多边资源的优化配置和企业间的互利共赢,消费者非常容易地获取其他国家的物美价廉的商品,速卖通母公司阿里巴巴集团年盈利额相当于两个沃尔玛。通过社交平台Facebook,人们将手机所拍摄的照片近乎零成本的分享,Facebook所创造的价值是工业时代柯达公司曾经市场价值的好几倍。在互联网+的大战略下,越来越多的传统企业与互联网基因交融。宝钢集团构建了集电子商务、物流、数据服务、技术服务为一体的综合服务平台,在全球范围内形成一条供应商、制造商、分销商组成的企业链。三一重工与腾讯云共同搭建了工业互联网平台,把全球超过30万台重型机械设备通过互联网连接起来,实时采集超过1万个参数,使其生产关系和商业模式都发生变化。企业的运营已经跨越时间和空间在世界范围内完成,市场竞争呈现国际化和一体化。

全球化给企业带来机遇和挑战,同时大大提高了信息对企业的价值。及时捕捉全球各个地区的消费者需求,高效、低成本地在世界市场中进行采购,合理化、最优化地利用全球资源进行生产,向世界各地的用户提供优质商品和服务都离不开及时、准确的信息。

2. 管理信息化

信息化已经成为一个国家经济和社会发展的关键环节,信息化水平的高低是衡量一个国家、一个地区现代化水平和综合国力的重要标志。2016年7月,中共中央办公厅、国务院办公厅印发《国家信息化发展战略纲要》,《纲要》指出:"没有信息化就没有现代化。适应和引领经济发展新常态,增强发展新动力,需要将信息化贯穿我国现代化进程始终,加快释放信息化发展的巨大潜能。以信息化驱动现代化,建设网络强国,是落实'四个全面'战略布局的重要举措,是实现'两个一百年'奋斗目标和中华民族伟大复兴中国梦的必然选择。"同年12月,国务院印发的《"十三五"国家信息化规划》中提到:信息化代表新的生产力和新的发展方向,已经成为引领创新和驱动转型的先导力量,要加快信息化发展,直面"后金融危机"时代全球产业链重组,深度参与全球经济治理体系变革。信息化包括宏观、中观、微观不同的层面,我们关注的是中观层面的组织、特别是企业的信息化。

原中国信息协会副会长高纯德在《企业信息化与企业内部网建设》一文中将企业信息化的含义概括为三个方面:一是生产过程的信息化,即采用先进技术,特别是信息技术不断提高生产过程的自动化水平;二是产品的设计信息化,采用计算机辅助设计;三是管理信息化,建立原材料采购、生产调度、市场分析、计划、成本核算等管理全过程用计算机硬件和软件支持的管理信息系统。管理信息化是企业信息化的重要组成部分,是企业信息化的核心,是目前我国企业信息化的主要内容。

全球化提升了信息的价值,信息作为企业重要的资源,其地位不断提升、作用逐渐放大。人们发现信息不仅具有直接的价值实现属性,还可以通过对人力、财务物资等物质资源利用过程的指导与控制,放大物质资源的价值实现,表现出巨大的间接价值。因此,管理一方面要对信息进行有效的组织,最优化其直接价值,另一方面要把信息及相关技术作为催化剂融入到其他物质资源的利用过程中,发掘其间接价值。管理信息化不仅要提高对信息的直接管理效益,还要在管理的计划、组织、领导和控制活动中融入信息要素,依靠合适的技术手段和系统平台提高管理的效率和有效性。管理信息化促成了信息系统与管理的结合,催生了信息系统在管理领域的应用——管理信息系统,即高纯德《企业信息化与企业内部网建设》一文中"管理信息化"所描述的内容。

1.3.3 信息系统对管理的支持

信息系统作为管理信息化的呈现方式,对企业管理的各个方面产生了巨大影响,使得计划、组织、领导、控制活动发生了与以往不同的巨大变化,推进了企业管理走向现代化的进程。下面分别讨论信息系统对管理的计划职能、组织职能、领导职能和控制职能的支持。

1. 信息系统对计划的支持

计划是对未来做出安排和部署,任何组织的活动实际上都有计划,计划不仅可以作为行动的纲领,而且也是对执行结果评价的依据。计划职能是指管理者预测未来、确定目标、制定实现这些目标的行动方针的过程,它涉及原因与目的、活动与内容、人员安排、时间安排、空间安排以及手段与方法的选择等问题。计划职能在时间顺序上处于四大管理职能的始发或第一职能位置上,它对整个管理活动过程及结果所施加的影响具有首要意义。

信息系统对计划职能支持包括:①支持计划编制中的反复试算。信息是制订计划和实施计划的基本依据。为了使计划切合实际,必须收集历史的和当前的大量信息,通过分析计算,研究变化的趋势并预测未来,拟订多种方案。分析计算方法不一定复杂,但信息之间的关系却错综复杂,所以分析计算工作量大,通常需要事先设计一些计划模型,然后用不同的输入变量的值去反复试算。这是一项十分繁琐的工作,需要信息系统的支持。②支持对计划数据的快速、准确存取。为了实现计划职能,需要建立与计划有关的各种数据库,如计划指标数据库、计划表格数据库等,方便计划信息的快速、准确存取。③支持预测。计划与预测虽是两个不同的概念,但计划必须在预测的基础上进行。预测支持决策者做出正确的决策,制订可靠的计划。预测的范围很广,预测的方法也很多,诸如主观概率法、调查预测法、类推法、德尔菲法、因果关系分析法等。这些预测方法的计算量大,都需要信息系统处理。④支持计划的优化。在编制计划时,经常会遇到对有限资源的最佳分配问题。对于这类问题,往往列出数学模型,然后在计算机上通过人机交互方式进行求解。

2. 信息系统对组织的支持

组织职能包括人的组织和工作的组织,具体有:确定管理层次、建立各级组织机构、配备人员、规定职责和权限,并明确组织机构中各部门之间的相互关系、协调原则和方法。信息技术是现阶段对企业组织进行改革的有效技术手段。信息技术的发展使企业组织重新设计、企业工作重新分工、企业职权重新划分,从而进一步提高了企业的管理水平。

传统企业组织采用"金字塔"式的、纵向的、多层次的结构,其运作过程按照一种基本不变的标准模式进行,缺点是各项职能分工严格,应变能力差,管理效率低且成本高昂。信息技术使传统企业组织结构向"扁平化"结构的非集中管理转变:①信息系统的完善使上下级传输系统上的中间管理层显得不再那么重要,甚至没有必要设立那么多的中间管理层。②部门分工出现非专业化分工的趋向,信息系统帮助企业各部门实现功能的互相融合、交叉,如制造部门可能兼有销售、财务等功能。③信息系统使得企业上下级之间、各部门之间及其与外界环境之间的信息交流变得十分便捷,有利于上下级和成员之间的沟通,也使企业可以随时根据环境的变化而采取统一的、迅速的整体行动和应变策略。④通过使用各种基于网络的信息系统,企业的经营和生产不再受地理位置的限制,工作人员可以分散在不同的位置,降低了事务处理成本和协作成本。

3. 信息系统对领导的支持

领导职能是指指导人们的行为,通过沟通增强人们的相互理解,统一人们的思想和行动,激励每个成员自觉地为实现企业目标而共同努力。领导职能的作用在于指引、影响个人和组织按照计划去实现目标,这是一种行为过程。领导者在人际关系方面的职责是领导、组织和协调;在决策方面的职责是对组织的战略、计划、预算、选拔人才等重大问题作出决定;在信息方面的职责是作为信息汇合点和神经中枢,对内对外建立并维持一个信息网络,以沟通信息并及时处理矛盾和解决问题。信息系统提供有价值的信息,无论是协调人际关系,还是做重大决策、沟通和解决问题,信息系统都给予领导者巨大的支持。

4. 信息系统对控制的支持

控制就是检查工作是否按既定的计划进行,发现偏差、分析原因并进行纠正,以确保企业目标的实现。由此可见,控制职能几乎包括了为确保实际工作与企业计划相一致所采取的一切活动。控制和计划的关系相对密切,是一个问题的两面。计划越是明确、全面和完整,控制的效果也就越好。控制的目的在于通过采取纠正的措施,使实际符合原来的计划目标。企业控制的内容主要包括:行为的控制,是对人的管理;人员素质的控制,特别是关键岗位上人员素质控制;质量控制,重要产品的关键工序的质量控制和成品的质量控制;其他控制,如库存控制、生产进度控制、成本控制等。为了实现有效的控制,应随时掌握反映企业运行动态的监测信息和反馈信息,这正是信息系统所擅长的。

综合可见,信息系统对管理具有重要的辅助和支持作用,现代管理要依靠信息系统来实现其管理职能、管理思想和管理方法。

1.3.4 信息系统与决策

决策理论学派是现代管理学派的分支,它吸收了行为科学、系统理论、运筹学以及计算机科学的优秀成果,代表人物是诺贝尔经济学奖获得者赫尔伯特·西蒙。决策学派认为,管理的关键是决策,管理的过程就是决策的制定与执行的过程。西蒙等人对管理决策问题进行了系统的研究,包括决策的过程、准则、技术、组织结构以及程序化决策和非程序化决策的区别等。

1. 决策与决策过程

决策是为了解决现实中的问题,实现某个特定的目标,在充分收集并详细分析相关信息后,提出解决问题和实现目标的各种可行方案,并依据评定准则,选定方案并实施,以求得最优效果的过程。决策是解决问题,达到目标的一种方法和途径。

西蒙在著名的决策过程模型论著中指出:以决策者为主体的管理决策过程要经历情

报、设计和抉择三个阶段。后来,西蒙在他的决策过程模型中又增加了决策实施阶段,但仍强调前三个阶段是决策过程的主要部分。现在我们认为一般认为决策过程包含情报活动阶段、设计活动阶段、选择活动阶段和实施活动阶段四个阶段。决策过程模型如图1.8所示。

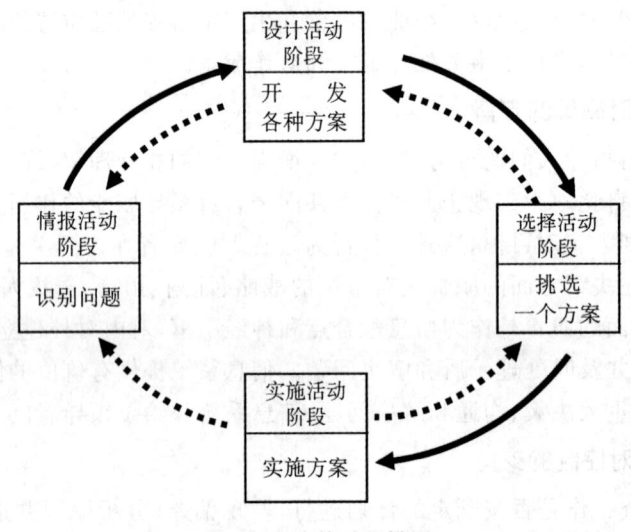

图1.8　决策过程模型

(1) 情报活动阶段

情报活动阶段是要找出、识别和确切地表述需要做出决策的问题或情况,即确定决策目标,也就是决定要对什么做决策。情报活动阶段的具体内容包括调查环境,定义要决策的问题或情况,获取决策所需要的有关信息。

(2) 设计活动阶段

一般情况下,实现决策目标的方案不应是一个,而是两个或更多的可供选择的方案,设计活动阶段的任务就是要开发、制定这些方案。

为了探索可供选择的方案,有时需要研究与实现目标有关的限制性因素。所谓限制性因素,指的是对完成所追求目标有妨碍的因素,例如资金缺乏、能源缺乏等。在其他因素不变的情况下,如果改变这些限制性因素,就能实现期望的目标。识别这些因素,并把注意力放到如何克服这些限制性因素上去,就可能探索出更多的可供选择的方案。

在制订方案的过程中,研究限制性因素是没有终结的,对特定时间的某一方案来说,某一因素可能对决策起妨碍作用,但过了一段时间以后,对类似的决策来说,限制性因素可能就变成另外的了。对于复杂的决策问题,有时需要企业依靠有关业务部门决策机构,汇集各方面的专家,一起制订方案。

(3) 选择活动阶段

在选择活动阶段,要从各种可供选择的方案中,针对决策目标,选出最合理的方案,这是决策成功或失败的关键阶段。选择活动阶段包括方案论证和决策形成两个步骤:方案论证是对可供选择的方案进行定量和定性的分析、比较和择优研究,为决策者最后选择进行初选,并把经过优化选择的方案提供给决策者;决策形成是决策者对经过论证的方案进行最后的抉择。

(4) 实施活动阶段

实施活动阶段要将已经选择的方案付诸实施。在实施过程中还要收集信息,根据这些信息进一步做出继续实施、停止实施或修改后继续实施的决定。

决策活动的四个阶段并不是相互分离的,而是一个循环往复的过程。例如,当我们发觉对要做的事还了解得不够,而去尝试挑选一个替代方案时,可能需要再回过头去收集更多的信息。

2. 决策问题的类型

根据决策问题的结构化程度不同,我们可以把决策分为结构化决策、半结构化决策和非结构化决策三类。这三种类型的决策问题与企业的管理层次有一定的联系,信息系统能够在不同管理层次发挥作用,帮助企业解决不同的决策问题。

(1) 结构化决策

结构化决策问题相对比较简单,它的目标明确,很容易理解,其决策过程和决策方法有固定的规律可以遵循,能用明确的语言和模型加以描述,并可依据一定的通用模型和决策规则实现其决策过程的基本自动化。结构化决策问题的解是唯一的、最优的,可直接运用于企业生产与经营。

比如,企业日常运作中的生产计划的制订、客户订单的定价、库存控制和财务会计等,这类问题可用一定的算法和标准的操作程序来解决,正常情况下均属结构化决策问题。对结构化决策问题已有一系列的现代方法和手段进行处理,各类数学模型和各种算法、计算机仿真和数据分析与处理技术为结构化决策提供了强有力的支持,大大提高了结构化决策的科学性、准确性和及时性,提高了决策工作的效率。

(2) 非结构化决策

非结构化决策问题相对比较复杂,它的目标模糊,不容易理解,其决策过程和决策方法没有固定的规律可以遵循,难以用明确的语言和模型加以描述,没有固定的通用模型和决策规则可依。非结构化决策问题的解往往是决策者根据其收集、掌握的信息并依据主观判断临时给出的,决策者的学识、经验、直觉、判断力、洞察力、个人偏好和决策风格等对决策结果有极大影响。

比如,开辟新市场、开发新产品、厂址选择、投资方向的选择等,这些都是典型的非结构化决策问题。厂址选择不仅仅是新建企业所面临的决策,也是老企业在考虑企业发展时常常遇到的问题。选址是生产经营活动的第一步,具有很大的风险。一旦地址选定,企业的外部环境就基本确定,企业的不动资产也固定下来了,同时它的经营费用也大致限定。由于不动资产难以转移,外部环境无法控制,如果选址有误,会给以后的经营活动埋下隐患,很难挽回,企业会陷入进退两难的境地。所以选址工作对企业经营具有重要意义,但选址没有固定的规律可以遵循,没有固定的决策规则和通用模型可依,影响选址决策的因素多而复杂,所以这类决策属于非结构化决策。

(3) 半结构化决策

半结构化决策问题介于上述两类问题之间,人们对这类问题有所了解但又不全面、有所分析但又不确切,其决策过程和决策方法有一定的规律可以遵循,但又不能完全确定。半结构化决策问题一般可适当建立模型解答,但无法确定最优解。

比如,设备的维修、备品备件的采购等问题就是典型的半结构化决策问题。什么时候维修、如何安排维修、何时购置备品备件、购置哪些备品备件等这些问题的解答存在许多不确定因素,虽然有一定的规律可以遵循,但并不是一成不变的。问题的本质不同、外部环境的影响不同,应该采取的行动也不同。

决策问题的结构化程度并不是一成不变的,当人们掌握了足够的信息,拥有了利用各种工具和技术处理信息的技能,非结构化问题有可能转化为半结构化问题,半结构化问题也有可能向结构化转化,决策问题的转化过程其实也是人们对客观事物不断提高认识的过程。企业管理是分层次的,在企业的每个层次中,既有结构化的问题,也有半结构和非结构化的问题,但所占比例的多少是有差异的。一般来说,基层的人员面对的是高度结构化的问题;相反,高层的人员往往需要思考非结构化的问题;中层的人员也会遇到非结构化决策问题,但主要还是做半结构化问题的决策。

3. 信息系统对不同决策类型的支持

科学的决策需要坚实的信息基础,既需要及时得到当前的信息,也需要有较长时期的对相关信息的积累,以便从大量的数据中发现事物之间的关联和变化规律。信息系统的一个重要使命就是辅助各级管理人员的决策活动,其任务就是随时收集与组织目标有关的信息,并通过对这些信息的分析找出可能存在或可能出现的问题,发现可能存在或可能出现的市场机会。通过建立恰当的数学模型,进行必要的优化与仿真,形成各种决策方案,并对这些决策方案进行合理的评价与预测,为管理决策者提供科学的符合实际的参考依据。

以前,信息系统多数是应用在处理结构化的作业控制类的决策领域。随着联机分析处理、数据仓库、数据挖掘技术和知识管理等技术在信息系统中的应用,现在越来越多的信息系统出现在管理控制和战略规划领域,这些领域里的问题是半结构化的和非结构化的,如图 1.9 所示。

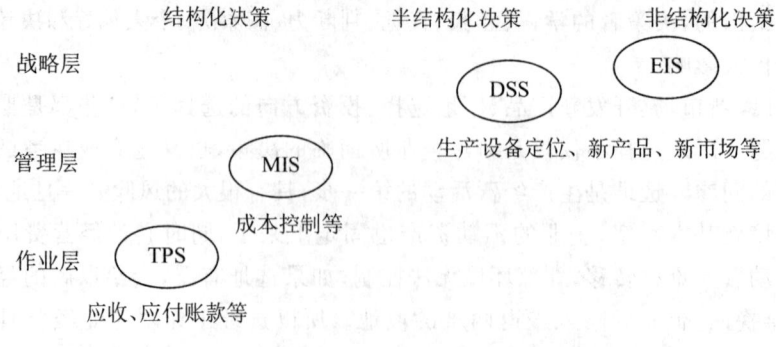

图 1.9 信息系统与决策类型

【知识总结】

管理信息系统涉及管理、信息和系统三个概念要素。

信息是经过加工处理后的数据,它对接收者的行为产生影响,对接收者的决策具有价值。信息具有事实性、时效性、共享性、价值性、层次性、可变换、可传输、不完全性的属性。信息量的大小取决于信息内容消除人们认识的不确定程度。

系统是由一些相互联系、相互制约的若干组成部分结合而成的,具有特定功能的有机整体。信息系统是系统的子集,具备系统的整体性、目的性、层次性、相关性和适应性等所有特征。信息系统通常都具有数据的输入、处理、输出、反馈和控制五个基本功能。在信息系统的实际应用中,人们按信息系统的应用领域将其划分为地理信息系统、气象信息系统、医疗信息系统、法律信息系统、军事信息系统以及管理信息系统等。

管理科学是与管理信息系统关系最为密切科学。信息系统作为管理信息化的呈现方式,对企业管理的各个方面产生了巨大影响,使得计划、组织、领导、控制活动发生了与以往不同的巨大变化,推进了企业管理走向现代化的进程。决策理论学派是现代管理学派的分支,该学派认为,管理的关键是决策,管理的过程就是决策的制定与执行的过程。根据决策问题的结构化程度不同,决策可分为结构化决策、半结构化决策和非结构化决策,决策问题与企业的管理层次有一定的联系,信息系统能够在不同管理层次发挥作用,帮助企业解决不同的决策问题。

【思考题】

1. 什么是数据?什么是信息?信息与数据有何区别?
2. 信息如何度量?
3. 什么是系统?系统有哪些属性?
4. 什么是信息系统?信息系统的功能结构是怎样的?
5. 企业信息化包括哪些方面?
6. 信息系统对企业管理的影响有哪些?
7. 决策问题有哪几种类型?信息系统如何支持决策?

【案例1.1】

美国航空公司的 Sabre 订票系统

20世纪70年代,为应对航空业激烈的竞争,美国航空公司开发了一套名为 Sabre 的计算机订票系统。系统应用为美国航空公司带来了极大的竞争优势,使其占领了主要的机票销售渠道,获得了占41%的市场份额。在增强公司竞争力的同时,Sabre 还为公司带来了巨额的利润。系统在为旅客推荐航班时,出现在屏幕上的首先是美国航空公司的航班,仅这一优先程序设置,在航班比较密集的航线上,就可以给公司带来高出平时20%以上的收入。同时，其他航空公司每通过 Sabre 系统订出一张机票需交纳 1.75 美元的系统使用费。美国航空公司还向旅行社、宾馆、租车公司等出租系统终端，通过 Sabre 系统向旅游代理商和大公司的旅游部门提供集成的、一体化的服务，包括订购飞机票、预订旅馆房间、租用各种汽车、提供餐馆及娱乐场所的信息等。此外，美国航空公司还向其他航空公司提供数据处理服务，如货物跟踪、预订、财务、气象分析、旅客安置、航班计划和库存控制等。

在 Sabre 系统的支持下，美国航空公司开展了一系列的营销活动，其著名的"飞行里程奖励计划"更是为公司带来了空前的"顾客忠诚"，按照"飞行里程奖励计划"，每个旅客只要乘坐美国航空公司的航班飞行达 9.7 万千米，便可免费获得两张经济舱机票，在淡季从美国任何城市往返欧洲。

1985 年美国航空公司实现利润 3.36 亿美元，而其中由 Sabre 系统带来的利润就占 1.43 亿美元。显然，在 20 世纪 80 年代美国航空公司的快速发展进程中，Sabre 系统是功不可没的，正如公司总裁 Robert Cranall 所说，一旦公司不得不出卖资产，他将卖出的是航线，而不是 Sabre 系统。

Sabre 由一个计算机订票系统发展到航空业综合信息服务系统，对航空客运服务产生了很大的影响，在一定程度上改变了该行业的竞争环境。其他没有像美国航空公司那样将信息技术作为一种战略工具应用的航空公司，如 People Express 航空公司、New York 航空公司、Frontier 航空公司等，在新的行业竞争环境下承受着巨大的竞争压力，甚至面临生存的危机。People Express 航空公司的最后一任总裁 Donald Burr 在后来的回忆中说："曾经作为美国航空运输业中的第五大公司，它在很短的时间内倒闭，我认为这能充分证明信息技术在航空运输业中的巨大作用，在我们公司短暂的历史中，有许多事情我们完全应该用不同的方式去处理，其中铸成大错的就是我们在处理具有综合信息服务功能的计算机订票系统这件事情上。计算机订票系统实际上是基于信息技术应用的高端技术领域，它对航空运输业是至关重要的，过去却被我们错认为是低端技术的常规领域，认为它对航空运输业是无关紧要的！"1988 年，欧洲两大航空公司 Amadeus 航空公司和 Galileo 航空公司采取紧急措施，开发了自己的计算机订票系统，这些新的计算机订票系统的建立，一方面可以防御美国的计算机订票系统的入侵，另一方面形成了新的分销渠道，增强了航空公司自身的竞争力，使这些航空公司在欧洲航运市场上的市场占有率得到提高，并带动了相关的非航空运输业如铁路运输业的发展。

思考：

Sabre 的开发和利用给美国航空公司带来了哪些好处？有人说，信息时代，企业竞争优势很大程度上取决于企业的信息技术应用水平，你同意这种观点吗？为什么？通过互联网搜集资料，了解 Sabre 目前的发展状况，谈谈该系统给航空业的管理带来了哪些实质性的影响。

第 2 章　管理信息系统概论

【知识导航】

管理信息系统的发展阶段；
管理信息系统的概念和特征；
管理信息系统的基本功能；
管理信息系统的概念结构、层次结构和功能结构；
管理信息系统的软件结构和物理结构；
六类管理信息系统及其特征。

管理信息系统是一个规模庞大、结构复杂的系统，是一个不断发展的概念。在对管理、信息和系统三个组成管理信息系统的概念要素进行介绍之后，本章将为"管理信息系统"画一个概要、清晰的轮廓，内容包括管理信息系统的产生和发展、概念和特征、基本功能和结构以及类型等。

2.1　管理信息系统的产生和发展

管理一方面要对信息进行有效的组织，另一方面要把信息及相关技术作为催化剂融入到其他物质资源的利用过程中。管理和以计算机为基础的信息系统的结合，催生了信息系统在管理领域的具体形态——管理信息系统。纵观现代意义上的管理信息系统的发展历程，至今为止大致可以划分为四个阶段。

2.1.1　萌芽阶段

20 世纪 50 年代到 60 年代中期。20 世纪上半叶，现代管理体系快速发展与完善，以西蒙、维纳为代表的学者对管理、信息、决策、控制论、数据处理等做出了清晰、完整的阐释。1946 年，第一台计算机诞生，其起初主要用于军事、科研领域。1954 年，美国通用电气公司安装的第一台商业用数据处理计算机，开创了信息系统应用于企业管理的先河。电子数据处理系统（Electronic Data Processing System，EDPS）出现并得到迅速普及，标志着管理信息系统发展进入了萌芽阶段。

在这一阶段，计算机的普及率低，设备功能简单且运行效率很低，数据无法共享，对数据采用文件式的管理，没有现代意义上的数据库系统。受限于相对低下的计算机软硬件技术水平，同时系统实施主体的实施经验与能力也明显不足，EDPS 只能部分地代替手工操作,完成一些数据量大、操作方法简单的单项数据处理工作,如工资核算、物料管理等。此时的 EDPS 仅面向某一单项业务,无法满足整个部门多项业务或者多部门相关的某一业务的信息化要求,更谈不上对企业管理的集成化信息支持。

2.1.2 成长阶段

20 世纪 60 年代中期到 70 年代初。计算机技术有了很大发展,CPU 的计算速度得到了极大提升;出现了大容量直接存取的外存储器,数据以文件方式储存在磁盘上,实现了初步的数据共享;一台计算机能够带若干终端,可以对多个过程的有关业务数据进行综合处理。另外,信息系统在管理领域的普及与发展也使实施主体积累了大量经验、提高了研发技能。企业内部对更为复杂的业务自动化支持以及业务整合与集成的要求越来越强烈,事务处理系统(Transaction Processing System,TPS)出现,管理信息系统进入了发展阶段。

这一阶段,信息系统对管理的支持已经由对单项业务的简单处理发展到对多个相关业务数据的综合处理,TPS 将相关的若干 EDPS 功能有机地整合在一起,实现了面向企业某一部门多项业务或者多部门相关某一业务的数据的协同处理。这一时期具有代表性的系统有数据更新系统、记账系统、状态报告系统和数据统计系统等。美国航空公司的 Sabre 预约订票系统既可以实现预定、出售机票,也可以实现改签、退票,它支持售票部门的所有业务。IBM 公司的 CMIS 生产状态报告系统能够对各个分厂的生产数据进行统一处理,使得企业时刻了解生产状况,排除了由于信息不畅给生产带来的不良影响,它支持多工厂的生产协同。TPS 仅仅为企业的某一部门或者某一业务服务,它虽极大地提高了事务处理的效率,但多个 TPS 之间缺乏统一规划和协同,不能从企业的层面提供全局的解决方案。Sabre 系统只能完成预定、出售、改签、退票等功能,不能帮助美国航空公司以历史同期机票预订速度的规律和现有的订票速度来预测可能发生的问题,采取补求措施;CMIS 系统也只能提供实际生产状况的数据,IBM 无法更深一步去利用这些数据研究生产经营的趋势、最佳的资源分配办法等。

2.1.3 定型阶段

20 世纪 70 年代初到 90 年代中期。计算机的性能不断提高,价格进一步降低,在管理领域的应用日益广泛;分布式系统技术的出现使操作系统更加完善,数据库和各类应用软件也逐渐兴起。同时,人们开始运用系统的理论和方法进行管理信息系统的开发。在瓦尔特·肯尼万(Walter T. Kennevan)和高登·戴维斯(Gordon B. Davis)等人的推动下,计算机在企业管理领域的应用日臻完善,出现了管理信息系统(Management Information System,MIS),管理信息系统的发展进入了崭新的阶段,"管理信息系统"一词也在这一阶段定型。

MIS 的处理方式是在数据库和网络基础上的分布式处理,拥有中心数据库和基于计算机网络技术是这一阶段管理信息系统的重要标志。这决定了 MIS 的最大特点是高度集中,能将企业数据集中起来,进行快速处理,统一使用。MIS 的另一特点是利用定量化的科学管理方法、管理模型,通过预测、计划、调节和控制等手段来支持管理,强调对整个经营过程的预测与控制。成熟的管理信息系统面向企业的全面管理活动,立足于企业全局的角度,为纵向各层级、横向各部门的活动提供全方位信息支持。

80年代以后,管理信息系统的一个分支——决策支持系统(Decision Support System,DSS)出现并迅速发展。20世纪70年代后期,MIS的开发非常红火,但失败的例子比比皆是,并非由于它不能提供信息,实际上MIS能够提供大而全的信息,但这些并非决策所需。人们主张针对企业突出问题,有针对性地提出解决方案,重点是要为决策者提供决策支持。DSS不仅较好地实现了对企业结构化决策问题的支持,还极大地提高了对半结构化和非结构化决策问题的解决能力。

比DSS稍晚,管理信息系统的另外一个分支——经理信息系统(Executive Information System,EIS)也产生了。企业的经理们面对许多在复杂多变环境中战略性的、非结构化的问题,为了制定有效的企业战略,他们对信息的及时性、完整性、准确性要求越来越高,迫切需要利用管理信息系统来满足其特殊的信息需求。EIS是服务于高层经理的一类特殊的管理信息系统,能够使经理们迅速、方便、直观地得到更快、更广泛的综合信息,并可以预警与控制遇到的问题。经理们还可以通过EIS与其他管理者讨论、协商、确定工作分配,进行工作控制和验收等。

2.1.4 集成化、智能化发展阶段

20世纪90年代中期至今。互联网的飞速崛起和人工智能的发展为管理信息系统的发展提供了更广阔的空间,管理信息系统进入了集成化、智能化的发展阶段。

互联网使得管理信息系统能够克服地理界限,把分散在不同地区的计算机网络互连,催生了各种形式的虚拟组织,形成了整个组织范围的集成化管理信息系统。人工智能是计算机学科的一个分支,被称为世界三大尖端技术之一,它主要研究如何使计算机模拟人的某些思维过程和智能行为,使计算机能实现更高层次的应用。人工智能结合数据库、数据仓库数据挖掘等技术,使信息的组织更加综合化、智能化,管理信息系统能够为企业提供更具智能分析能力的信息支持。

企业资源计划系统(Enterprise Resources Planning,ERP)是当前最流行的企业管理软件,它集成了企业的生产、销售、计划、财务、人力等各个方面信息,实现了企业内部全部信息的集成,并发展成为具有供应链接口,可以实现供给链上各个环节包括供应商和客户资源的信息集成的系统。商务智能系统(Business Intelligence System,BIS)的特点在于其"智能性",它通过数据挖掘技术自动地从海量数据中提取出有用的知识。这些知识是事先未知的,也不是通过已有规则推断得到的,它反映的是商务运作中的潜在的规律,一旦被企业把握和利用,就会产生巨大的价值。

随着物联网、云计算、大数据等新的信息技术得到人们的关注,管理信息系统的内容与作用在深度和广度上都与以往有了很大的不同。企业需要管理信息系统能够随着环境的变化和技术的进步而快速做出调整,管理信息系统的发展必然不断呈现新的特征。

2.2 管理信息系统的概念和特征

2.2.1 管理信息系统的概念

　　管理信息系统经历了从简单到复杂的演变过程,从单项数据处理到综合数据处理,从单机版到网络版再到人机协作,从部门的管理信息系统到企业级的管理信息系统再到跨企业、跨地区的集成应用系统,使得管理信息系统的内涵不断拓展和深化,人们对管理信息系统的认识也在发生变化。不同的时期,不同的学者分别从不同的角度对管理信息系统进行了界定和阐述,比较有代表性的定义如下。

　　1970年,美国美利坚大学教授肯尼万给出了最早的定义:"以书面或口头的形式,在合适的时间向经理、职员以及外界人员提供过去的、现在的、预测未来的有关企业内部及其环境的信息,以帮助他们进行决策。"该定义强调信息为决策服务,但受当时计算机应用水平的限制,并没有提到现代化的信息工具。

　　1985年,管理信息系统创始人之一,美国明尼苏达大学卡尔森管理学院教授戴维斯给出了一个较完整的定义:"它是一个利用计算机硬件和软件,手工作业、分析、计划、控制和决策模型以及数据库的用户——机器系统。它能够提供信息,支持企业或组织的运行、管理和决策功能。"强调管理信息系统可以为各个管理层级服务,它是一个人机系统。

　　我国学者薛华成根据当今世界的发展和变化,重新描述了管理信息系统的定义:"管理信息系统是一个以人为主导,利用计算机硬件、软件、网络通信设备以及其他办公设备,进行信息的收集、传输、加工、储存、更新和维护,以企业战略竞优、提高效益和效率为目的的,支持企业高层决策、中层控制、基层运作的集成化的人机系统。"这个定义强调管理信息系统中人的主导作用,指出了系统的目的,明确管理信息系统用于支持不同管理层级,是一个集成化的人机系统。

　　《企业管理百科全书》中将管理信息系统定义为:管理信息系统是制作、处理及精炼资料,以便产生组织内各阶层为达成管理目标(计划、指导、评估、协调、管制)所需信息的整体体系。

　　《中国企业管理百科全书》中给管理信息系统的定义是:"一个由人、计算机等组成的能进行管理信息收集、传递、存储、加工、维护和使用的系统。管理信息系统能实测企业的各种运行情况,利用过去的数据预测未来,从全局出发辅助企业进行决策,利用信息控制企业的行为,帮助企业实现其规划目标。"

　　近年来,随着供应链这一新的经营模式的出现,企业需要与合作伙伴之间快速准确地传递与共享信息,有学者基于此认为管理信息系统是对供应链上组织内和多个组织间的信息流进行管理的系统,它能实现业务的整体优化,提高企业运行控制和外部交易过程的效率。

　　这些定义大都提到管理信息系统不仅仅是一个技术系统,而且是把管理活动、具有主观能动性的人融入其中的人机系统。管理信息系统是一个管理系统,是信息系统在管理领域的具体应用,是一个社会技术系统。管理信息系统已经成为应用量最大、应用效果最为显著的信息系统分支,是最成熟和最典型的信息系统,因此有越来越多的人直接用信息系统(IS)一词代替管理信息系统(MIS)。但需要注意的是,信息系统主要侧重于硬件与软件技术,缺乏管理成分、社会属性,所以不能简单地以 IS 代替 MIS。另外,还有学者提出了管理信息系统的广义和狭义概念之分,认为 IS 就是广义概念上的管理信息系统的代名词和专用名词,而狭义的管理信息系统指发展阶段中定型阶段出现的系统,或是特指企业内部服务于中层管理人员的一类系统。这些定义和理解见仁见智,我们认为,管理信息系统是运用管理理论和方法,以现代化信息处理技术为工具和手段,具有对信息进行收集、处理、存储和传递等功能,能够帮助企业进行预测、计划、控制和决策的人机系统。

2.2.2 管理信息系统的特征

管理信息系统作为一般信息系统的实例,具有一般信息系统的全部特征,除此之外,还具有明显的"管理"属性。为深化对管理信息系统内涵的认识与理解,我们有必要对其特征做进一步阐释。

1. 管理信息系统是为管理决策服务的信息系统

它必须能够根据管理的需求,提供实时、全面、准确的信息,帮助决策者做出决策。

2. 管理信息系统是对企业乃至整个供需链进行全面管理的综合系统

一个企业在建立管理信息系统时,可根据需要逐步应用个别领域的子系统,然后进行综合,最终达到应用管理信息系统进行综合管理的目标,管理信息系统综合的意义在于产生更高层次的管理信息,为管理决策服务。

3. 管理信息系统是一个人机结合的系统

管理信息系统是为管理决策服务的,而人是管理决策的主体,因而它必然是一个人机结合的系统。在管理信息系统中,各级管理人员既是系统的使用者,又是系统的组成部分。在管理信息系统的开发过程中,要根据这一特点,正确界定人和计算机在系统中的地位和作用,充分发挥人和计算机各自的优势,使系统得到整体优化。

4. 管理信息系统是与现代管理方法和手段相结合的系统

人们在管理信息系统应用的实践中发现,只简单地采用计算机技术提高处理速度,而不采用先进的管理方法,管理信息系统的应用仅仅是利用计算机系统还原手工管理系统,充其量是减轻了管理人员的劳动强度,其作用发挥得非常有限。管理信息系统要充分发挥在管理中的作用,就必须与先进的管理手段和方法结合起来,在开发管理信息系统时,融进现代化的管理思想和方法。

2.3 管理信息系统的基本功能和结构

2.3.1 管理信息系统的基本功能

1. 信息处理

对各种类型的数据进行收集、处理、存储、传递和管理等。这是管理信息系统的首要任务和基本功能。

2. 预测功能

运用数学方法、管理方法和预测模型,利用历史的数据对未来可能发生的结果进行预测。这是管理计划和管理决策的前提。

3. 计划功能

对各种具体工作合理的计划和安排,并按照不同的管理层提供相应的计划报告。例如,市场开发计划、销售计划、生产作业计划等。这是指导各个管理层高效工作的前提。

4. 控制功能

通过对计划的执行情况进行监测、检查,比较执行与计划的差异,并分析其原因,辅助管理人员及时用各种方法加以控制。

5. 辅助决策功能

运用数学模型,合理地配置企业的各项资源,及时推导出有关问题的最优解,辅助各级管理人员做决策。

2.3.2 管理信息系统的结构

管理信息系统作为一个系统必然有一定的结构,这种结构反映各个部分之间的关系、各个部分的特点、面临的主要问题以及人们的认识水平和技术水平。但从不同角度看可以得出不同的结构形式,管理信息系统结构主要有:概念结构、层次结构、功能结构、软件结构和物理结构。

1. 概念结构

从高度抽象、概括的角度来看,任何管理信息系统都有信息源、信息处理器、信息用户和信息管理者四个组成部分,各部分之间的关系如图 2.1 所示。信息源是信息的产生地;信息处理器负责信息的收集、处理、存储和传递;信息用户是使用系统的人或企业,他们利用信息进行决策;信息管理者负责系统的设计、实现、运行和维护。这个模型对信息处理的一般性组成进行了描述,体现了信息从信息源到信息用户的单向流动和信息管理者的总体控制的特点。

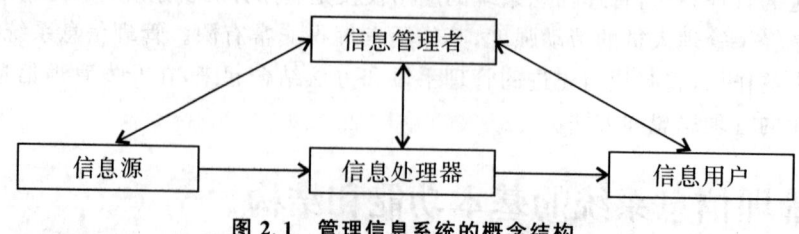

图 2.1 管理信息系统的概念结构

2. 层次结构

管理信息系统的层次结构是基于管理任务来划分的,管理任务是具有层次性的,其三层结构如表 2.1 所示,相应地,为它们服务的管理信息系统也分为三层,如图 2.2 所示。

第 2 章 管理信息系统概论

表 2.1 管理任务的层次

管理层次	管理内容
战略规划	目标的设定与变更,为实现该目标所采取的资源政策等计划、规划、预算过程
管理控制	为实现目标,使企业能够有效地获得并利用资源的具体化过程
作业控制	为确定某特定业务能够被有效地、高效地执行的全过程

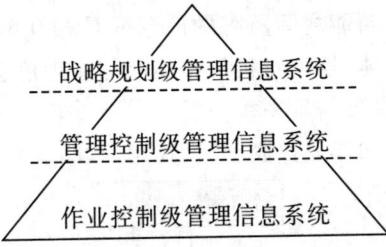

图 2.2 管理信息系统的层级结构

(1) 战略规划级管理信息系统

战略规划的管理活动属于企业的高层管理,其目的是确定企业目标以及为达到企业目标制定策略,如制定市场战略、确定产品品种等。战略规划持续时间长,其间可能发生变动。

为战略规划活动服务的管理信息系统需要比较广泛的数据。这些数据大多是经过处理的综合数据,其中除了内部数据,还需要大量的外部数据。例如,当前和未来经济发展趋势、国家的相关政策、竞争对手的竞争力和市场占有率等。

战略规划级的决策内容,如确定和调整企业目标以及制定关于获取、使用各种资源的政策等,一般属于非结构化的问题,决策者是企业或组织的最高管理层。

(2) 管理控制级管理信息系统

管理控制的管理活动属于企业的中层管理,管理控制的目的是对战略规划的具体落实进行控制,其工作主要包括资源的获取和组织、人员的招聘和训练、资金控制等方面。

管理控制级管理信息系统主要面向的是各个部门的负责人,为他们提供所需的信息服务,以支持他们在管理活动中能有效地制定各项计划并随时了解计划的执行情况。其所需要的数据主要是内部数据,但有可能也需要一些外部数据,例如行业对照、成本指标等。数据具有一定的确定性和相对概括性,对其精确度要求较高。

管理控制级的决策是对各种资源的获取和使用进行有效的计划和控制等方面的问题,它受战略管理级所制定的目标和策略的限制,一般属于半结构化或者结构化的问题。

(3) 作业控制级管理信息系统

作业控制级的管理活动是为有效利用现有资源和设备所开展的各项活动,属于组织的基层管理,主要工作是按照中层管理活动所制定的计划和进度具体组织人力、物力去完成指定任务。

作业控制级的管理信息系统处理过程比较稳定,可以按事先设计好的程序和规则进行相应的信息处理。所需的数据是系统内部比较详细的数据,基本不需要外部数据,这些数据具有确定性强、精确度高等特点。

作业控制级的决策是为了保证有效地完成具体任务和操作,处理问题的类型稳定,一般都属于结构化的决策问题。

3. 功能结构

管理信息系统的功能结构是基于企业功能来划分的。企业目标的实现需要各种业务功能的支撑,不同功能有着自己特殊的信息需求,需要专门设计相应的功能子系统,以支持其管理决策活动。同时各功能之间所需的信息又是相互关联的,这些关联使得各个功能子系统构成一个有机的整体,这个有机的整体就是管理信息系统。

以制造业企业为例,其管理信息系统一般由以下功能子系统构成,如图2.3所示,每一个功能子系统完成其相关的作业控制、管理控制、战略规划的所有信息处理活动。

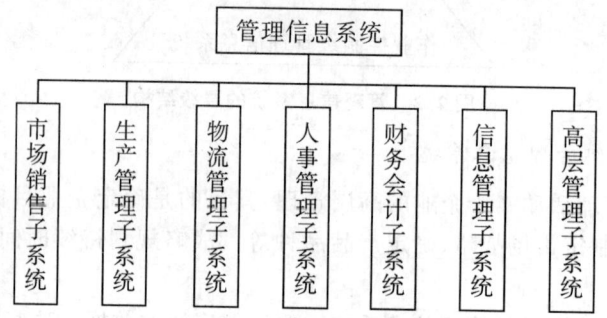

图 2.3 管理信息系统的功能结构

(1) 市场销售子系统

市场销售子系统一般包括产品销售和服务。作业控制主要是销售订货、广告推销、销售人员的雇用和培训、销售的日常调度、销售数量按地区产品等的定期统计分析。管理控制主要是将销售情况与计划比较,分析偏差原因,采取措施保证计划的完成,需要用到顾客、竞争者、产品、销售人员的有关数据。战略规划方面的活动是研究市场战略和开发新市场,有些要用到客户分析、竞争者分析、客户调查以及产品预测、技术预测等信息。

(2) 生产管理子系统

生产管理子系统包括产品设计、生产设备计划、作业计划、生产人员的雇用与培训、质量控制等。典型的作业控制活动有根据成品订单分解为零部件需求以及成品单、废品单和工时单的统计。管理控制要求进行总进度、单位成本、单位工时消耗的计划比较,找出薄弱环节,分析影响进度的难点。生产战略规划包括对一些制造方法、自动化方法做决策。

(3) 物流管理子系统

物流管理子系统包括原材料的采购、收货、库存管理和分发等。作业控制包括提供进货要求、购货定单、验收报告、运输要求、提货单据、库存缺货报告、库存积压报告、存货周转率报告,进行供货商信誉分析、运输单位信誉分析、发货分析等。管理控制包括对实际库存水平与计划库存水平的比较、外购物品的价格分析、库存缺货和存货周转率分析等。战略规划涉及对新分配策略、对供货商的新政策以及加工外购、"以销定产"策略的分析等。

(4) 人事管理子系统

人事管理子系统包括人员的录用、培训、考核、人事记录的保存、工资及解雇等功能。作业控制要产生一些文件,说明雇用需求、工作岗位责任、人员培训计划、职工基本情况、工资变化和离职情况,并开展雇用、培训、期满通知、工资调整、发放津贴等活动。管理控制由一些偏差报告和分析结果支持,说明雇用职工数量、招聘费用、技术构成、培训费用、应付工资、劳动生产率等项目的实际与计划的偏差。战略规划涉及招聘、工资、培训、福利等各种策略方案的评价,需要的信息包括职工培训方式、国家教育状况和工资水平分析等。

(5) 财务会计子系统

财务与会计有区别,但二者又是相关的。财务的职责是合理地使用流动和固定资产,使企业有效地筹措资金。会计则是把财务数据分类,编制财务报表,制定预算,核算和分析成本。

与财会有关的作业控制包括处理赊账申请、销售单、收账文件、收款凭证、支票、流水账和分类账,以及处理延迟记录、未处理的业务报告等。管理控制包括预算和成本数据的比较分析。战略规划活动包括制定长远的财务计划,制定减少税收影响的长期计划等。

(6) 信息管理子系统

信息管理子系统的作用是保证其他功能有必要的信息服务和资源。作业控制包括日常任务调度,对数据和程序进行校正或变更,处理硬件和软件运行报告,统计差错率,报告故障,以及项目建议等。管理控制则包括给出计划需要使用的数据、设备价格、程序员的情况,比较各项目的实际进度与计划进度等。战略规划包括整个信息系统计划、战略应用的选择、硬件和软件环境的一般结构设计等。

(7) 高层管理子系统

高层管理子系统主要为总经理等最高领导层服务。作业控制主要是信息查询、决策咨询、编写信件和备忘录、向企业其他部门发送指令。管理控制的内容包括会议进度、通信控制文件、联系文件等,主要是利用其他各个功能子系统提供的综合信息来评价业务功能是否按计划实现。战略规划涉及企业的方向以及资源规划之类的活动,它需要范围很广的各种内部和外部的统计数据,为各个子功能的战略规划确定总框架,并消除它们之间不一致的地方。

有一点需要说明,从制造业企业为例的功能结构分析中可以看出,企业的每一个功能子系统均能够为作业控制、管理控制和战略规划三个不同层次管理任务提供服务,同样,每一个层次的管理信息系统从业务功能的角度看,也包含对不同业务的支撑。因此,有学者提出,将业务功能和管理层次结合起来,形成管理信息系统的有纵横关系的矩阵式结构。

矩阵的横向把同一管理层次的各种业务功能综合在一起,如作业控制层的人事、财会等子系统可以综合在一起，使基层的业务处理一体化。横向综合正向着资源综合的方向发展，如按"人"把人员的信息综合到一个系统，按"物料"把采购、库存控制、利润计算等综合到一起。矩阵的纵向把不同层次的管理任务按功能综合在一起，沟通了上下级之间的关系，便于决策者掌握情况，这种结构对于多级及范围较广的企业特别有意义。

4．软件结构

管理信息系统的功能是由相应的计算机软件程序去具体实现的。软件可以分为应用软件和系统软件，应用软件从结构和功能上对应着企业的不同管理层次和各种业务功能，此外，还有保障管理信息系统的开发和维护能够高效进行的各种项目管理软件；系统软件包括操作系统、数据库管理系统、各种语言编译软件、网络软件等。管理信息系统的软件结构如图2.4所示。

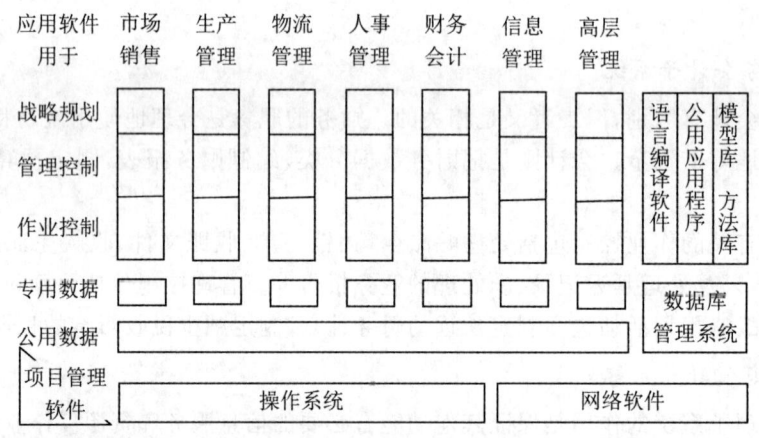

图 2.4　管理信息系统的软件结构

横向的某一行表示管理任务的某一层次，如作业控制层、管理控制层和战略规划层；纵向的某一列表示企业业务的某一个功能，如制造业企业可以分为市场销售、生产管理、物流管理、人事管理、财务会计、信息管理、高层管理等，每一个方块表示一段应用程序。每个程序有自己专用的数据文件，同时也可以共用数据库中的公用数据，数据库管理系统负责对所有数据进行管理。一些公用的应用程序以及模型库、方法库中的程序和文档可以被系统中所有程序所共享。随着编程工具和技术的不断发展，管理信息系统的软件结构也在不断发生变化，但是，为了提高软件开发的效率和软件的易维护性，软件结构的模块化一直都是管理信息系统设计开发的基本原则。

在实际工作中，由于时间、人力、技术、经费等方面的限制，一个组织很难开发这样一个完整的系统。另外，这样的系统维护也很困难。实际工作中开发的管理信息系统往往仅涉及软件结构中的一部分，可能是管理任务的某些层次，也可能是企业业务的某些功能，而其他则作为该系统的环境和界面。软件结构框架可以帮助我们更清楚地认识所开发系统的地位、作用和总体结构。

5．物理结构

管理信息系统的物理结构是指硬件、软件、数据等资源在空间的分布状况所构成的系统结构，一般有集中式和分布式两种。这两种结构是随着信息技术的发展而产生的，目前都有应用,并且仍在不断的变化。

集中式系统是资源在空间上集中配置的系统,这种结构将软件、数据和主要的外部设备集中在一套计算机系统中,如图 2.5 所示。单机系统是典型的集中式系统,由分布在不同地点的多个用户通过终端共享资源的多用户系统,也归类于集中式系统。集中式系统中的主机承担所有的数据处理工作,终端没有数据处理能力。

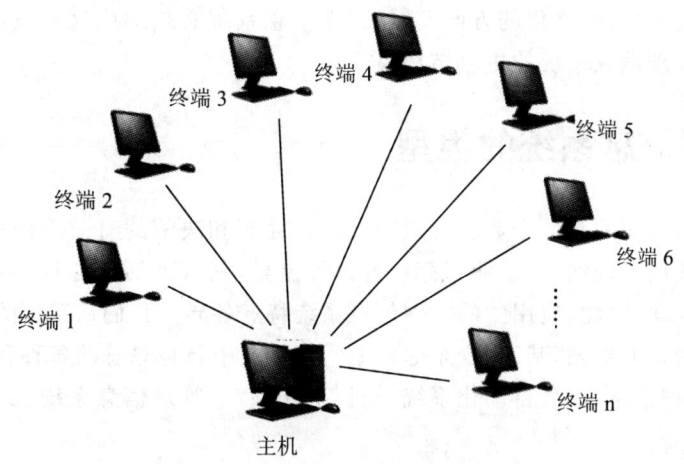

图 2.5　管理信息系统的物理结构——集中式系统

集中式系统的优点是资源集中在主机,保证了每个终端使用一致的资源开展业务;主机是唯一需要备份的系统,这降低了数据备份的难度,使数据备份简单、快速;终端不进行数据处理,感染病毒的可能性极低,系统安全措施仅需针对主机实施;主机功能强大,终端可以使用功能简单且便宜的微机和其他终端设备,总体费用较低。但集中式系统相对比较脆弱,主机出现故障,可能使整个系统停止工作。随着系统规模的扩大和功能的提高,集中式系统的复杂性迅速增长,使得其对业务变革和信息技术发展的适应性降低,应对环境变化的能力下降,同时,也给系统的开发和管理、维护带来困难,不利于发挥人的积极性与主动性。目前,一些业务简单的系统往往采用集中式结构,如银行的自动柜员机系统。

分布式系统是和集中式相对立的概念,它是资源在很大区域内分散配置的系统。这种结构利用计算机网络把分布在不同地点的计算机硬件、软件、数据等资源联系在一起,相互通信、资源共享,服务于一个共同的目标,如图 2.6 所示。高配置的计算机作为服务器,低配置的计算机作为工作站,基于网络连接在一起的每个计算机系统既可以在网络系统管理下统一工作,也可以脱离网络环境利用自己的资源独立工作。

图 2.6　管理信息系统的物理结构——分布式系统

分布式系统的优点是能够适应用户的各种需要,既可为独立用户的特殊需求服务,也可为联网的多用户需求服务;每台计算机可以访问系统内其他计算机的资源,系统设计上具有更大的灵活性;数据的存储和处理都是在本地计算机系统内进行的,减少了数据传输的成本和风险;一台计算机系统的故障对分布式系统整体的影响有限,使故障的不利影响最小化。但是分布式系统对病毒比较敏感,任何用户都可能引入病毒并将病毒扩散到整个网络;用户将数据存储在各自的系统上,备份比较困难,还可能产生资源不一致的情况。现代企业朝着扁平化、网络化的方向发展,管理信息系统必须适应这一发展趋势,分布式系统已经成为管理信息系统的主流结构模式。

2.4 管理信息系统的类型

管理信息系统作为帮助企业进行预测、计划、控制和决策的有效手段,已经在企业中得到了广泛的应用。现实中,企业间存在着各种差异,其管理活动各具特点,想要实现的具体目标也不相同,因此,应用中的管理信息系统特点各异。我们从系统的功能、目标、特征和服务对象的角度出发,基于"安东尼模型",将企业中林林总总的各种管理信息系统分为六类:事务处理系统、办公自动化系统、知识工作系统、管理信息系统、决策支持系统和经理信息系统。

2.4.1 事务处理系统

事务性的活动是企业最基本的业务活动,比如销售部门每天都要进行销售数据的记录,仓库要对每一批进出库的物料进行出库或入库登记等,这些活动重复性强、枯燥且劳动强度大。事务处理系统是对企业事务性的日常活动数据进行记录、处理、存储、更新,为企业的作业控制层服务的管理信息系统,它可以提高基层工作人员的事务处理效率、减轻劳动量。事务处理系统处理的数据量大、详细、精度要求高,但数据的逻辑关系简单、结构化程度高。对企业来说,事务处理系统是非常重要的、基础的系统,它一旦出现故障,企业的日常工作就会受到严重影响。同时,它还是企业中高层管理信息系统的数据来源,没有事务处理系统,上层所有的管理信息系统将没有"原材料"。

销售时点系统(Point of Sales,POS)是事务处理系统的一个典型实例。我们到商场、超市购物时,收银员用手持扫描枪自动读取商品代码,POS根据不同商品的唯一代码,从商品库中查询商品的价格,计算并打印账单,同时用收集到的购买时间、数量、价格等数据更新库存和销售数据,产生每天的销售报表。事务处理系统的概念模型如图2.7所示。

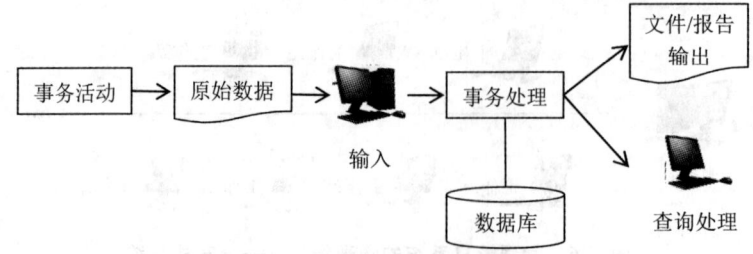

图2.7 事务处理系统概念模型

2.4.2 办公自动化系统与知识工作系统

随着知识经济的时代的到来,信息和知识取代资本和能源成为创造财富的主要因素,有人在"安东尼模型"的三个层次中增加了一个新的层次——知识层,认为它存在于作业控制层和管理控制层之间。组成知识层的有两类工作人员:行政管理人员和专业技术人员,相应地,为知识层服务的管理信息系统有两类:办公自动化系统(Office Automation System,SAS)和知识工作系统(Knowledge Work System,KWS)。

1. 办公自动化系统

行政管理人员的工作不是创造信息,而是利用和处理信息,如文档管理、计划和日程安排、会议联络与沟通等,这些工作需要信息技术的支持,以协调企业各部门、各类工作者的信息联系,提高办公活动的工作效率和质量。秘书、会计、文档管理员等都属于行政管理人员,他们的工作具有数据处理频繁的特点,因此又被称为数据工作者(data worker)。办公自动化系统支持数据工作者,它通过对办公信息的协调处理来提高数据工作者的工作效率。办公自动化系统是信息和知识的交汇中心,协调着不同地理区域分布的各职能部门之间、各类工作人员之间的信息交流。传统的办公自动化系统通常具有通知公告、文件交换、信息发布、个人办公、档案管理、考勤管理、电子邮件等功能,经过多年的发展,办公自动化系统的功能逐步延伸到了企业的各业务管理子系统及核心业务流程之中,成为提供全方位协同管理的集成支持平台。随着移动互联网、云计算、人工智能等技术的发展,办公自动化系统的运作模式还在不断创新和发展中,呈现泛在化、智能化的特点。

2. 知识工作系统

专业技术人员的工作主要是创造新的信息和知识,如政策制定、产品创新与设计、公共关系创意等,这些工作需要信息技术的支持,以促进新知识的创造,并将新的知识和技术集成到企业的产品、服务和管理活动中去。工程师、建筑师、律师、医生、咨询专家等都是专业技术人员,他们的工作具有知识密集型的特点,因此又被称为知识工作者(knowledge worker)。知识工作系统针对企业中知识工作者对信息系统的特殊需求,为其提供多样化的知识创造工具和手段。知识工作系统的组成包括硬件和软件,硬件有知识工作系统需要使用的工作站或者具有强大运算能力的大型计算机;软件包括各种专业化软件工具,如可视化图形软件、模拟计算软件等。知识工作系统的一般框架结构如图2.8所示。知识工作系统由于所支持的任务不同而有很大的差异,现实中有多种多样的知识工作系统,如为机械设计人员服务的能够处理三维图形的计算机辅助设计系统,为室内设计师提供的居室虚拟现实系统等。

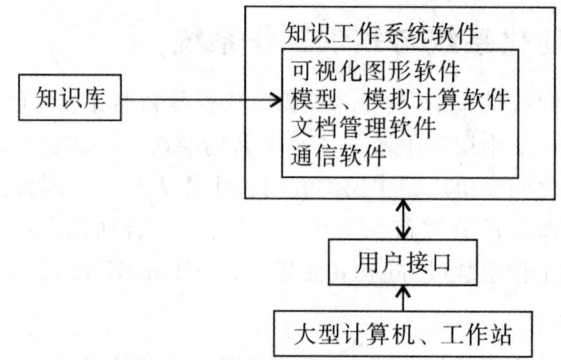

图 2.8　知识工作系统的一般框架结构

需要注意的是,数据工作者和知识工作者事实上不是一个独立的层次,除知识层以外,战略层、管理层和作业层的工作人员都可能是知识工作者甚至是数据工作者。

2.4.3　管理信息系统与决策支持系统

管理信息系统与决策支持系统均是以服务管理控制层为主的信息系统。

1. 管理信息系统

管理信息系统是指能够从企业内部和外部收集数据,并对其进行加工处理,形成有用的信息,以预先设定的形式提供给以中层为主的各级管理者使用的信息系统。管理信息系统利用定量化的科学管理方法、管理模型,通过对事务处理系统中收集存储的数据进行分析,向中层管理者提供综合性、周期性的信息报告,支持管理者高效地组织、计划和控制企业的运行。管理信息系统输出报告的综合性体现在其数据通常不是来自于某一个事务处理系统,而是对多个事务处理系统的数据进行浓缩、汇总和综合;周期性体现在它不像事务处理系统一样提供每天、每时的实时信息处理和查询,而是以周、月、年等为周期,提供企业运行情况的综合报告。管理信息系统与事务处理系统之间的关系如图 2.9 所示。

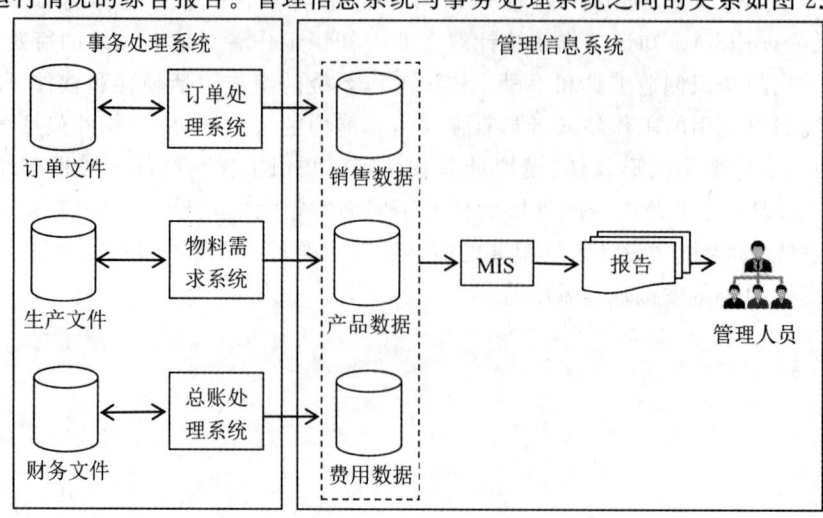

图 2.9　管理信息系统与事务处理系统

管理信息系统应用于企业的各个领域,以用于营销管理的营销管理信息系统为例,它从订单处理事务系统、存货处理事务系统获得企业内部数据,结合竞争对手的情况等外部数据,经过处理,产生按产品销售额统计、按客户销售额统计以及市场研究、新产品开发建议等报告。营销管理信息系统帮助营销主管深入观察日常销售状况,确定问题所在,寻找改善途径和机会,从而有效地控制营销活动。

2. 决策支持系统

决策支持系统不同于传统的管理信息系统,它以人机交互的方式帮助决策者探索半结构化和非结构化决策问题的解决方案,利用知识库、数据库、模型库、方法库等基本构件为中高层管理者提供决策所需的信息,目的是提高决策者的决策水平和质量。决策支持系统的一般框架结构如图 2.10 所示。

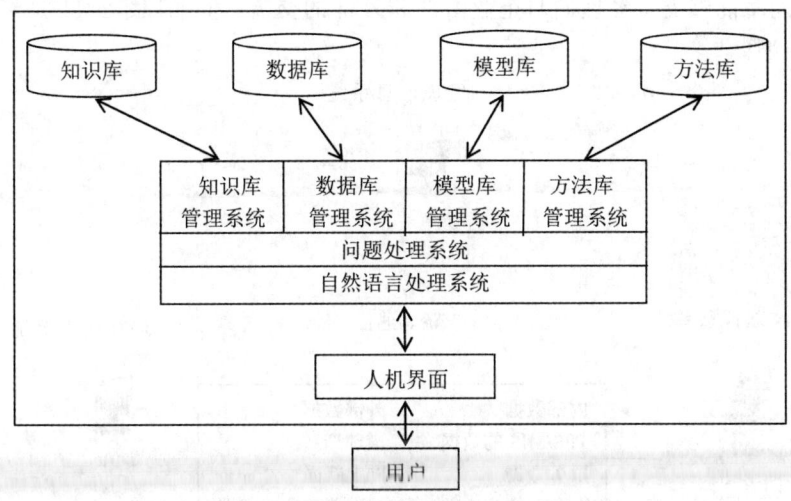

图 2.10 决策支持系统的一般框架结构

决策支持系统与管理信息系统的区别主要有:决策支持系统和管理信息系统在企业内部是可以并存的,管理信息系统主要用于解决结构化决策问题,决策支持系统关注半结构化和非结构化问题;决策支持系统和管理信息系统都需要大量的数据输入,决策支持系统除了需要事务处理系统数据,更需要管理信息系统和外部环境的数据支持;管理信息系统往往支持人们解决多个决策问题,是面向"面"的,决策支持系统通常是针对一个特定的决策问题开发的,是面向"点"的;管理信息系统是以数据驱动的,数据库的设计是核心,决策支持系统是以问题驱动的,重视决策模型的使用。

必须要说明,这里的管理信息系统指的是我们在本章第二节提到的狭义的管理信息系统,即特指企业内部服务于中层管理人员的一类系统。管理信息系统与事务处理系统、决策支持系统的关系使我们对广义和狭义概念之分有了更深入的理解:管理信息系统是建立在事务处理系统基础上的,往往包含事务处理系统,同时,它又在自己基础上发展出决策支持系统,这种承上启下的地位使其很容易成为各类系统的统称。为了区别,也有人将此处管理信息系统称为管理报告系统(Management Reporting System,MRS)。

2.4.4 经理信息系统

经理信息系统为战略决策层服务,它是一个专门为企业的高层经理建立的信息应用平台,借助于功能强大的数据通信能力和综合性的信息检索、处理能力,为经理们提供一个面向随机性、非规范性、非结构化信息需求和决策问题的支持手段。

经理信息系统的主要特点:一是能从企业内部的各种系统和外部各种信息源获取所需信息,但与传统决策支持系统不同,它倾向于较少运用分析模型,强调对数据的选择、析取、分离,并能追踪一些关键数据;二是利用最先进的通信技术、数据分析技术和多媒体技术,联机进行实时查询、趋势分析和异常报告,并将输出结果快速、准确、直观地展示在不同场景中,数字仪表盘是经理信息系统的流行特征;三是为高层经理量身定做,用户界面非常友好,同时能够支持经理们与企业内部和外部的交流、通信。图 2.11 是经理信息系统的概念模型。

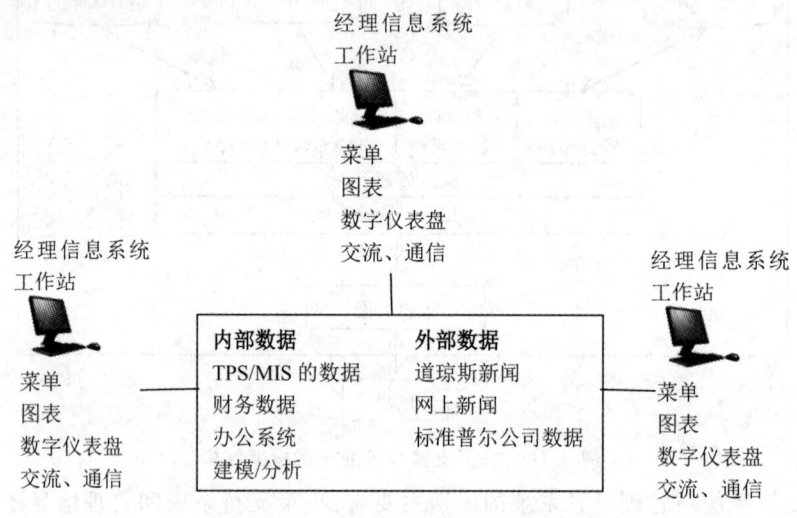

图 2.11 经理信息系统的概念模型

按照增加了知识层的"安东尼模型",企业内有六类管理信息系统,结合企业的业务功能,有学者给出了四个层次六类管理信息系统的服务内容框架,如图 2.12 所示。在六类管理信息系统中,没有哪一类能够提供企业需要的全部信息,它们各司其职、分工合作才能达到为企业整体服务的目的。

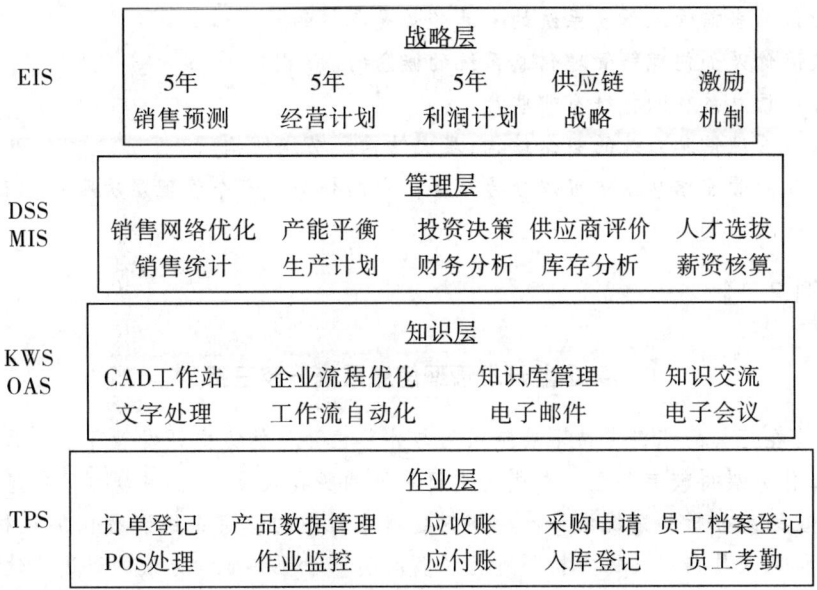

图 2.12 六类管理信息系统的服务内容框架

【知识总结】

从 1954 年美国通用电气公司安装的第一台商业用数据处理计算机开始,管理信息系统经历了 50—60 年代的萌芽、60—70 年代的成长、70—90 年代的定型,如今进入了网络化、智能化的发展阶段。管理信息系统的不断演变,使得其内涵不断拓展、深化,现在普遍认为,管理信息系统是运用管理理论和方法,以现代化信息处理技术为工具和手段,具有对信息进行收集、处理、存储和传递等功能,能够帮助企业进行预测、计划、控制和决策的人机系统。它是为管理决策服务的综合系统,是人机结合的技术—社会系统,是融进了现代管理思想和方法的系统。

信息处理是管理信息系统的首要任务和基本功能,在此基础上,它能够进行预测、计划、控制,并辅助决策。管理信息系统的结构反映了其各个组成部分之间的关系,从不同角度看有不同的结构形式,如概念结构、层次结构、功能结构、软件结构和物理结构。

现实中,企业间存在着各种差异,其管理活动各具特点,想要实现的具体目标也不相同,因此,应用中的管理信息系统特点各异。基于"安东尼模型",企业中林林总总的各种管理信息系统可以分为六类,分别是作业控制层的事务处理系统、知识层的办公自动化系统和知识工作系统、管理控制层的管理信息系统和决策支持系统以及战略决策层的经理信息系统,它们各司其职、分工合作才能达到为企业整体服务的目的。

【思考题】

1. 管理信息系统的发展经历了哪几个阶段?

2. 你认为当前管理信息系统的发展趋势是怎样的？
3. 谈谈你是如何理解管理信息系统的概念的。
4. 管理信息系统的特征有哪些？
5. 描述管理信息系统的概念结构、层次结构和功能结构。
6. 企业的管理信息系统可以分为几类？它们分别为哪个管理层次服务？有何特征？

【案例 2.1】

某企业开发管理信息系统一波三折

某企业在厂长的积极支持下决定采用与外单位协作的方式开发管理信息系统。一开始，研制工作开展得较有条理。首先是进行系统调研和人员培训，并规划了信息系统的总体方案。在系统分析和系统设计阶段绘制数据流程图和信息系统流程图的过程中，项目组和主要科室人员在厂长的支持下进行了多次改革管理制度和方法的讨论。他们重新设计了全厂管理数据采集系统的输入表格，得出了改进的成本核算方法，试图将月盘点改为旬盘点，将月成本核算改为旬成本核算，将产量、质量、中控指标由月末统计改为日统计核算。整个系统由生产管理、功效及仓库管理、成本管理、综合统计和网络公用数据库五个子系统组成。各子系统在完成各自业务处理及局部优化任务的基础上，将共享数据和企业高层领导所需数据通过局域网传送到服务器，在系统内形成一个全面的统计数据流，提供有关全厂产量、质量、消耗、成本、利润和效率等 600 多项技术经济指标，为领导做决策提供可靠的依据。在仓库管理方面，通过计算机掌握库存物料动态，控制最低、最高储备，并采用 ABC 分类法加强库存管理。

但在实际执行中，虽然项目组夜以继日地工作，系统设计还是比原计划拖延了半年才开始进入转换阶段（即人工系统和基于计算机的信息系统并行运行阶段）。可以说，系统转换阶段是系统开发过程中最为艰难的阶段，许多问题在这个阶段开始暴露出来，比如：手工系统和计算机应用系统同时运行，对于管理人员来说，这加重了他们的负担。在这个阶段，管理人员要参与大量原始数据的输入和计算机结果的校核。特别是仓库管理系统，需要把全厂几千种原材料的月初库存一一输入，这就引起了某些管理人员的不满。

在产生的经济效益方面，虽然计算机打印出来的物料订购计划优于原来由计划员凭经验编写的订购计划，但计划员面子上过不去，到处说计算机系统不好用，并表示不愿意使用新的系统。

以上的问题，经过努力，最终得到了解决，系统开始正常运行，并获得上级领导和兄弟企业的好评。但是，过了一段时间，企业环境发生了很大的变化：一是厂长奉命调离；二是厂外项目组开发人员移交系统后撤离；三是企业效益下降，人心惶惶，无暇顾及信息系统发展中产生的各种问题。与此同时，新上任的厂长不太支持该管理信息系统的应用。这时，原来支持该系统应用的计划科长也一反常态，甚至在工资调整中不给计算机室人员提工资，结果使已掌握软件开发和维护技术的主要人员离职。整个系统陷入了瘫痪状态，最后管理信息系统项目以失败而告终。

思考：

企业管理人员的素质对系统开发有何种影响？你认为企业一把手在开发管理信息系统中的作用是什么？为什么说管理信息系统不仅是一个技术系统，而且还是一个社会技术系统？

第 3 章　管理信息系统的技术基础

【知识导航】
数据管理技术的发展；
数据库的三级模式结构；
数据模型及关系数据库的规范化理论；
数据库的设计思路与步骤；
大数据的特点及其存储和管理；
计算机网络的组成、功能和分类；
数据通信系统、网络协议与网络体系结构；
局域网、广域网和互联网基础；
云计算模式与服务层次；
物联网的体系结构。

管理信息系统是运用管理理论和方法，以现代化信息技术为工具和手段，帮助企业进行预测、计划、控制和决策的人机系统。现代意义上的管理信息系统是先进管理理念与成熟信息技术相融合的产物，管理信息系统的研发与应用离不开有效的信息技术支持。信息技术是一个外延很广的概念，本章主要介绍与管理信息系统关系最为密切的数据库技术、计算机网络技术，以及正在改变系统开发、利用模式的云计算和物联网技术。

3.1　数据库技术

企业的任何业务活动都离不开对数据的存取，管理信息系统正是一个有目的地对企业生产经营活动的原始数据进行收集、处理、存储、传递的系统。业务活动数据通过管理信息系统实现到决策信息的转化以及价值的增值。数据管理的优劣，直接决定了管理信息系统的性能，进而影响管理信息系统的运行绩效。

3.1.1　数据管理技术的发展

随着计算机技术的产生和发展，企业的数据管理技术经历了人工管理、文件管理和数据库管理三个阶段。

1. 人工管理阶段

20 世纪 50 年代中期以前，计算机主要用于科学计算。在硬件方面，外存储器只有磁带、卡片和纸带等，输入输出设备简单。在软件方面，没有操作系统，也没有管理数据的软件。数据不在计算机中长期保存，计算时输入数据，计算后数据与程序撤出计算机；没有专用的数据管理软件，程序员不仅要定义数据的逻辑结构，而且还要设计在每个程序中数据的物理结构，包括存储结构、存取方法、输入输出方式等；每一组数据对应于一个应用程序，即数据是面向应用的，不能共享，如图3.1所示。

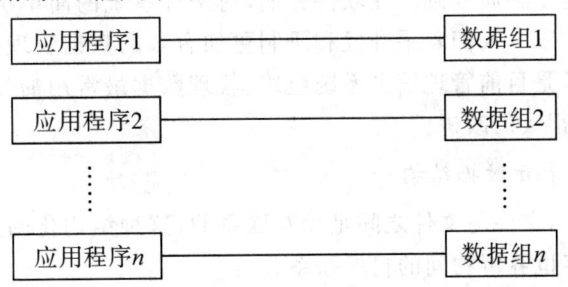

图 3.1　人工管理阶段

这种管理方式一方面存在大量的重复数据，通常称为数据冗余，另一方面数据与程序紧密结合在一起，是程序不可分割的一部分，即程序与数据不具有独立性，所以，当数据的存储结构有一些改变，就必须修改相应的应用程序。

2. 文件管理阶段

20世纪50年代后期到60年代中期，计算机不仅用于科学计算，还越来越多地用于经营管理活动中的信息处理。在硬件方面，有了外存磁盘、磁鼓等直接存取存储设备。在软件方面，出现了高级语言和操作系统，数据以记录的方式存储在独立的"文件"中，并由操作系统负责管理。数据可以长期保存在外存上，从而实现反复处理；有专门化的软件负责文件的逻辑结构和物理结构之间的转换并提供存取方法；数据组织成文件，数据不再属于某个特定的应用程序，可以重复使用，在一定程度上可以共享，如图3.2所示。

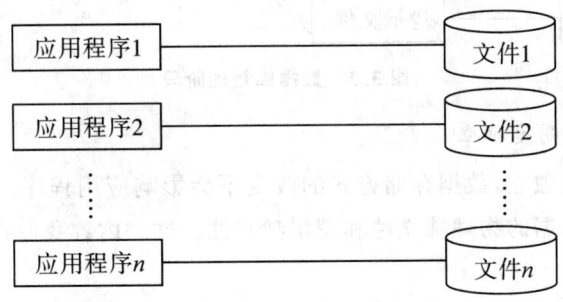

图 3.2　文件管理阶段

文件管理阶段是数据管理技术发展中的一个重要阶段，各种数据结构和算法大量积累。然而，随着数据管理规模的扩大，数据量急剧增加，文件管理的缺陷越来越突出。一是数据冗余度大，文件是为特定用途设计的，文件之间缺乏联系，因此会造成数据在多个文件中重复存储；二是出现数据不一致的现象，数据在更新时同一数据在不同文件中没有同时更新，这是由数据的冗余造成的；三是程序与数据之间的独立性差，有一个应用就有一个文件与之相对应，程序也是基于文件特定的存储结构和存取方法来编写的，程序和数据之间相互依存的关系并没有改变。

3. 数据库管理阶段

20 世纪 60 年代后期,计算机在管理中的应用越来越广泛,数据量的剧增使人们对数据共享的要求极为迫切。在硬件方面,磁盘技术不断突破,低成本、容量大、速度快的磁盘为数据库的产生奠定了物质基础。在软件方面,对文件系统的简单扩充已经不能满足数据量剧增的应用的需求。人们着手开发和研制更加有效的数据管理模式,提出了数据库的概念。数据库技术是目前管理信息系统组织、管理数据最常用的技术。与文件管理相比,数据库管理有了很大的改进。

(1) 用数据模型表示数据结构

在数据库系统中,文件与文件之间是相互联系的,这种结构化的形式称为数据模型,它较好地反映了现实世界事物间的自然联系。

(2) 减少数据冗余,实现数据共享

同一个数据在物理存储上可能只存储一次,但可以把它映射到不同的逻辑文件中。逻辑文件不是用户自己建立的,而是通过数据库管理系统取数据库中的数据子集映射而成。这样,数据是面向所有用户需求、面向整个应用系统的,不同的用户所使用的数据可以重叠,同一数据可供多个用户使用,减少了数据冗余,实现了数据的共享,如图 3.3 所示。

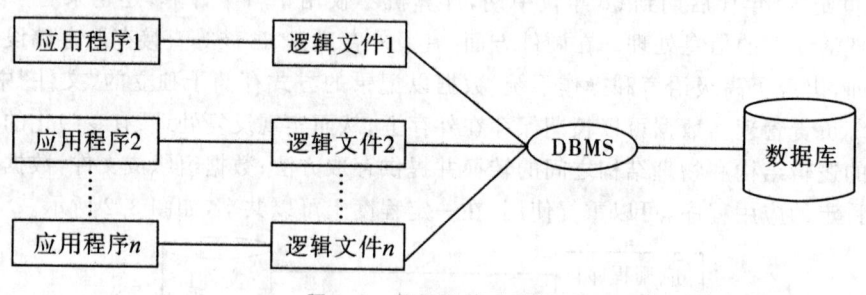

图 3.3 数据库管理阶段

(3) 数据与程序高度独立

数据与程序高度独立,数据存储方式的改变不会影响应用程序。数据库的三级结构和两种映射保证了数据的物理独立性和逻辑独立性。这一内容我们在本节第二个问题中讨论。

(4) 提供了方便的用户接口

数据库管理系统是用户与数据库的接口,提供数据库定义、运行、维护等功能。用户可以使用查询语言或终端命令操作数据库,也可以用程序方式操作数据库。

3.1.2 数据库系统

1. 数据库系统的组成

数据库系统(Database System,DBS)是由计算机系统、数据库(Database,DB)、数据

库管理系统(Database Management System,DBMS)和有关人员共同组成的有组织、动态地存储大量关联数据,方便多用户访问的人机系统。

(1) 计算机系统

计算机系统指用于数据库管理的计算机软硬件系统。硬件是数据库系统赖以存在的物理设备,包括中央处理器、内存、外存、数据通道和输入输出设备。数据库系统要求有高速的内存,大容量的外存,一般还要配备必要的后备存储器。软件包括数据库管理系统、操作系统、各种宿主语言和应用开发软件工具等。数据库管理系统是专门管理数据的软件,在数据库系统中地位特殊,所以作为一个组成部分专门介绍。

(2) 数据库

数据库是结构化的、逻辑上相关的数据集合,在这个数据集合中没有有害的或不必要的冗余,能够为多种应用服务。它独立于应用程序而存在,是数据库系统的管理对象。既有存放实际数据的物理数据库,也有存放数据逻辑结构的描述数据库。

(3) 数据库管理系统

数据库管理系统是对数据库进行管理的软件,是数据库系统的核心,它与数据库系统中各个部分都有着密切联系。通常包括数据定义语言及其编译程序、数据操纵语言及其编译程序以及数据管理例行程序等一组软件。数据库管理系统可以完成数据库的定义、运行、维护等功能,同时还要保证数据的安全性、可靠性、完整性、一致性和高度独立性。具体来说,一个数据库管理系统应具备以下功能:

① 数据库定义。可以定义数据库中所含信息的逻辑结构和数据库中的文件结构。

② 数据库操纵。可以分析用户提出的访问数据库的各种请求,完成对数据库数据的插入、删除、修改、检索等操作。

③ 数据库控制。可以完成对数据库的安全性控制、完整性控制、多用户环境下的并发控制等功能。

④ 数据库维护。可以完成数据库的备份和恢复,能够实时监控数据库的运行状态并改善其运行性能。

⑤ 数据库通信。在分布式数据库或提供网络操作功能的数据库中提供数据库的通信功能。

(4) 人员

数据库系统涉及很多人员,可以将这些人员分为三类:

① 数据库管理员(Database Administrator)。负责整个数据库系统的建立、维护和协调工作的专门人员,他们负责对数据库系统的全面管理与监督,并对运行状况进行统计分析,不断改进数据库模式。所谓模式,指的是对数据库总的逻辑描述。

② 系统程序员。开发、设计数据库系统的专门人员。他们必须关心硬件特性及存储设备的物理细节,实现数据组织与存取的各种功能,实现逻辑结构到物理结构的映射。

③ 用户。包括应用程序员和终端用户,应用程序员负责编制和维护应用程序,如库存控制系统、工资核算系统等;终端用户的工作需要通过终端访问数据库,如售货员、售票员、出纳员等都是终端用户。

2. 数据库的体系结构

数据独立性是要维护数据与程序之间的无关性,这是数据库系统努力追求的一个重要目标。为了实现数据的独立性,美国国家标准学会(American National Standard Institute,ANSI)于 1975 年规定了数据库按三级体系结构组织的标准。根据这个标准,数据库的结构分成三级:内模式、模式和外模式,有两层映射,使数据物理独立性和逻辑独立性得以实现。现在数据库管理系统的产品种类很多,它们支持不同的数据模型,使用不同的数据库语言,数据的存储结构也不相同,但是绝大多数数据库管理系统均具有三级模式和两层映射的特征。数据库的体系结构如图 3.4 所示。

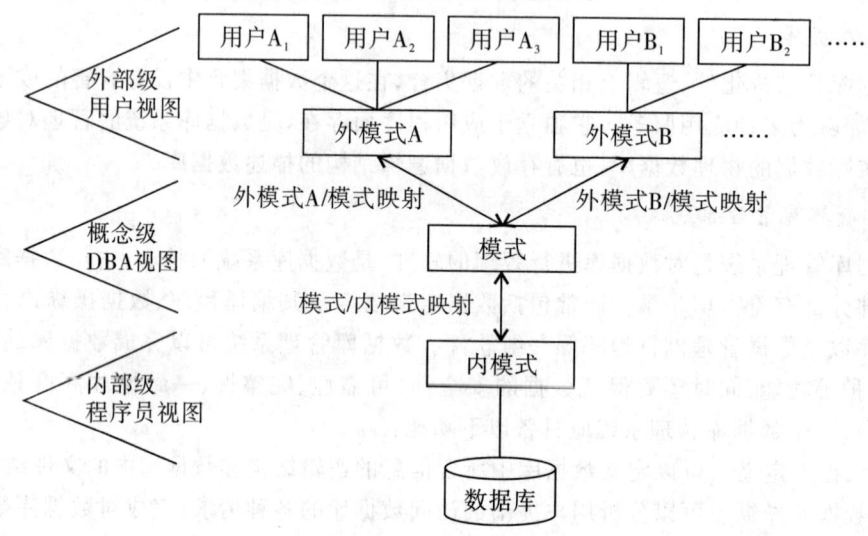

图 3.4　数据库的体系结构

(1) 三级模式结构

① 模式

模式又称概念模式,是对数据库中全部数据的整体逻辑结构的描述。它是数据库的中间层,既不涉及数据的物理存储细节和硬件环境,也与具体的应用程序、应用开发工具和环境无关。一个数据库只有一个概念模式,它反映企业数据库的整体组织和逻辑结构,可以被看作是现实世界中一个企业的数据及数据联系在数据库中的抽象体现。概念模式用模式数据描述语言(Schema Data Description Language,DDL)来定义,数据库管理员不仅要描述数据的逻辑结构,还要描述与数据有关的安全性和完整性;不仅要描述数据的内部结构,还要描述这些数据之间的联系。概念级通常称为全局视图或者 DBA 视图。

② 外模式

外模式又称用户模式或子模式,是对用户用到的那部分数据的局部逻辑结构的描述。它是数据库的外层,也是与用户联系的一层,是模式的子集。不同用户看待数据的方式和使用数据的内容有所不同,所以不同用户的外模式也不同,于是一个数据库可以有多个外模式。外模式用外模式数据描述语言(External Schema Data Description Language,EDDL)来书写,用户使用数据操纵语言对数据进行操作。外部级通常称为用户视图。

③ 内模式

内模式又称存储模式，是对数据库中全部数据的物理存储方面的描述。它是数据库的内层，具体定义了数据如何组织并存入外部存储器上。内模式用内模式数据描述语言（Internal Schema Data Description Language，IDDL）来定义，系统程序员根据计算机系统的软硬件配置决定数据存取方式，并编制程序实现存取。内部级通常称为存储视图或者系统程序员视图。

(2) 两层映射和两级数据独立性

数据库的三级模式是对数据的三级抽象，为了实现三级之间的联系和转换，数据库管理系统使用户看到的数据到计算机内的物理数据之间经过了两次转换：第一次是为了实现数据共享、减少冗余，把所有用户视图的数据进行综合，抽象成一个统一的全局视图数据；第二次是为了提高存取效率，把全局视图的数据按照物理组织的最优方式来存放，形成存储视图数据。我们把这种转换称为"映射"，它实质上是一种对应规则，三级模式中存在两层映射，分别是模式/内模式映射和外模式/模式映射。

① 模式/内模式映射

模式/内模式之间的映射定义了模式和内模式的对应关系，说明了概念级的记录和字段如何在数据库内部级中表示。如果数据库的存储结构发生了改变，也就是内模式发生了变化，如存储设备的改变、数据存储位置或存储组织方式的改变等，模式/内模式之间的映射也必须做相应的修改，使模式尽可能保持不变，也就是对内模式的修改不影响模式，因此，应用程序可以不必修改。模式/内模式之间的映射保证了数据的物理独立性。

② 外模式/模式映射

外模式/模式之间的映射定义了各个外模式与模式的对应关系。一般来说，如果数据库的整体逻辑结构做了修改，如为原有记录增加新的数据项、增加新的数据类型、增加新的记录等，外模式/模式之间的映射也必须进行相应的修改，使外模式尽可能保持不变，也就是对模式的修改不影响外模式，从而应用程序也不用修改。外模式/模式之间的映射保证了数据的逻辑独立性。

两层映射把数据库的三级模式有机地联系起来，获得了两级数据独立性，其最终目的就是使得应用程序不受数据的影响，做到以数据为中心。

3.1.3 数据模型

1. 三个世界和两类模型

与文件管理相比，数据库管理的最鲜明特征就是数据结构化，用数据模型来表示数据结构。数据模型是对现实世界事物及其联系的数据描述，它能使数据以结构化的形式组织在一起，综合反映企业经营活动的各种业务信息，既能使数据库含有所需要的信息，又能在综合过程中除去不必要的冗余，还能反映企业中各种业务信息之间存在的内在联系。数据模型是一个研究工具，利用这个工具我们可以很好地把现实世界中的事物及其联系抽象、转换为计算机可以处理的数据。这个过程需要两类数据模型的支持，涉及三个不同的世界。

(1) 三个世界

从客观世界到抽象概念再到计算机的存储方式,这个过程会经历三个不同的状态领域:现实世界、信息世界和机器世界,在不同的世界,人们使用不同的名词术语。这三个世界的关系如图 3.5 所示。

现实世界 —抽象→ 信息世界 —转换→ 机器世界

图 3.5 数据描述的三个世界

① 现实世界

现实世界是指数据库系统要解决的现实世界中的问题,它是现实世界客观存在的事物及其相互联系。客观存在的事物分为"对象"和"特征"两个方面,同时事物之间有广泛的联系。要解决现实中的问题,必须把要解决的问题分析清楚,找到与问题有关的事物及其联系。我们把每个已被识别的事物称为"对象",如学生、教师、课程等,它是个体的概念;区分不同对象的依据是他们所具有的不同"特征",如学生的不同学号、姓名、性别等;所有的学生、教师、课程等都各自构成一个对象集合,它是全体的概念;学生、教师、课程之间都存在一定的联系,如教师讲授课程,学生学习课程等。

② 信息世界

信息世界是现实世界中客观事物在人们头脑中的反映,是一种抽象化、概念化了的世界。现实世界中的客观事物及其联系在信息世界中是用概念数据模型来描述的。概念数据模型是一种独立于计算机系统的模型,该模型的建立方法将在数据库设计中讲解。现实世界的事物在信息世界被抽象为"实体",信息世界用到以下术语:

实体(Entity):每个实体是客观世界中存在的、且可相互区分的事物。它可以是具体事物,如一名教师、一名学生、一门课程等,也可以是抽象概念,如课程质量等。

属性(Attribute):属性为实体的某一方面特征的抽象表示,用来描述一个实体。如学生实体可由学号、姓名、性别等属性来刻画。

实体集(Entity Set):实体集是指具有相同类型和相同性质的实体的集合。如所有学生构成了学生实体集。

联系(Relationship):现实世界中事物之间的相互关系,在信息世界中表现为实体集之间的联系。设 A 和 B 为两个不同的实体集,则联系的方式可以分为三种:

一对一联系(1:1):如果对实体集 A 中的每一个实体,实体集 B 中至多有一个实体与之联系,反之亦然,则称实体集 A 与实体集 B 具有一对一联系。例如,学校里一个班级中只有一个正班长,而一个正班长只在一个班级任职,则班级与正班长之间具有一对一联系。

一对多联系(1:n):如果对实体集 A 中的每一个实体,实体集 B 中有一个以上的实体与之联系;反之,对于实体集 B 中的每一个实体,实体集 A 中至多有一个实体与之联系,则称实体集 A 与实体集 B 具有一对多联系。例如,一个班级中有若干个学生,而一个学生只属于某一个班级,则班级与学生之间具有一对多联系。

多对多联系(m:n):如果对实体集 A 中的每一个实体,实体集 B 中有一个以上的实体与之联系;反之亦然,则称实体集 A 与实体集 B 具有多对多联系。例如,一门课程同时有若干名学生选修,而一名学生可以同时选修多门课程,则课程与学生之间具有多对多联系。

③ 机器世界

机器世界也称数据世界,是现实世界中的事物及其联系经过信息世界的抽象后,转换到计算机中的表示形式。信息世界中的实体及其联系转换到机器世界中是用结构数据模型来描述的。结构数据模型是能够在计算机中真正实现的模型,该模型的建立方法将在数据库设计中讲解。机器世界中数据描述有以下术语:

数据项(Field):对应实体属性的数据单位称为数据项,数据项描述事物的某个特征。数据项是可以命名的最小数据单位,又称为数据元素或字段。如学生有学号、姓名、性别等数据项。

记录(Record):若干相关数据项的有序集合称为记录,一般可用一个记录描述一个实体。

文件(File):若干记录的集合称为文件,文件是描述实体集的。如所有学生记录构成一个学生文件。

关键字(Key):能够唯一地标识文件中每个记录的数据项或数据项的组合称为关键字。如学号可以作为学生记录的关键字。

三个世界术语对照如表 3.1 所示。需要注意的是,在数据库技术的一些讨论中,常把记录和实体这两个术语不予区别地使用,同样,数据项和属性两个术语的使用也是这样的。

表 3.1 三个世界术语对照表

现实世界	信息世界	机器世界
事物及其联系	实体及其联系(概念数据模型)	数据库(结构数据模型)
事物类	实体集	文件
事物(对象)	实体	记录
特征	属性	数据项

(2) 两类模型

现实世界中的客观事物及其联系在信息世界中是用概念数据模型来描述的,信息世界中的实体及其联系转换到机器世界中是用结构数据模型来描述的。

① 概念数据模型

概念数据模型又称信息模型,是脱离计算机系统的模型。它完全不涉及信息在计算机内如何表示、如何处理等问题,纯粹用来描述信息的结构。这类模型强调语义表达功能,表达的意思清晰,即使不是计算机专业的人员也很容易理解。在实际的数据库系统开发过程中,信息模型是用户和数据库设计人员之间的交流工具,是一个过渡的数据模型。人们先用信息模型准确地反映信息,再结合具体的计算机系统和 DBMS 构造实际的数据模型。信息模型中比较著名的是实体联系模型(Entity Relationship Model,ER)。

实体联系模型用 ER 图来表示信息模型,它在 1976 年由美籍华人陈品山提出,现已广泛用于数据库设计中。

ER图有四个基本组成：矩形框表示实体型，菱形框表示联系型，椭圆形框表示实体型或联系型的属性，直线用来连接上述三种图框。画ER图时，把相应的命名记入框中，对组成关键字的属性标记下划线，在菱形框的引出线上要标注联系的方式（如1∶n等）。

② 结构数据模型

结构数据模型又称数据模型，是能够在计算机中真正实现的模型。任何一个DBMS都是根据某种数据模型有针对性地设计出来的，这意味着必须把数据库组织成符合DBMS规定的数据模型。数据模型通常由数据结构、数据操作和数据约束三个要素组成。

数据结构：主要描述数据的类型、内容、性质以及数据间的联系等。数据结构是数据模型的基础，数据操作和约束都建立在数据结构上，不同的数据结构具有不同的操作和约束。

数据操作：主要描述在相应的数据结构上的操作类型和操作方式，包括对数据的修改、更新、删除等。

数据约束：主要描述数据结构内数据间的语法、联系，数据间的制约和依存关系，以及数据动态变化的规则，以保证数据的正确、有效和相容。

一个数据模型除了应具备这三个要素，还应满足三方面的性能要求，即能比较真实地模拟或抽象表示现实世界、容易为人所理解、便于在计算机上实现。数据模型体现了数据的组织形式及数据之间的联系，是实现现实世界的事物转变为信息世界的实体，再转变成机器世界的记录和数据项的关键。当企业决定建立数据库系统时，所面临的重要问题之一就是选用哪种数据模型。成熟地应用在数据库系统中的数据模型有层次模型、网状模型、关系模型和面向对象模型，目前使用最广泛的是关系模型。

关系模型用"表"来表示。一个关系，用简单、形象的说法就是一张有若干行、若干列的二维表，关系模型是由若干张二维表组成的集合。关系模式是数据库技术中常用的一个术语，相当于一张二维表格的框架，关系可形式化的表示为：

$$R(A_1, A_2, A_3, \cdots, A_i, \cdots)$$

其中，R是关系名，A_i是关系的属性名。一个关系对应于一张表，关系名对应于表名，关系的属性名对应于表中每列的栏目名。

关系模型对实体及其联系的描述是这样实现的：一个关系实质上描述一个实体集（文件），关系中的每一行表示一个实体（记录）；关系模型通过对属性（数据项）的安排表示联系，根据属性值的相等让实体自然地联系在一起，而起联系作用的属性通常是关键字。

2. 关系数据库的规范化理论

如何才能构造一个好的关系模式呢？对这一问题的研究出现了关系数据库的规范化理论。规范化理论研究关系模式中各属性之间的依赖关系及其对关系模式性能的影响，探讨关系模式应该具备的性质和设计方法。规范化可以使关系的结构简化，使存储尽量减少数据冗余。规范化理论给我们提供了判别关系模式优劣的标准，为数据库设计工作提供了严格的理论依据。

规范化理论是E.F.Codd在1971年提出的，他和后来的研究者为数据结构定义了五种规范化模式（Normal Form，NF），简称范式。范式表示的是关系模式的规范化程度，根据满足的约束条件不同分为不同的范式。如果满足最低要求,则为第一范式(1st Normal Form,1NF),符合 1NF 而又进一步满足一些约束条件的称为第二范式(2nd Normal Form,2NF),以此类推共有五种。在实际应用中一般达到第三范式就可以了,下面仅介绍这三种范式。

(1) 第一范式(1NF)

关系中每个数据项必须是一个不可分的数据项,即此项所表达的实体属性必须是原子属性,则记为 1NF。按照这个要求,每个属性不能有重复组或者不能是组合项,也不能是空值。例如,表 3.2 所示关系不符合第一范式,而表 3.3 则是经过规范化处理,去掉了组合项后符合第一范式的关系。

表 3.2　不符合第一范式的学生信息表

学号	姓名	性别	联系方式	
			邮箱	电话
20190001	张三	男	zs@126.com	15311111111
20190002	李四	女	ls@163.com	15600000000

表 3.3　学生信息表

学号	姓名	性别	邮箱	电话
20190001	张三	男	zs@126.com	15311111111
20190002	李四	女	ls@163.com	15600000000

(2) 第二范式(2NF)

关系不仅满足第一范式,而且其所有非主属性完全依赖于关键字,则记为 2NF。按照这个要求,每一个非主属性是由整个主属性决定的,不能由主属性的一部分来决定。例如,表 3.4 所示关系虽满足 1NF,但不满足 2NF,因为它的非主属性——教材不完全依赖于由学生和课程组成的主属性。一个课程必定指定了某个教材,课程就可以确定教材,教材仅依赖于由学生和课程所组成的主属性的一部分,出现了部分依赖的情况。这种关系会引起数据冗余和插入、删除、修改异常,解决的方法是将一个非 2NF 的关系模式分解为多个 2NF 的关系模式,如表 3.5 和 3.6 所示。

表 3.4　不符合第二范式的学生选课表

学生	课程	教师	教师职称	教材	教室	上课时间
张三	MIS	张老师	讲师	《管理信息系统》	5403	8:00
李四	ERP	杨老师	讲师	《企业资源计划》	2102	14:30

表 3.5　学生选课表

学生	课程	教师	教师职称	教室	上课时间
张三	MIS	张老师	讲师	5403	8:00
李四	ERP	杨老师	讲师	2102	14:30

表 3.6 课程表

课程	教材
MIS	《管理信息系统》
ERP	《企业资源计划》

(3) 第三范式(3NF)

关系不仅满足第二范式,而且它的任何一个非主属性都不传递依赖于关键字,则记为3NF。例如,表 3.5 所示选课关系属第二范式,但不满足第三范式。一个教师能确定一个教师职称,教师依赖于学生和课程组成的主属性,而教师职称又依赖于教师,出现了传递依赖的情况。这样的关系同样存在着高度冗余和更新异常问题,可以将其分解为多个3NF 的关系模式,如表 3.7 和 3.8 所示。这样,新教师的职称在没被选课的时候也有地方存了,没人选这个教师的课的时候教师的职称也不至于被删除,修改教师职称时只修改教师表就可以了。

表 3.7 学生选课表

学生	课程	教师	教室	上课时间
张三	MIS	张老师	5403	8:00
李四	ERP	杨老师	2102	14:30

表 3.8 教师表

教师	教师职称
张老师	讲师
杨老师	讲师

3.1.4 数据库的设计

数据库是管理信息系统的核心组成部分,数据库设计的质量将影响管理信息系统的运行效率及企业对数据使用的满意度。如何根据企业的需求及企业生存环境,在指定的数据库管理系统上,设计企业数据库的逻辑模型,最后建成企业数据库,是一个从现实世界向机器世界转换的过程。规范的数据库设计包括需求分析、概念结构设计、逻辑结构设计和物理结构设计四个阶段,如图 3.6 所示。

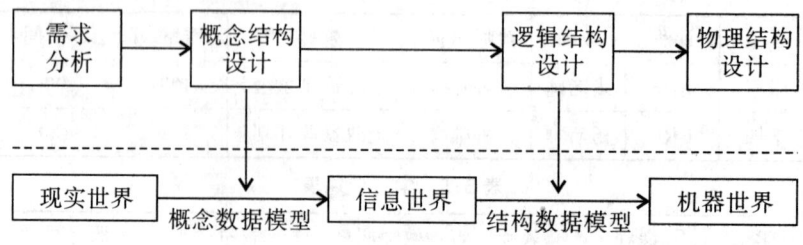

图 3.6 数据库设计的四个阶段

1. 需求分析

信息需求分析的任务是详细调查现实世界要处理的对象,获得企业对计划建立的数据库的信息需求的全面描述,通常使用数据流程图和数据字典。详细内容见本书系统分析部分。

2. 概念结构设计

概念结构设计的任务是将现实世界中企业的信息需求转化为信息世界中的实体及其联系,产生一个概念数据模型。概念数据模型的设计是不依赖于任何数据库管理系统的,它是对企业信息需求的归纳,能够方便、准确地抽象出信息世界,它与具体的硬件环境和软件环境均无关。

实体联系模型是最为著名的概念数据模型,它用 ER 图来表示。建立 ER 图的过程依次是:确定实体型,确定联系型,用连线组合实体型和联系型并标注联系的类型,确定实体型和联系型的属性并标注关键字。

例如,在设计学校的教务管理系统数据库时,所涉及的实体主要包括学生,属性有学号、姓名、性别、出生年月等;院系,属性有院系号、院系名、院系位置等;教师,属性有职工号、姓名、性别、出生年月、职称等;课程,属性有课程号、课程名、学分等。这些实体之间的联系包括属于,一个院系有多名学生,而一名学生只能属于一个院系,它们之间的联系为 $1:n$ 联系;选修,一个学生可以选修多门课程,而一门课程也可以被多个学生选修,它们之间为 $m:n$ 联系,其属性为成绩;讲授,一门课程可以由多名教师讲授,而一名教师可以讲授多门课程,所以是 $m:n$ 联系。需要根据需求分析的结果进行概念结构设计,画出 ER 图,如图 3.7 所示。

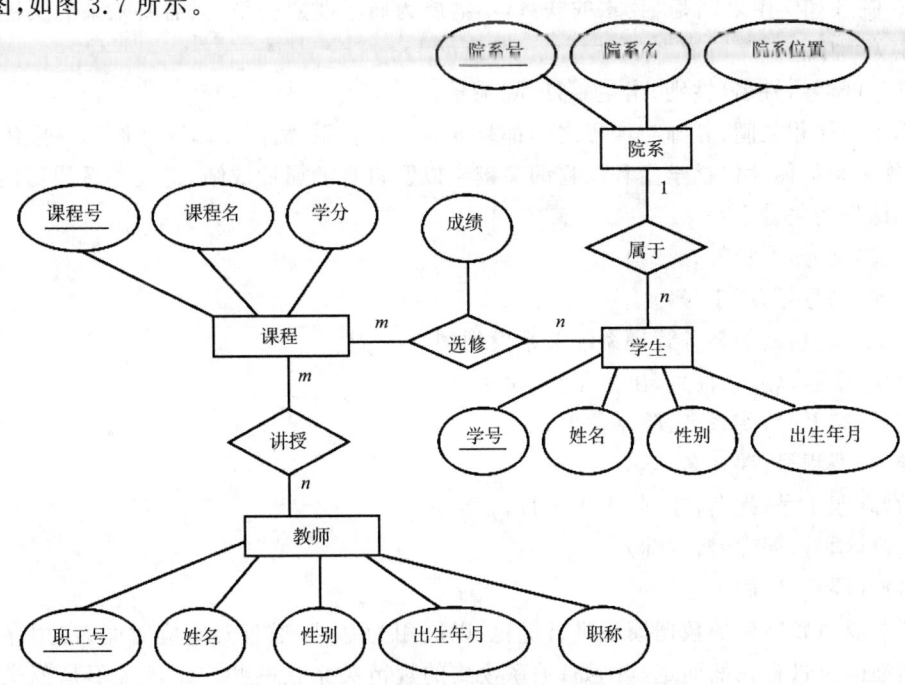

图 3.7 教务管理系统数据库设计的 ER 图

3. 逻辑结构设计

逻辑结构设计的任务是将概念数据模型,如实体联系模型,转换为某个数据库管理系统支持的结构数据模型,然后再对转换后的数据模型进行定义描述和优化,最终产生一个优化的数据库模式。

目前使用最广泛的结构数据模型是关系模型,它用二维表表示数据及其联系。将实体联系模型的 ER 图转换为关系模型的方法是:①ER 图中每个实体,都相应地转换成一个关系,该关系应包括对应实体的全部属性,并根据语义确定关键字;②对于 ER 图中的联系,要根据联系的类型采取不同的方法,以使被它联系的实体所对应的关系发生某种联系:如果两个实体间是 $1:n$ 的联系,将 1 方的关键字纳入 n 方实体对应的关系中作为外部关键字,同时把联系的属性也一并纳入 n 方的关系中;如果两个实体间是 $m:n$ 的联系,则需对联系单独建立一个关系,用来联系双方实体,该关系的属性中至少要包括被它所联系的双方实体的关键字,如果联系有属性,也要归入这个关系;如果两个实体间是 $1:1$ 的联系,只需在任何一个关系中加入另一个实体的关键字即可。

以图 3.7 中的 ER 图的转换为例。

① 实体学生、院系、课程、教师转换成四个关系,实体的名称作为关系的名称,实体的属性作为关系属性:

学生(学号,姓名,性别,出生年月)

院系(院系号,院系名,院系位置)

课程(课程号,课程名,学分)

教师(职工号,姓名,性别,出生年月,职称)

② 院系和学生之间是 $1:n$ 的联系,不需要为属于建立关系,只需将院系的关键字纳入学生关系中:

学生(学号,姓名,性别,出生年月,院系号)

学生与课程之间,教师与课程之间都是 $m:n$ 的联系,需要专门为选修和讲授建立关系,选修关系的属性包括学生和课程的关键字以及自身的属性成绩,讲授关系的属性包括教师和课程的关键字:

选修(学号,课程号,成绩)

讲授(课程号,职工号)

图 3.7 转换成的教务管理系统关系模型如下:

学生(学号,姓名,性别,出生年月,院系号)

院系(院系号,院系名,院系位置)

课程(课程号,课程名,学分)

教师(职工号,姓名,性别,出生年月,职称)

选修(学号,课程号,成绩)

讲授(课程号,职工号)

通常要对转换后的数据模型进行优化,以应用为基础,通过对响应时间、占用存储空间和潜在问题进行权衡而定。例如,关系模式的规范关系在一些应用场合不是范式越高越好,当一个应用的查询操作经常涉及多个关系模式的属性时,其连接运行的代价比较高,此时第二范式甚至第一范式也许是最合适的。

4. 物理结构设计

物理结构设计是为数据模型在可用的硬件设备上确定合适的存储结构和存取方法。物理结构设计以逻辑结构设计结果为输入,结合具体的 DBMS 功能、DBMS 所提供的物理环境和工具、应用环境和数据存储设备,进行数据存储组织和方法的设计,主要包括确定数据的存储结构、存取路径的选择和调整、确定数据存放位置和存储分配等。

经过以上步骤,数据库就建立起来了。

3.1.5 大数据管理

1. 大数据的内涵

大数据成为热点,离不开近年来移动互联网、物联网、云计算、社交网络等的迅猛发展。数以亿计用户的互联网服务时时刻刻在产生巨量的交互,无所不在的移动设备、数码传感器每分每秒都在产生数据。著名未来学家阿尔文·托勒夫在 1980 年出版的《第三次浪潮中》一书中预言,大数据是"第三次浪潮的华彩乐章",如今,这一乐章的大幕已经拉开。似乎在一夜之间,大数据成了信息技术领域中最时髦的词汇。

2008 年 9 月,《自然》杂志刊登了一个名为"Big Data"的专辑,首次提出大数据(Big Data)的概念。2011 年 5 月,美国咨询公司麦肯锡发表著名的研究报告,题为《大数据的下一个前沿:创新、竞争和生产力》,提出了"大数据时代"的到来。麦肯锡在报告中称:"数据,已经渗透到当今每一个行业和业务职能领域,成为重要的生产因素。人们对于海量数据的挖掘和运用,预示着新一波生产率增长和消费者盈余浪潮的到来。"目前,业界对于大数据还没有统一的定义。维基百科显示,大数据是指无法在可承受的时间范围内用常规工具进行捕捉、管理和处理的数据集合。IT 研究机构 Gartner 给出了这样的定义:"大数据是需要新处理模式才能具有更强的决策力、洞察发现力和流程优化能力的海量、高增长率和多样化的信息资产。"从企业信息管理的角度,我们可以将大数据定义为:采用新的信息技术工具和方法进行收集、存储、管理和分析的,能帮助企业有效地开展运营、管理和决策的海量、高增长率、多样化的数据资源。

2. 大数据的特点

大数据的"大"不只是数据规模大,业界常用四个 V 来描述大数据的特征,即大量性(Volume)、多样性(Variety)、高速性(Velocity)和价值性(Value)。

(1) 大量性

从大数据的定义中可知,大量性指的是现有信息技术和方法无法管理的数据量,这是大数据区别于传统数据最显著的特征。一般关系数据库处理的数据量在太字节(TB)级,大数据所处理的数据量通常在拍字节(PB)级以上,甚至是艾字节(EB)级。对于不同的应用领域,大数据的数据量有所不同。相对于传统制造业,互联网领域的数据产生的速度更快,数据的获取也更加容易,因此互联网大数据要比传统制造业大数据量大得多。Google 公司每天要处理超过 24PB 的数据,Twitter 每天都会发布超过 4 亿条微博。当然,现代制造业中大量使用了传感器网络、RFID 等物联网技术,这些技术时时刻刻都在采集和传输着数据,因此现代制造业中的大数据同样具有大量性。根据国际数据公司的《数字宇宙》报告,预计到2020年,全球数据使用量将达到35 ZB(1 ZB=1024 EB)。

(2) 多样性

多样性指的是大数据的类型多种多样。根据数据是否具有一定的模式、结构和关系,我们一般把数据分为结构化数据、非结构化数据和半结构化数据。结构化数据遵循标准的模式和结构,在关系型数据库中以二维表格的形式存储;非结构化数据不遵循统一的数据结构或模型,不方便用二维逻辑表来表达;半结构化数据是指有一定的结构性,介于结构化数据和非结构化数据之间的数据,也可以认为它是结构化数据的一种,但是结构变化很大。在传统数据时代,数据类型基本以结构化为主,而大数据时代的数据越来越多地表现为半结构化、非结构化。数据类型的多样性很大程度上是因为数据来源多样化。随着传感器、智能设备、移动设备以及社交协作技术的发展,企业中的数据不仅包含传统的质量、销售、库存等结构化数据,还包含网站日志、社交网络数据、全球定位系统所产生的位置数据、温湿度等传感器数据、图片、语音和视频等各种非结构化数据。

(3) 高速性

高速性是指数据产生和更新的频率很快,这也是衡量大数据的一个重要特征。有的数据是爆发式产生,例如,欧洲核子研究中心的大型强子对撞机在工作状态下每秒产生PB级的数据;有的数据是细水长流式产生,由于用户众多而在短时间内产生非常庞大的数据,例如,POS机产生的交易数据,电商网站中用户访问所产生的网站点击流数据,社交网站中每时每刻由用户发布的文本图像和视频数据,遍布全球的传感器和摄像头所采集的数据等。也有人认为高速性指的是数据处理的速度快,即遵循所谓的"1秒定律",在数据量非常庞大的情况下,也能够做到实时处理,能从各种类型的数据中快速地获得高价值信息。

(4) 价值性

价值是大数据分析应用的目的所在。现实世界所产生的数据中,有价值的数据所占比例不高。相比于传统数据,大数据最大的价值在于通过新的信息工具和方法,从大量、快速增长的各种类型的数据中,挖掘出对未来趋势与模式预测分析有价值的数据,为企业的经营决策提供有效支持,创造巨大的经济及社会价值。大数据分析具有极高的价值,这已成为共识,而事实上,因为大数据大量性的特征,其"价值密度"是比较低的。以视频数据为例,在连续不间断的监控中,有用数据可能仅有数秒。如何通过强大的人工智能和机器挖掘算法迅速完成数据的价值提取,成为目前大数据分析关注的焦点。

3. 大数据存储和管理

为达到在合理的时间内对庞杂的大数据进行收集、存储、管理,并分析出可以帮助企业进行决策的信息这一目的,数据需要新的处理模式。实践中,通常会采用包括并行处理数据库、数据挖掘、分布式文件系统、分布式数据库、云计算平台、可扩展存储系统等技术和方法。大数据处理技术是诸多信息技术工具和方法的融合,从信息系统功能的角度来看,可以分为大数据获取、大数据存储与管理、大数据计算与分析以及大数据呈现技术,我们主要关注大数据的存储与管理。与传统的文件系统和数据库系统不同,对于大数据的存储和管理,由于数据规模巨大,必须将数据存储在多个计算机中,并且在多个设备中共享这些数据。这时,就需要采用新的文件和数据库系统。

(1) 大数据和文件系统

分布式文件系统是支持大数据应用的基础。最早的分布式文件系统是 Sun 公司在 1984 年设计和开发的网络文件系统(Network File System,NFS),它搭建在传统文件系统之上,允许用户在企业内部网的任一计算机上访问自己的文件,程序可以像对待本地文件一样存储和访问远程文件。20 世纪末,互联网企业迅速发展,企业需要存储和管理的数据量巨大,对文件系统的规模和可扩展性提出了更高的要求,往往需要上千个节点的集群来存储和管理数据。在 NFS 思路的基础上,出现了新的面向大量数据的分布式集群文件系统,Google 的文件系统(Google File System,GFS)是其中的典型代表。GFS 是 Google 在早期面对海量互联网网页存储和分析难题时开发出的采用主从结构、可扩展性的分布式文件系统,它的设计思路主要基于"对于系统而言,组件失败是一种常态而不是异常"的假设。GFS 构建于大量廉价的服务器之上,通过数据分块、追加更新等方式实现海量数据的高效存储。雅虎根据 GFS 开发了 Hadoop 分布式文件系统(Hadoop Distributed File System,HDFS),作为 Apache 开源项目,它成为现在应用范围非常广泛的分布式文件系统。除 GFS 和 HDFS 外,GlusterFS、Ceph、Lustre、Haystack 和 MooseFS 等都是分布式集群文件系统,它们的可扩展性强,据报道,已经可以扩展到至少 10kB 节点。

(2) 大数据和关系数据库

传统的关系型数据库发展已有 40 多年历史,出现了很多成熟的数据库管理系统,如 Oracle、SQL Server 等。然而,关系数据库难以适应大数据时代的要求。关系型数据库是针对结构化数据及基于这些数据之上的复杂查询设计的,大数据很多是非结构化数据,并且不需要对数据进行复杂的查询。关系数据库以模式结构为基础,通过严格的理论基础保证其完整性约束,如范式的要求,这导致传统关系表结构很复杂,只有在同一个服务器节点上进行扩展才比较方便,不适合分布式环境下的扩展。另外,传统关系数据库不擅长处理互联网环境下模式不确定的大数据。面对这些挑战,Google 公司率先提出了 Big Table 解决方案。Big Table 不支持完整的关系型数据模型,它为用户提供非常简单的数据模型,用户可以利用这个模型动态控制数据的分布和格式。Big Table 将存储的数据都视为字符串,但不去解释这些字符串,由用户程序把各种结构化、非结构化的数据串行化到这些字符串。除了 Google 公司的 Big Table,还有 Dynamo、PNUTS、Cassandra、Tokyo Cabinet、CouchDB 和基于 Hadoop HDFS 的 HBase 等,人们把这些非关系型的、分布式的,并且不保证遵循原子性、一致性、独立性及持久性原则的数据存储和管理系统统称为 NoSQL(Not only SQL)。

近年来,又出现了 NewSQL。NewSQL 中的 New 代表它与传统关系型数据库是不同的。NewSQL 是关系模型和 NoSQL 的扩展性在超庞大集群规模上的融合,它能提供 SQL 数据库的质量保证,也能提供 NoSQL 数据库的可扩展性,VoltDB 是 NewSQL 的代表之一。NewSQL 被认为是未来数据库发展的趋势。

如今广受关注的 Hadoop 是一个由 Apache 基金会所开发的开源的分布式系统基础架构。用户可以在不了解分布式底层细节的情况下，开发分布式程序，充分利用集群的威力进行高速运算和存储。在该架构中，HDFS 是分布式文件系统，它可以构建从几台到几千台常规服务器组成的集群，并提供高聚合输入输出的文件读写访问；HBase 是分布式、按列存储的、多维表结构的实时分布式数据库，可以提供大数据量结构化和非结构化数据的读写操作。

3.2 计算机网络

随着企业经营活动范围的不断扩大，企业中信息处理大都是分布式的，把这种分布式信息按其本来面目由分布在不同位置的计算机进行处理，并通过网络把信息集成起来进行共享，是管理信息系统的主要运行方式。因此，计算机网络成为管理信息系统重要的技术基础。

3.2.1 计算机网络概述

1. 计算机网络及其组成

计算机网络是用通信线路和通信设备把分布在不同地理位置的计算机系统连接起来，以网络通信协议和功能完善的网络软件实现网络中数据通信和资源共享的系统。计算机网络的构成包括计算机系统、通信线路和通信设备、网络协议和网络软件。

（1）计算机系统

计算机网络连接的计算机包括巨型机、大型机、小型机、工作站、微机、笔记本电脑及其他数据终端设备。计算机系统是计算机网络的最重要组成部分，是计算机网络不可缺少的硬件元素。

计算机系统负责数据信息的收集、处理、存储、传递和提供共享资源。

（2）通信线路和通信设备

计算机系统通过通信线路和通信设备连接在一起，统称数据通信系统。通信线路指的是传输介质及其介质连接部件，分有线和无线两种，有线通信线路如光纤、同轴电缆、双绞线等，无线通信线路是指以无线电、微波、红外线和激光等作为通信线路。通信设备指各种网络连接设备、网络互联设备，如网卡、集线器、中继器、交换机、网桥、路由器和网关等。通信线路和通信设备是连接计算机系统的桥梁，是数据传输的通道。

数据通信系统负责控制数据的发出、传送、接收和转发，包括信号转换、路径选择、编码与解码、差错校验、通信控制管理等，以完成信息交换。

（3）网络协议

协议是指通信双方必须共同遵守的约定和通信规则。在网络上通信的双方必须遵守相同的协议，才能正确地交流信息，就像人们谈话要用同一种语言一样。常见的网络协议有 TCP/IP 协议、NetBEUI 协议、IPX/SPX 协议等。网络协议是通信双方关于通信如何进行的约定和规则，在计算机网络中至关重要。

现代网络都是层次结构,协议负责约定分层原则、层次间的关系、执行信息传递过程的方向、分解与重组等。

(4) 网络软件

网络软件是一种在网络环境下运行、控制和管理网络工作的计算机软件。根据软件的功能,计算机网络软件可分为系统软件和应用软件两大类型。网络系统软件是控制和管理网络运行、提供网络通信、分配和管理共享资源的网络软件,它包括网络操作系统、网络协议软件、通信控制软件和管理软件等。网络应用软件是指为特定目的而开发的网络应用软件,为用户提供访问网络的手段、网络服务、资源共享和信息的传输。

2. 计算机网络的功能

计算机网络的功能从早期的数据通信和资源共享发展到提高可靠性和可用性、易于进行分布式数据处理等。

(1) 数据通信

这是计算机网络最基本的功能。利用网络可以实现计算机与计算机或计算机与外设之间的相互通信,如发送电子邮件、协同工作、网上聊天、网络会议等,网络用户可以进行跨地区的交流与合作。地理位置分开的生产单位或业务部门也可以通过计算机网络连接起来进行集中控制和管理。

(2) 资源共享

资源共享是指网络用户可以共享网络中各种硬件和软件资源,使分布在不同位置的资源互通有无、分工协作,从而大大提高系统资源的利用率。资源共享包括硬件资源的共享,如打印机、代理服务器等;也包括软件资源的共享,如程序、数据等。资源共享可避免重复投资和重复劳动,可最大限度地降低成本和提高资源的利用率。

(3) 提高计算机的可靠性和可用性

计算机网络中的各台计算机可以通过网络彼此互为后备,一旦某一台计算机出现故障,故障机的任务可由其他计算机代为处理,提高系统的可靠性;当网络中某台计算机负担过重时,可将任务转交给网络中较空闲的计算机完成,这样就能均衡各台计算机的负载,提高每台计算机的可用性。

(4) 易于进行分布式数据处理

用户可以根据问题的性质,选择网络中最适合的资源来处理,使问题得到快速而经济的解决。对于较大型的问题可通过一定的算法将任务分给不同的计算机协同工作,实现分布处理。

3. 计算机网络的分类

计算机网络的分类方法有多种。通常,按网络覆盖的地域范围,将网络分为局域网、广域网和城域网。

(1) 局域网

局域网(Local Area Network,LAN)是将范围为几千米以内的计算机系统通过通信线路和通信设备连接在一起,实现数据通信和共享资源的计算机网络。局域网所覆盖的可能是一栋楼、一个院落、一所园区,如企业网、校园网等都是局域网。它与日常工作和生活关系最为密切,一般可以提供较高数据传输速率和较低误码率,具有易于管理的特点。

(2) 广域网

广域网(Wide Area Network,WAN)是能够提供不同地区、城市和国家之间计算机通信的远程计算机网络。广域网的根本特点是网络中的计算机分布范围很广,从数十千米到数千千米,跨越了一个很大的地理区域。广域网多由电信公司组建,向社会开放,如电话网、公用数据网。互联网可以看作是世界上最大的广域网。

(3) 城域网

城域网(Metropolitan Area Network,MAN)是一种介于局域网与广域网之间,覆盖了一个城市的地理范围,用来将同一城市内的多个局域网连接起来的计算机网络。城域网可以认为是一种大型的局域网,可以为一个或者几个组织所拥有,也可以是一种公共设施,用来将多个局域网互联。由于和局域网使用的是相同的体系结构,有时也将城域网看作是局域网。

3.2.2 数据通信系统

1. 数据通信系统的组成

数据通信系统是计算机网络的重要组成部分,其主要任务是把地理位置不同的计算机系统连接起来,高效率地完成数据传输的任务。基于点到点的数据通信系统的模型如图 3.8 所示。

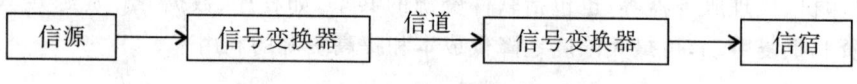

图 3.8 数据通信系统的一般模型

数据通信系统中传输的是信号,信号是数据的电子或电磁编码形式。数据通信系统有五个基本组件:信源、信号变换器(发送端)、信道、信号变换器(接收端)、信宿。信源是信号的产生地,信宿是信号的归宿点,它们可以是计算机系统或其他任何通信设备;信道是指传输信号的物理介质,可以是双绞线、同轴电缆、光纤或是无线电波等通信线路;信号变换器是不同类型信号的转换设备,可以是调制解调器或编码译码器等。

信号可分为模拟信号和数字信号,相应地把数据通信系统分为模拟通信系统与数字通信系统两种。模拟信号是连续变化的数值,如声音、温度等连续变化的物理量经传感器转换成的电信号,是一个振幅、频率及相位连续变化的电波;数字信号是离散的数值,如整数、字符和计算机中二进制数据方式的 0 和 1 都是数字信号。模拟信号和数字信号如图 3.9 所示。模拟通信系统是指在信道上用模拟信号进行传输,数字通信系统是指在信道上传送数字信号。需要注意的是,模拟通信系统也可以传输数字信号,数字通信系统也可以传输模拟信号,只需通过信号变换器将发出和收到的信号变换成适合在信道上传输的信号即可,如图 3.10 所示。

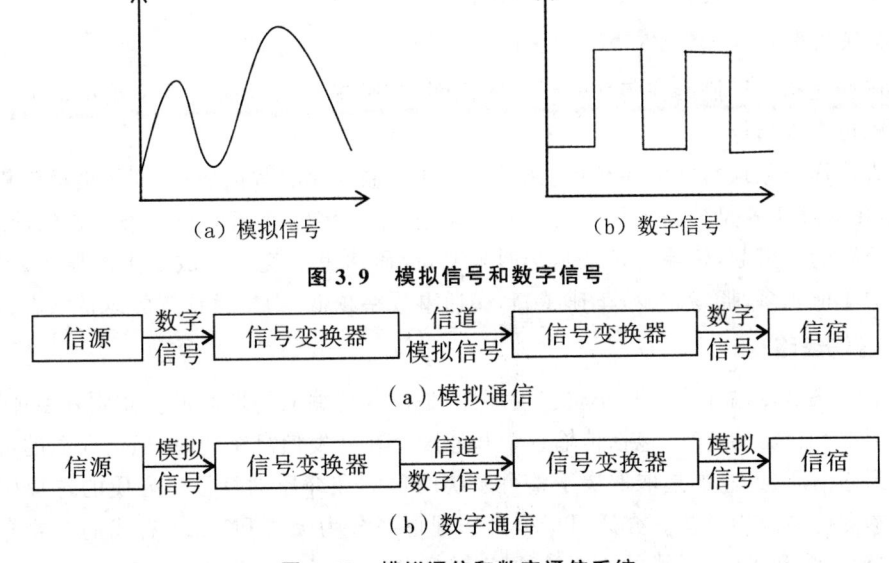

图 3.9 模拟信号和数字信号

图 3.10 模拟通信和数字通信系统

模拟通信方式和数字通信方式都可以传输模拟信号和数字信号,但两者在性能上有很大差异:模拟通信比数字通信的误码率高得多;数字通信可以将数字、字符、文本、声音甚至动态图像等多媒体信息合成起来传输,更有效地利用设备,而模拟通信不行;随着大规模集成电路的应用和计算机性价比的不断提高,数字通信设备的可用性越来越强,这是模拟通信不可比拟的。因此,发展的趋势是无论模拟信号还是数字信号,都将采用数字通信方式进行传输。

2. 数据通信的主要性能指标

数据通信的主要任务是传输数据,人们总是希望传输的速度快、数据量大、可靠性高,常用的评价指标有数据传输速率、信道带宽、传输时延和误码率。

(1) 数据传输速率

传输速率指信道每秒所能传输的二进制比特数,记作比特/秒(bit/s)。信道的传输能力是有一定限制的,某个信道传输数据的速率有一个上限,叫作信道的最大传输速率(又叫信道容量)。无论采用何种编码技术,传输数据的速率都不可能超过这个上限。

(2) 信道带宽

某个信道能够传送信号的有效频率范围就是该信道的带宽。如人耳感受声波频率范围是 20—20 000Hz,低于或高于这个范围人的听觉系统无法将声波传递到大脑,20 000减去 20 所得的值就是人类听觉系统的"带宽"。一般信道的带宽越大,其容量就越大,信号的失真就越小,传输速率就越高。

(3) 传输时延

传输时延是信号从信源传送到信宿所需的时间。传输时延包括处理时延、传播时延和发送时延。处理时延是信号在交换结点为存储转发而进行的一些必要的处理所需的时间;传播时延是信号在信道中传播一定距离所需的时间;发送时延是信源在发送信号时使数据块从信源进入到传输介质所需要的时间。

(4) 误码率

误码率是指二进制码在传输时出错的概率,它是衡量数据通信系统在正常工作情况下的传输可靠性指标。

有人这样形象地解释上述指标:如果用交通运输来比喻数据通信,那么信道就相当于是公路,传输速率就是公路上行驶的汽车的车速,最大传输速率就是这条公路的限速,带宽就是公路的车道数,传输时延就是交通阻塞,误码率就是交通事故发生的概率。显然,公路上的车道越多,拥堵越少,车速越高,交通事故率越低,则交通系统的运行状态越好。

3. 通信线路

通信线路是传输介质及其介质连接部件,是信号传输的物理通道。介质有多种类型,每种类型都有自己的特征,包括传输容量和速度。在开发信息系统时,通信介质的选取直接影响到通信质量,它的选取取决于整个系统的目的和介质的特性。介质的选择应以最低的成本支持系统为目标。介质可根据其物理形态分为无线和有线,有线的主要介绍双绞线、同轴电缆和光缆,无线的介绍微波、卫星通信。

(1) 双绞线

双绞线是指按一定规则螺旋缠绕在一起的两根绝缘铜线,它是最传统、应用最普遍的传输介质。两条线绞扭在一起的目的是减少导线之间的电磁干扰。双绞线信号衰减大,传输速率和传输距离都有限,并且抗干扰能力较弱。但由于其价格便宜,易于安装实现结构化布线,因此在局域网中应用得很普遍。如图3.11所示。

图3.11 双绞线

(2) 同轴电缆

同轴电缆由同轴的内外两个导体组成,内导体是一根金属线,外导体是一根圆柱形的套管,一般是细金属线编制成的网状结构,内外导体之间有绝缘层,最外层是保护性塑料外皮。同轴电缆的成本和性能均居中等水平,价格比双绞线贵,但比光纤便宜;传输速率较高、距离较远,但不能与光纤相提并论。早期的计算机网络中,同轴电缆被广泛采用,与有线电视使用的同轴电缆相似。如图3.12所示。

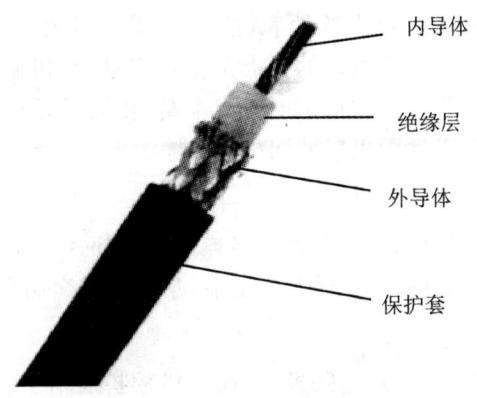

图 3.12 同轴电缆

(3) 光纤

光纤全称光导纤维,它的内部由导光性极好的石英玻璃组成纤芯,用于传输光信号,纤芯外面有一个包层,能把内部辐射出的光信号反射回去,使光信号沿着纤芯传播,最外一层是塑料外壳,它可以保护外层表面。其工作原理是:在发送端使用光电转换设备将电信号转换成光信号,在光纤中以全反射的方式传输,在接收端同样用光电转换设备将光信号转换还原成电信号。光纤相对于金属介质而言具有重量轻、线径细、抗干扰能力强、保密性好等特点,同时可支持极高的传输速率,常用于远距离、高速的数据传输。但光纤相对价格高,且断裂的检测和修复都比较困难。如图 3.13 所示。

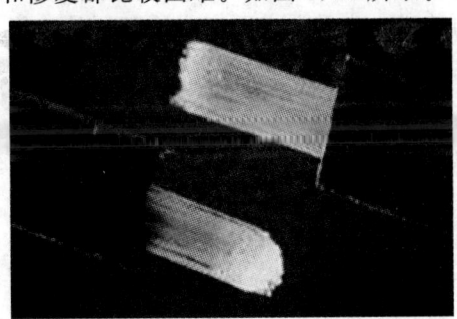

图 3.13 光导纤维

(4) 微波

微波是利用高频无线电信号进行通信的,发送器将数据信号载波到高频微波信号上定向发射,接收器对信号进行接收处理或转发。微波是直线传输的,具有高度的方向性,因此传输距离受地球表面曲率影响,如果超出一定的距离,需要设置中继站,每个站在接收到信号后,将它放大,再把它转发到下一个站。微波的传输受环境影响较大、误码率高,但成本相对较低、易于实现、安装迅速,是铺设有线介质不便的环境或移动通信场合中最经济、便利的方式。

(5) 卫星通信

卫星通信可以看成是一种特殊的微波通信,使用地球同步卫星作为中继站来转发微波信号,卫星上的中继站接收从地面发来的信号后,加以放大整形后再发回地面。一个同步卫星可以覆盖地球三分之一以上的地表,这样,利用三个相距120°的卫星便可覆盖整个地球上的全部通信区域。卫星通信的优点是信道容量大、传输距离远、可靠性高,且传输成本不随距离的增加而增大。缺点是卫星成本高、传播时延长、受气候影响大,保密性较差。卫星通信主要适用于远距离广域网络的传输。

4. 通信设备

通信设备又称信道接口设备,指各种网络连接设备、网络互联设备。以下主要介绍管理信息系统建设中常涉及的网络适配器、中继器、集线器和交换机、网桥、路由器和网关。

(1) 网络适配器

网络适配器又称网卡,是一块电路板,插在主机的扩展槽上,把计算机与通信介质连接在一起,提供信息交换的通道。网卡有三个基本功能。第一,数据转换。数据在计算机内是并行数据,计算机外是串行传输,网卡完成对数据进行并/串和串/并转换的功能。第二,数据缓存。这是网卡的一个重要功能,它运用缓存的传输技术协调介质和计算机设备之间的速率,以防止数据在传输过程中丢失和实现传输控制。第三,通信服务。网卡中提供的通信协议服务软件,通常被固化在网卡的只读存储器中。

(2) 中继器

中继器是计算机网络中最简单的通信设备,它的作用是消除噪音、放大整形信号,用于解决传输介质对信号的传输距离有限的问题。如五类双绞线在以太网技术规范中最远传输距离100米,若信号传输超过这一距离,不能保证网络接口能识别信号,需要设置中继器来放大整形信号并再传递。中继器主要完成物理层的功能,不具备检查错误和纠正错误的功能。随着光纤网络的普及,已很少用到中继器,但其在无线网络中常见。

(3) 集线器和交换机

集线器和交换机都是在组网时用到的多端口的数据传输枢纽设备,它们作为中心节点,可以将多个节点连接起来,共享资源或传输数据。

集线器的工作机理是广播,无论是从哪一个端口接收到什么类型的数据,都以广播的形式将数据发送给其余的所有端口,由连接在这些端口上的网卡判断处理这些数据,符合的留下处理,否则丢弃,这样很容易产生广播风暴,当网络较大时网络性能会受到很大的影响。集线器的执行效率比较低、安全性差;广播式传输使连接到集线器的设备共享带宽,设备较多时系统性能明显下降。

交换机的工作机理是点到点,它通过分析数据,取得目标MAC地址后,查找、确认具有此MAC地址的网卡连接在哪个端口上,然后仅将数据送到对应端口,有效地抑制广播风暴的产生,可以满足大型网络环境大量数据并行处理的要求。交换机的执行效率比较高、私密性好;点对点传输使连接到交换机的设备独享带宽,设备数量不影响系统性能。

目前使用广泛的是交换式集线器,也就是交换机。它属于数据链路层的设备,主要功能包括物理编址、错误校验以及流量控制等。如今的交换机还具备了一些新的功能,如对虚拟局域网的支持、对链路汇聚的支持,甚至有的还具有防火墙的功能。

(4) 网桥

网桥又称桥接器,是连接两个局域网的一种存储转发设备。网桥的原理是对数据的源地址和目的地址进行比较，看它们是否属于同一个局域网，如是则不予通过，否则将它传至另一侧的网络中。网桥的作用一方面是将计算机节点数较多的局域网分成两个网段，减少计算机在网络中传输数据时可能发生的冲突，减少局域网上的通信量，提高整个网络系统的性能；另一方面使得一个局域网可以访问另一个局域网，扩大了网络的物理范围。网桥在延长网络面积上的作用类似于中继器，然而它能提供智能化连接服务；在减少数据通信量上的作用类似于路由器，可以看作是一个"低层的路由器"，它没有路径选择功能。网桥工作在数据链路层，已逐渐被具有更多端口、同时也可隔离冲突域的交换机所取代。

(5) 路由器

路由器又称选径器，在实际应用时通常用于局域网与广域网的连接。路由器比网桥高一层，是网络层的设备，具有寻址功能，能使数据以最便宜、最快、最直接的路径通过网上不同的通道。路由器的两个基本功能是数据转发和路由选择：在网际间接收节点发来的数据，然后根据数据中的源地址和目的地址，对照自己缓存中的路由表，把数据包直接转发到目的节点；如果有几个网络通过各自的路由器连在一起，一个网络中的用户要向另一个网络的用户发出访问请求的话，路由器就会分析发出请求的源地址和接收请求的目的地址，根据路由表，找出一条最佳通信路径。由于路由器是面向协议的设备，不同的协议需要不同的路由器，也就是说，一个特定的路由器只能适用于一个特殊的协议。

(6) 网关

网关是最复杂的网络互连设备，用于连接两个高层协议不同的网络，是网络中的协议转换器。网关既可用于局域网互连，又可用于局域网和大型机以及局域网和广域网的互连。由于网关不仅具有路由器的全部功能，而且具有协议转换功能，因此，它的价格更贵，仅在连接两个不同体系结构的网络时才使用。在实际应用时网关通常以软件的形式出现，它服务于传输层。

我们对通信设备的探讨关注其产生时的主要功能，随着技术的发展，设备的形态和性能都在不断的发展变化中。在管理信息系统的开发时，接口设备的选取同传输介质一样应以最低的成本支持系统需求为目标。

3.2.3 网络协议与网络体系结构

1. 网络协议

网络协议是通信双方关于通信如何进行的约定和规则，在计算机网络中至关重要。网络协议的作用是控制并指导通信双方的对话过程，发现对话过程中出现的差错并确定处理策略。一个网络协议主要由语法、语义与时序三个要素组成，语法规定了用户数据与控制信息的结构与格式，语义规定了用户控制信息的意义以及完成的控制动作与响应，时序对事件实现顺序进行详细说明。通俗来讲，语义规定通信双方彼此"讲什么"，语法规定通信双方彼此"如何讲"，时序规定事件执行顺序。

2. 网络体系结构

为了简化计算机网络的设计，使其方便应用，网络协议采用分层的结构，各层协议之间既相互独立又高效地协调工作。对计算机网络协议进行分层并确定各层中采用的协议集合,这就是计算机网络的体系结构。体系结构是一个抽象的概念,其具体实现通过特定的软硬件完成。早期许多公司纷纷提出自己的网络体系结构,使得在计算机网络中,只有同一制造商生产的系列计算机才可互相通信,不同结构的计算机和不同的网络之间均不能通信,形成网络孤岛。为了解决网络体系结构与协议标准混乱的问题,国际标准化组织(International Standard Organization,ISO)在1978年提出了开放系统互连参考模型(Open Systems Interconnection,OSI),规定了一个七层的网络体系结构,并指出了每层的功能,如图3.14所示。

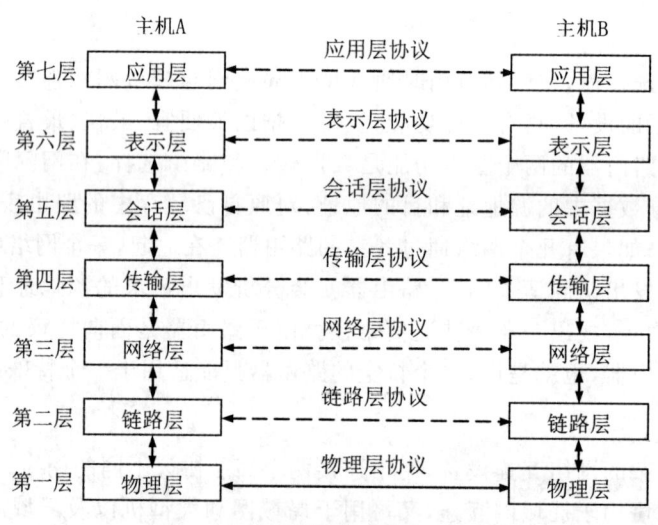

图 3.14　开放系统互联参考模型

在模型中,上一层的功能建立在下一层功能的基础上,并为更上一层功能的实现提供支持;在层间接口中定义了服务请求的方式以及完成服务后返回的确认事项与动作;上一层在通过层间接口调用下一层的服务时,无需了解下一层的技术实现细节;只要接口不变,下一层功能的具体实现方法的变化不会影响上一层所执行的功能。OSI模型大大提高了计算机网络体系结构的可扩充性能,其各个层次的功能如下。

(1) 物理层

物理层是整个OSI参考模型的最底层,其主要功能是实现两个网络物理设备之间的二进制比特流的透明传输,对数据链路层屏蔽物理传输介质的特性。物理层协议主要定义了为建立、维护和拆除物理链路所需的机械、电气、功能和规程四个方面的特性。

(2) 数据链路层

数据链路层负责在节点间的线路上通过检测、流量控制和重发等一些列手段无差错的传送以帧为单位的数据和控制信息。物理层仅提供了传输能力,但信号不可避免地会出现畸变和受到干扰,造成传输错误。数据链路层的主要功能是建立、维护和拆除数据链路,将信号按一定格式组装成帧,以便无差错地传送。

(3) 网络层

网络层的任务是通过执行路选算法,选择合适的路由,保证源结点信息正确送到目的地。网络层提供网络连接、路由选择、阻塞控制功能,还提供跨越子网时的网际互连等功能。网络层数据传输的单位是分组或包。

(4) 传输层

传输层解决的是数据在网络之间的传输质量问题,用于提高网络层服务质量,如消除通信过程中产生的错误,提供可靠的端到端的数据传输。传输层通过向上提供一个标准的、通用的界面,使得上三层与下三层的细节相隔离。传输层数据传输单位是报文。

(5) 会话层

用户或进程间的一次连接称为一次会话,如一个用户通过网络登录到一台主机,或一个正在用于传输文件的连接等都是会话。会话层不参与具体的数据传输,利用传输层来提供会话服务,负责提供建立、维护和拆除两个进程间的会话连接,同时在连接建立后,对双方的会话进行管理,如确定通信的双方是半双工方式或是全双工方式以及进程间的同步管理等。

(6) 表示层

表示层主要处理在两个通信系统中交换信息的表示方式问题,包括数据格式交换、数据加密和解密等。如进程间进行通信时,需要使用双方都能处理的通用数据结构,不仅指ASCII 等符号,也包括描述各个进程本身的语法,这些均由表示层确定。

(7) 应用层

应用层是 OSI 参考模型的最高层,用于确定进程之间通信的性质,以满足用户的需要。它不仅要提供应用进程所需要的信息交换和远程操作,而且还要具备一些为信息交换所必需的功能。应用层包含的协议较多,如文件传输协议(File Transfer Protocol,FTP)、电子邮件协议(Simple Mail Transfer Protocol,SMTP)等。

需要注意的是,OSI 模型只是计算机网络体系结构的一个参考模型,并不是一个具体的网络系统。在一些实际的计算机网络产品与协议中,虽然可以找到与 OSI 模型相对应的层次,但两者可能不完全相同。例如,局域网结构只对应于 OSI 模型的物理层和数据链路层,而著名的 TCP/IP 能与 OSI 模型对应的只有传输层和网络层。

3.2.4 局域网和广域网

1. 局域网

(1) 局域网的特点

第一,局域网覆盖地理范围比较小,如一栋楼、一个院落、一所园区,一般在几千米以内,大多数情况下,在数十米到数百米范围内。第二,局域网可以实现计算机之间的高速通信。局域网常以双绞线、光纤及无线介质组网,传输介质性能较好,再结合先进通信技术,使得局域网的数据传输速率较高。早期的局域网一般为每秒兆位、百兆位的数量级,如今利用桥接或交换技术实现由多个网段组成的网络,传输速率可达每秒千兆位甚至太字位。第三,从应用角度来看,局域网往往是一个组织所建立的,如一家企业、一个学校等,使局域网更加便于管理和维护。第四,组网成本低,网络便于安装和维护且可靠性高,特别是在微机局域网中,采用微型机作为网络工作站,以双绞线为传输介质,具有很高的性能价格比。

(2) 局域网的拓扑结构

拓扑结构是指网络布局的方法,网络中节点以及节点之间的连接方式构成了网络拓扑结构。网络拓扑结构不仅与节点间的物理连接有关,也关系到节点间进行通信的方式和处理冲突的方式。局域网在网络拓扑结构上形成了自己的特点,常见的局域网拓扑结构有总线型、星型、环型、树型和网状结构,如图 3.15 所示。

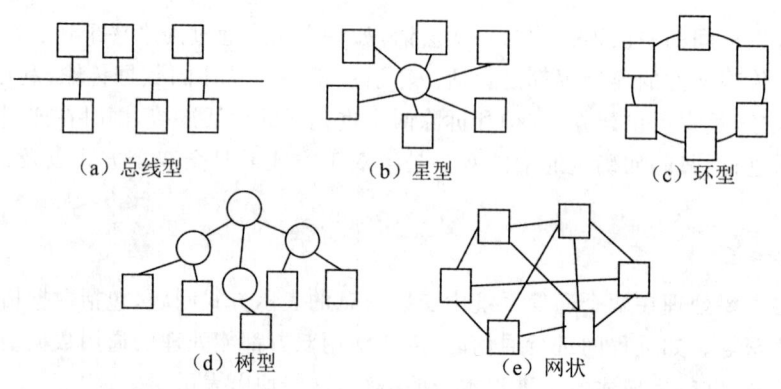

图 3.15 局域网拓扑结构

① 总线型结构

总线型结构采用一条单根的通信线路(总线)作为公共的传输通道,所有节点都通过相应的接口直接连接到总线上,并通过总线进行数据传输。总线网络使用广播式传输技术,总线上的所有节点都可以发送数据到总线上,数据沿总线传播。当一个节点发送数据,并在总线上传播时,数据可以被总线上的其他所有节点接收。总线型结构的优点是结构简单灵活,易于扩展;局部节点故障不影响整体,可靠性高。缺点是总线上节点过多时,传输效率低;总线出现故障,则将影响整个网络。

② 星型结构

星型结构是以一台设备作为中央节点,其他外围节点连接在中央节点上。各外围节点之间通过中央节点进行通信。中央节点一般是专门的接线设备,如集线器、交换机等,其他节点是服务器或工作站。中央节点负责接收某个外围节点的信息,再转发给另一个外围节点。星型拓扑结构的优点是结构简单,建网容易,易扩充,便于控制和管理;任意两个节点间的通信只需两步,传输速度快。缺点是通信线路专用,电缆成本高;星型网络由中心节点控制和管理,中心节点负担重,易成为信息传输的瓶颈,且中心节点一旦出现故障,会导致全网瘫痪。

③ 环型结构

环型结构是各个网络节点通过环接口连在一条首尾相接的闭合环状通信线路中。每个节点设备只能与它相邻的节点设备直接通信,如果与其他节点通信,数据需要依次经过两个通信节点之间的每个设备。环型结构的优点是各节点间没有主从关系,结构简单;两个节点之间仅有唯一路径,简化了路径选择。缺点是环中节点过多时,传输效率低;任何节点或线路故障,都有可能引起全网故障。

④ 树型结构

树型拓扑结构是从总线型拓扑结构演变而来的。它像一棵倒置的树,非叶节点通常为集线器、交换机等,叶节点为服务器或工作站。树型结构的优点是结构比较简单,网络中节点易于扩充;故障容易隔离,若有某一分支的节点或线路发生故障,很容易将故障分支与整个系统隔离。缺点是对根节点的依赖性大,若根节点发生故障,则全网瘫痪,这一点类似于星型结构。

⑤ 网状结构

在网状拓扑结构中,各个节点之间通过通信线路相互连接在一起。如果确有需要且预算允许,甚至可以在网络中的任意两个节点间都建立直接的通信线路。这样一来,网状结构的可靠性与传输速度都会有大幅提高,当然实施成本相对会增加。

信息系统开发中,实际的局域网较少采用单一结构,而是根据网络应用方式、网络操作系统、现场环境、建设成本、网络的灵活性和可靠性等方面进行综合考虑,采用多种拓扑结构组成的复合结构。

(3) 局域网体系结构

作为一种典型的计算机网络,局域网也参考和引用了 OSI 参考模型,并结合其自身特征,逐渐发展形成了局域网参考模型。该参考模型由国际电子电气工程师协会(IEEE)自 20 世纪 70 年代起陆续提出并逐步完善,称为 IEEE 802 标准体系。局域网参考模型只对应于 OSI 参考模型的数据链路层与物理层,它将数据链路层划分为两个子层,即逻辑链路控制子层(Logical Link Control,LLC)和媒体访问控制子层(Medium Access Control,MAC),其他较高层次的协议一般会参考使用 OSI 和其他相应标准,如 TCP/IP。IEEE 802 局域网参考模型与 OSI 参考模型的关系如图 3.16 所示。

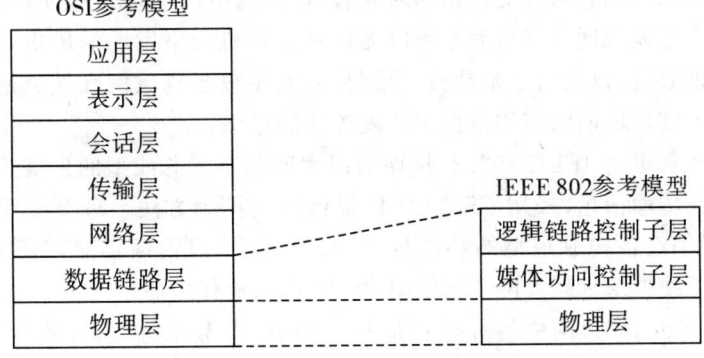

图 3.16　IEEE 802 参考模型与 OSI 参考模型对应关系

IEEE 802 委员会于 1984 年公布了五项标准 IEEE 802.1 到 IEEE 802.5,如表 3.10 所示。随着局域网技术的发展,新的局域网标准不断被推出,如 IEEE 802.11 无线局域网访问方法和物理层规范、IEEE 802.22 无线区域网等。

表 3.10　IEEE 802.1 到 IEEE 802.5 局域网标准

IEEE 802.1	概述、体系结构、网络管理和网络互连
IEEE 802.2	逻辑链路控制子层(LLC)的定义
IEEE 802.3	以太网介质访问控制协议（CSMA/CD）及物理层技术规范
IEEE 802.4	令牌总线网(Token-Bus)的介质访问控制协议及物理层技术规范
IEEE 802.5	令牌环网(Token-Ring)的介质访问控制协议及物理层技术规范

　　IEEE 802.3 基于以太网规范，它定义了带冲突检测的载波监听多路访问 CSMA/CD（Carrier Sense Multiple Access/Collision Detection）和物理层规范。CSMA/CD 是 802.3 的核心协议，通常又把 IEEE 802.3 简称为 CSMA/CD 标准。从 IEEE 802.3 的体系结构看，它由 MAC 服务规范、MAC 协议、与介质无关的物理规范和与介质有关的物理规范四部分组成。

　　IEEE 802.4 定义的是令牌总线媒体访问控制标准和物理层规范。它由 MAC 服务规范、MAC 协议、物理层服务规范、物理层实体规范和介质规范五部分组成。

　　IEEE 802.5 定义了令牌环媒体访问控制和物理层规范，它同其他标准一样仅包含 MAC 层和物理层协议。从 802.5 的体系结构看可分为 MAC 服务规范、MAC 协议、物理层实体规范和站连接规范四部分。由于令牌环协议是 802.5 的核心，因此它经常被简称为令牌环标准。

　　(4) 典型的局域网

　　① 以太网

　　以太网最早是 1975 年由美国施乐(Xerox)公司研制成功，以历史上表示传播电磁波的以太(Ether)命名的网络。在已有的局域网标准中，它是最成功的局域网技术，也是应用最广泛的一种局域网。从它的应用领域来看，以太网不仅是局域网的主流技术，而且采用以太网技术组建城域网也已成熟。所以无论从计算机网络发展的历史，还是从网络技术未来发展的前景看，以太网技术是极为重要的，它不仅是局域网和城域网的主流技术，而且以太网技术在广域网的应用方面也在发挥它的作用。

　　以太网实施标准为 IEEE 802.3，早期的以太网是基于总线型的广播式网络，用同轴电缆作为总线来传输信息，采用 CSMA/CD 媒体访问控制方法。现今多用双绞线、光纤组网，以交换机等设备构成星型拓扑结构，但在逻辑上，以太网仍然使用总线型拓扑和 CSMA/CD 的总线技术。以太网费用低廉，便于安装，操作方便。

　　如图 3.17 所示，以太网中的所有主机均共享同一条数据总线，因此称这条数据总线是以"多路访问"方式进行操作的。任何时刻只允许一台主机发送信息，当两台或两台以上主机同时发送信息时，就会产生冲突，导致传输失败。为避免冲突，网络上的任何一台主机要发送信息，先要通过"载波监听"机制确定当前数据总线上是否有信息在传输。如果没有信息在传输，则该主机立即将所要发送的信息送入数据总线，启动信息传输过程，同时，还要采用边发送边监听的技术，即"冲突检测"，若没有监听到干扰信号则顺利传输，若监听到干扰信号，就表示检测到冲突，于是就要立即停止发送，进入等待状态；如果有其他主机发送的信息在总线上传输，则该主机暂不发送信息，进入等待状态。在等待一个随机的时间后,该主机重启"载波监听"过程。

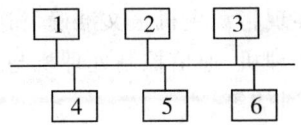

图 3.17　以太网拓扑结构

② 令牌环网

令牌环(Token Ring)网在 20 世纪 70 年代由 IBM 的一个实验系统演化而来,它采用环型拓扑结构,以双绞线组网,实施标准为 IEEE 802.5。

不同于以太网,令牌环网是采用监控站集中控制的网络,监控站在环网启动时由各站平等竞争产生。如图 3.18 所示,该令牌环网由 6 台主机组成。在环网启动或者有主机发现网络上没有监控站时,主机就会发送一个 Claim Token 控制帧。如果某一台主机在其他主机之前完成了控制帧的"发送—绕环一周—回收"的过程,则它就成为整个网络的监控站。假设 6 号机成为整个网络的监控站,此后的网络运行将在 6 号机的集中控制之下。首先,6 号机将向网络发送一种特殊的控制帧,称为令牌,并确保任意时刻环上有且只有一块令牌在传输。网络上的任何一台主机若想发送信息,必须首先获得并暂时保管该令牌,网络中的其余主机则全部工作在复制模式,直到信息发送完毕后,释放令牌,其他主机才能获得令牌、得到发送信息的机会。显然,令牌机制能够确保任何时刻环上只有一台主机能够发送信息,从而避免了冲突。

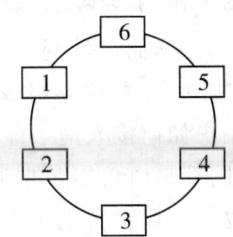

图 3.18　令牌环网拓扑结构

2. 广域网

广域网是覆盖范围大、以信息传输为主要目的数据通信网,由资源子网和通信子网组成,如图 3.19 所示。

资源子网由主计算机系统、终端、终端控制器、联网外设、各种软件资源与信息资源组成。主计算机系统简称为主机,它可以是大型机、中型机、小型机或高档微型机。主机是资源子网的主要组成单元,它通过高速通信线路与通信子网的通信控制处理机相连接,普通用户终端通过主机连入网内。主机要为本地用户访问网络其他主机设备与资源提供服务,同时要为远程用户共享本地资源提供服务。终端是用户访问网络的界面,它可以是简单的输入、输出终端,也可以是带有微处理机的智能终端。终端可以通过主机连入网内,也可以通过终端控制器、报文分组组装与拆卸装置或通信控制处理机连入网内。

通信子网由通信控制处理机、通信线路和其他通信设备组成,完成网络数据传输、转发等通信处理任务。通信控制处理机一方面作为与资源子网的主机、终端相连接的接口,将主机和终端连入网内；另一方面，又作为通信子网中的分组存储转发节点，完成分组的接收、校验、存储、转发等功能，实现将源主机报文准确发送到目的主机的作用。通信线路为通信控制处理机与通信控制处理机、通信控制处理机与主机之间提供通信信道，如双绞线、同轴电缆、光缆、微波与卫星通信等。

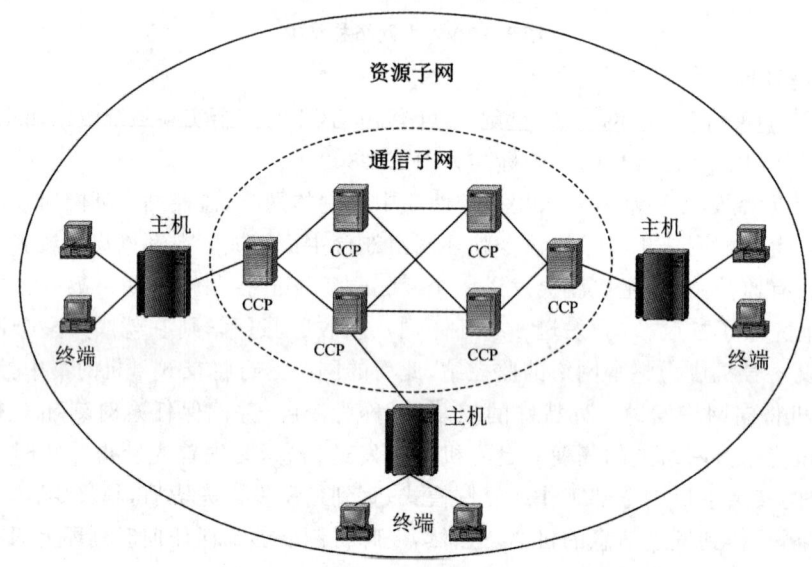

图 3.19 广域网的组成

在应用上，局域网强调的是资源共享，而广域网则着重数据传输。对于局域网，人们更多关注的是如何根据应用需求来规划、建立和应用；对于广域网，侧重的则是网络能够提供什么样的数据传输业务，以及用户如何接入网络等。所以，广域网更核心的组成部分是通信子网。一般广域网的通信子网都是由公用数据通信网担任，公用数据通信网通常由政府的电信部门建立和管理，这也是广域网区别于局域网的重要标志之一。公用数据通信网为用户提供电路交换服务、分组交换服务和租用线路或专线服务，常用的有公用电话交换网（PSTN）、数字数据网（DDN）、分组交换数据网（X.25）、帧中继（frame relay）、综合业务数据网（ISDN）、宽带综合业务数据网（BISDN）、虚拟专用网（VPN）等。拥有主机资源的用户如果需要入网，只要遵循子网所要求的接口标准，提出申请并支付一定的费用，都可接入该公用数据通信网，利用其提供的服务来实现特定资源子网的通信任务。

从 OSI 参考模型来看，主机组成的资源子网，主要完成高三层的功能，保证信息以正确可理解的形式传送；通信子网主要完成低三层的功能，为用户间提供透明连接；而传输层是通信子网和资源子网的界面，是第一个端到端的层次，满足用户服务质量的要求，向高三层提供合适的信息形式。

3.2.5 互联网

互联网即 Internet，是世界上最大、覆盖面最广的计算机网络。互联网使用 TCP/IP 协议，将全世界不同国家、不同地区、不同部门和不同类型的计算机、骨干网、广域网、局域网，通过网络设备高速互联实现资源共享、信息交流以及提供各种应用服务。互联网是由世界范围内众多计算机网络连接而成的网络,它并非一个具有独立形态的网络,而是由计算机网络汇合成的一个网络集合体,因而也被称为"计算机网络的网络"。与互联网相连接,意味着可以分享其丰富的信息资源,可以和其他互联网用户以各种方式进行信息交流。

1. 互联网体系结构

TCP/IP(Transmission Control Protocol/Internet Protocol)最早起源于 ARPANet。ARPANet 通过租用电话线连接了数百所大学和政府部门,它是互联网的前身。当卫星和无线网络出现以后,已有的协议在与它们融合时出现了问题,所以需要一种新的参考体系结构,能够无缝隙地连接多个网络。1982 年,产生了一簇新的协议,其中最主要的就是 TCP 和 IP。IP 协议用于给各种不同的通信子网或局域网提供一个统一的互联平台,TCP 协议则用于为应用程序提供端到端的通信和控制功能,该体系结构称为 TCP/IP 协议模型。互联网形成之后,TCP/IP 协议模型不断得到完善,使 TCP/IP 模型成为互联网网络体系结构的核心。

从字面上看,TCP/IP 包括两个协议,但其实际上是一组协议,包括上百个具有不同功能且互为关联的协议,TCP/IP 既可用于局域网,又可用于广域网。TCP/IP 协议模型从更实用的角度出发,形成了四层体系结构,即网络接口层、网络互联层、传输层和应用层。

(1) 网络接口层

网络接口层也称主机网络层,是模型中的最低层,负责将数据包送到传输介质上,是实际的网络硬件接口。TCP/IP 参考模型的网络接口层对应于 OSI 参考模型的物理和数据链路层。网络接口层协议定义了主机如何连接到网络,管理着特定的物理介质。

(2) 网络互联层

网络互联层是 TCP/IP 模型的关键部分。它的功能是使主机把分组发往任何网络,并使各分组独立地传向目的地。这些分组到达的顺序和发送的顺序可能不同,因此当需要按顺序发送和接收时,高层必须对分组排序。网络互联层所使用的的是 IP 协议。分组路由和拥塞控制是网络互联层的主要设计问题,所以其功能与 OSI 网络层功能非常近似。

(3) 传输层

传输层为应用程序提供端到端通信功能,它和 OSI 模型中的传输层相似。该层协议处理网络互联层没有处理的通信问题,保证通信连接的可靠性,能够自动适应网络的各种变化。传输层主要有两个协议,即 TCP 协议和 UDP(User Datagram Protocol)协议。

(4) 应用层

应用层包含所有的高层协议,为用户提供所需要的各种服务。TCP/IP 模型中的应用层与 OSI 模型中的应用层有较大的差别,它不仅包括了会话层及上面三层的所有功能,而且还包括了应用进程本身。因此,TCP/IP 模型的简洁性和实用性就体现在它不仅把网络层以下的部分留给了实际网络,而且将高层部分和应用进程结合在一起,形成了统一的应用层。应用层协议有 SMTP(Simple Mail Transfer Protocol)、HTTP(Hyper Text Transfer Protocol)、FTP(File Transfer Protocol)等。

图 3.20 给出了 OSI 和 TCP/IP 参考模型的对应关系。

OSI参考模型		TCP/IP参考模型
应用层	SMTP FTP DNS SMNP HTTP	应用层
表示层		
会话层		
传输层	TCP UDP	传输层
网络层	ICMP IGMP IP ARP/RARP	网络互联层
数据链路层	由底层网络定义的协议	网络接口层
物理层		

图 3.20　OSI 参考模型与 TCP/IP 参考模型的对应关系

2．内联网和外联网

(1) 内联网(Intranet)

Intranet 特指将 Internet 的思想和技术应用到企业内部信息管理和办公事务中,形成的企业内部网络。内联网是互联网的延伸和发展,它利用互联网技术,基于 TCP/IP 协议,采用 WWW 内容标准(Web 技术、浏览器、主页、检索工具和超文本链接等)构成企业内部专用和统一的信息交换平台,实现信息共享,具有跨平台、跨操作系统的特点。内联网上安装了企业运营和发展所需要的管理软件和应用软件,同时,为了对进出企业的信息进行过滤,人们建立了防火墙把内联网和互联网分开。因此,内联网为企业提供了一个相对封闭的环境,比互联网更安全且易于管理。内联网由服务器、客户机、物理网络和防火墙四个部分组成,其基本框架结构如图 3.21 所示。

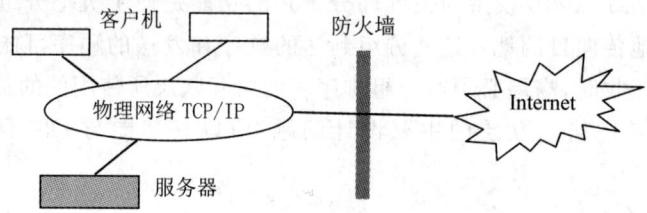

图 3.21　内联网的基本架构

内联网的建立一方面使企业内部原来各自封闭的信息孤岛连成一体,通过财务、人事、制造等应用软件成功的帮助企业提高了工作效率;另一方面可以方便地接入互联网,使互联网上丰富的信息资源成为企业的财富,还可以最大范围地、最迅速地宣传企业形象、介绍企业产品信息、提高企业的知名度等。

(2) 外联网(Extranet)

随着经济全球化的进程,企业和企业之间的交流变得更加频繁和直接,于是已经成功应用内联网的企业,越来越希望将内联网的服务延伸到企业外部的客户、合作伙伴和供应商。但是，所有这些外部用户都被内联网的安全机制挡在了防火墙外，解决这个问题的办法就是建立企业外部网，即 Extranet。

外联网实际上是内联网对企业外部特定用户的安全延伸。外联网不是一个重新建设的物理网络，而是一个虚拟专用网络。它是在互联网基础上构建起来的联系各企业内联网之间的桥梁型网络，企业间的信息交互需要通过各自内联网的防火墙验证。外联网是使通过认证的指定用户能够分享企业内联网上部分信息和部分应用服务的半开放网络。

企业外联网既具备内联网的安全性，又具备互联网的开放性和灵活性，它改善了管理信息系统的信息共享方式，使得企业与客户、企业内部人员之间、企业与合作伙伴之间可以更加方便、快捷地共享信息，并集成了多种信息源。过去实现企业间信息交流的主要手段是电子数据交换(Electronic Data Interchange，EDI)，但 EDI 主要基于专用网络传输数据，成本高。外联网基于互联网，克服了 EDI 网络费用高的缺点，使中小企业也可以加入到企业间的合作中，为中小企业的发展提供了良好的机会。另外，EDI 是通过标准的贸易单证来完成企业间计算机之间的通信，而外联网采用的是 Web 技术，更加方便和灵活。

3.3 云计算与物联网

云计算与物联网的出现对现代企业的变革以及管理信息系统的发展都产生了巨大的影响。未来的经济是实体经济和数字经济的结合，商业行为电子化、大数据化、云计算化和物联网化是当今社会已经达成共识的发展方向。云计算和物联网将彻底改变人们开发、利用管理信息系统的方式，意味着企业将进入一个全新的信息化时代。

3.3.1 云计算

1. 网络计算模式

网络计算模式是指完成网络上的一个计算任务或应用服务占用共享资源的形式和使用共享资源的方式。随着计算机网络技术的发展和经济模式的变化，网络计算模式也在不断发展，管理信息系统的应用结构也随着计算模式的变化而变化。

(1) 主机/终端模式

在主机/终端模式中，有一台大型主机，同时在本地或远程连接多个终端，主机完成所有的数据管理及处理工作，终端只完成数据的输入及主机处理以后结果的显示工作，如图3.22 所示。主机/终端模式由于数据集中起来进行处理，提高了信息处理的效率，系统费用低，易于管理和控制，能够保证数据的安全性和一致性。但所有的程序运行和文件存取都在主机上，主机负担过重，一旦主机出现故障就会使所有用户受到影响，系统扩展比较难。订售票系统、银行储蓄系统、出纳系统等系统的业务处理比较单一，需多点实时处理数据，输入输出操作简单，且无须在本地保存数据，每个点数据处理量比较小，所以较多地使用主机/终端模式。

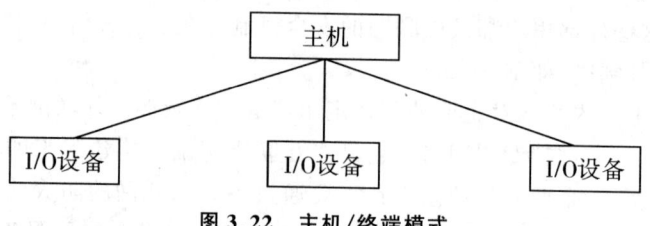

图 3.22 主机/终端模式

(2) 文件服务器/工作站模式

20 世纪 80 年代以后,文件服务器/工作站模式开始流行起来,如图 3.23 所示,一个企业的多个工作站与一台服务器连接起来。这种模式把数据库管理系统安装在文件服务器上,而数据处理和应用程序分布在工作站上。文件服务器负责数据管理,提供对数据的共享访问和文件管理功能,没有协同处理能力;客户机负责数据处理的所有工作;需要处理的数据都通过网络传输,从后台拉到前台,处理后的结果也要送回后台。这种模式造成网络负担较重,严重时会造成"传输瓶颈",降低传输的效率和响应时间,但文件服务器/工作站这种模式可充分发挥工作站的数据处理能力。

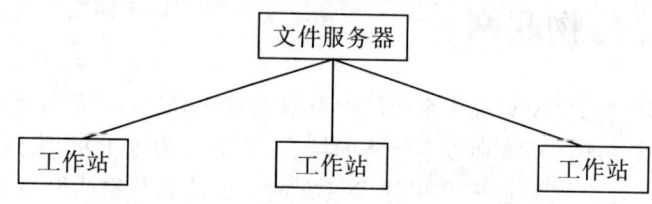

图 3.23 文件服务器/工作站模式

(3) 客户机/服务器模式

20 世纪 80 年代末,客户机/服务器(Client/Server,C/S)模式成为主流的网络计算模式。在客户机/服务器模式中,网络上的计算机系统分成客户机与服务器两类,服务器包括文件服务器、数据库服务器、打印服务器、专用服务器等,网络节点上的其他计算机系统称为客户机。服务器运行数据库管理系统,完成数据处理及存储管理等后台任务;客户机运行应用程序,完成输入、输出等前台工作。这种模式与文件服务器/工作站模式的主要区别在于对数据的处理分前台和后台,使后台处理的数据不需与前台频繁传输,从而解决了"传输瓶颈"问题。网络上的用户不仅可以共享数据文件、打印机等,而且可以共享数据处理。由于客户端软件被分布安装在各个客户机上,造成系统维护困难且容易产生不一致的问题。客户机/服务器模式如图 3.24 所示。

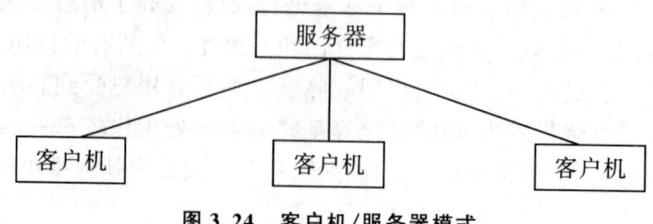

图 3.24 客户机/服务器模式

(4) 浏览器/服务器模式

互联网技术的迅速发展,为管理信息系统提供了基于开放技术的浏览器/服务器(Browser/Server,B/S)模式网络环境。浏览器/服务器模式是客户机/服务器模式在新的技术条件下的延伸。在客户机/服务器模式中,大量的应用程序都在客户端进行,每个客户都必须安装应用程序和工具,系统的灵活性、可扩展性都受到很大影响。在互联网环境中,客户机/服务器模式自然延伸为三层或多层结构,如图 3.25 所示。中间层是 Web 服务器,可以运行大量的应用程序,使客户端变得很简单。客户端利用浏览器通过 Web 服务器去访问数据库以获取必要的信息,同时接收 Web 服务器送回的请求响应,并以 Web 的形式将其显示出来。

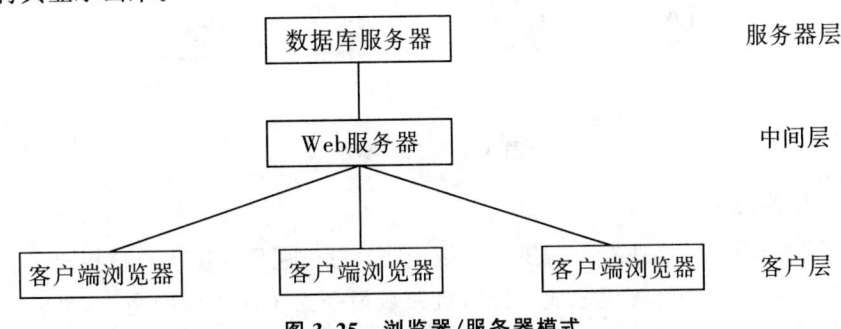

图 3.25 浏览器/服务器模式

以浏览器/服务器模式开发企业管理信息系统,由于在客户端只需一个简单的浏览器,因此减少了客户端的维护工作量,方便用户使用。同时也正是这样的从 C/S 模式的"胖"客户端到 B/S 模式的"瘦"客户端,使我们能够方便地将任何一台计算机通过互联网连入企业的计算机系统,成为企业管理信息系统的一台客户机。

(5) P2P 模式

P2P(Peer to Peer)是一种对等模型,它是在互联网上实施网络计算的新模式。网络上所有的节点都"对等"地共享其他节点的计算资源,服务器和客户端的界面消失了,所有节点都既是服务器又是客户端。在 P2P 模式中,网络内容从"中心"走向了"边缘",内容不是存放在中心服务器上,而是存放在所有边缘用户的计算机上,所有用户都可以使用 P2P 软件从其他用户那里找到自己需要的资源。P2P 模式可以帮助优化网络性能,同时,某一节点的故障不至于影响全局,大大提高了系统的安全性。一些费用不菲的数据中心功能在 P2P 模式中完全可以利用节点之间的分布式服务代替,降低了信息系统开发的成本,提高了信息系统的运行能力。P2P 模式如图 3.26 所示。

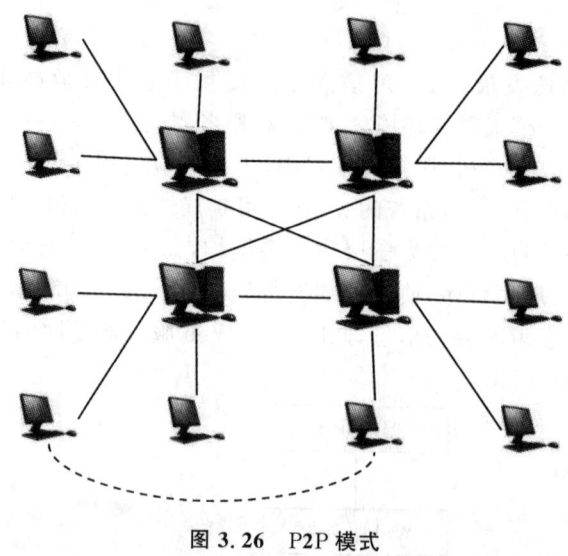

图 3.26 P2P 模式

(6) 云计算模式

2006 年,Google 首席执行官埃里克·施密特在搜索引擎大会上首次提出了"云计算"的概念,从这时开始,云计算迅速成了计算机领域最令人关注的话题之一,也成为企业信息化建设着力研究的重要方向。因为云计算的提出,互联网技术和 IT 服务出现了新的模式,引发了一场变革。被业界认可程度最高的关于云计算的定义是由美国国家标准与技术研究院所提出的,它认为,云计算是一种按使用量付费的模式,这种模式提供随时随地的、便捷的、按需的网络访问,用户可以快速地、几乎不与服务提供者交互地从可配置的计算资源共享池中获取所需资源,如网络、服务器、存储、应用程序和服务等。云计算通过互联网将多个成本相对较低的计算实体整合成一个具有强大计算能力的系统,再把强大的计算能力分布到终端用户手中。当用户有服务需求时,云计算将计算处理任务自动分拆成许多较小的子任务,交给由大量计算实体组成的集群系统,进行搜寻、计算、分析并将处理结果返回给用户。

2. 云计算服务层次与管理信息系统

云计算有三个服务层次,分别是软件即服务、平台即服务和基础设施即服务,分别对应云中的软件资源、平台资源和硬件资源,它们改变了传统管理信息系统的服务交付和使用模式。

(1) 软件即服务

软件即服务(Soft as a Service,SaaS)是一种云用户向云提供商租用软件,通过互联网提供的软件来开展企业经营活动的模式。在云计算的三个服务层次中,SaaS 发展的时间最长,也最成熟。SaaS 提供商将应用软件统一部署在自己的服务器上,用户可以根据实际需求,通过互联网向供应商定购所需的应用软件服务,按定购的服务多少和时间长短向供应商支付费用,并通过互联网获得 SaaS 供应商提供的服务。Salesforce 是创建于 1999 年的一家非常知名的 SaaS 提供商,它为用户提供客户关系管理(Customer Relationship

Management，CRM)软件。Salesforce 允许用户定制并整合其产品,建立各自所需的应用软件。对于用户而言,可以避免购买硬件、开发软件等前期投资以及复杂的后台管理问题,用户每个月支付类似租金的费用来使用 Salesforce 的各种服务,这些服务涉及客户关系管理的各个方面,从普通的联系人管理、产品目录到订单管理、机会管理、销售管理等。对于中小型企业来说,直接利用类似 Salesforce 的客户关系管理系统这种基于云计算的管理信息系统可以大大节省运作成本,同时提高生产效率。

(2) 平台即服务

平台即服务(Platform as a Service,PaaS)是指将服务器平台或者开发环境作为服务,通过互联网提供给云用户的商业模式。PaaS 是云计算的重要组成部分,它在云计算三个服务层次中介于软件即服务与基础设施即服务之间,为生成、测试和部署软件应用程序提供一个运算平台与解决方案。PaaS 提供软件部署平台,抽象掉了硬件和操作系统细节,可以无缝地扩展。用户只需要关注自己的业务处理逻辑,不需要关注底层。开发人员基于 PaaS 框架开发或自定义基于云的应用程序,就像 office 的宏一样,包含可扩展性、高可用性和多租户功能等在内的云功能减少了开发人员的代码编写工作量。Salesforce 最初是提供 CRM 的 SaaS 服务,后来又推出了 Force.com 平台。Force.com 平台提供了专门的 API 开发工具包以及 App Exchange 应用交互平台,允许用户利用 App Exchange 改造适用于其个性化需求的信息系统。对于一些资金不够充沛以及没有能力或没有时间从零开发系统的小型企业而言,使用 Force.com 云计算平台能够快速开发应用系统,并可直接调用成熟的工具和应用模块,如销售分析工具、财务分析工具等。

(3) 基础设施即服务

基础设施即服务(Infrastructure as a Service,IaaS)是指将 IT 基础设施作为一种服务,通过互联网提供给云用户的商业模式。在这种服务层次中,用户不用自己构建数据中心,而是通过租赁的方式使用基础设施服务,包括服务器、存储和网络。IaaS 与传统的主机托管有相似之处,但是在服务的灵活性、扩展性和成本等方面 IaaS 具有很强的优势。IaaS 的典型代表是亚马逊网络服务(Amazon Web Service,AWS),它采用租借基础设施的方式提供远程云计算平台服务。AWS 将计算机资源,如处理器、存储单元、带宽等,打包成类似于公共设施的可计量的服务,通过给这些资源定价来向租户收取使用费用。AWS 基础设施的每个组件都经过精心设计和构建,以实现从区域到网络链路、到负载均衡器,再到路由器和固件的冗余和可靠性。例如,当访问量大时,AWS 自动为企业分配足够的、满足企业需要的服务器,当访问量较少时,AWS 又可以收回多余的服务器为其他用户提供服务。总之,企业可以在需要时调配所需的硬件资源,如果需要更多,他们可以轻松扩展;如果不再需要,则只需关掉它们并停止付费。对于对容量的灵活性有较高要求的企业来说,这种具有较强弹性的云计算服务模式非常适用。

基于云计算所提供的服务,企业可以根据自身的实际情况选择不同的服务层次或是综合多个服务层次进行管理信息系统的开发设计。例如,企业可以从市面上租用 IaaS 提供的云服务器主机,同时使用 PaaS 提供商所提供的数据库服务,这样,系统开发的难度和所需时间就可能降低,硬件和软件成本相比不使用云计算技术也会大幅下降,并且可以实现随时随地在任何终端设备上接入互联网就能访问数据资源；同样，企业还可以选择向SaaS提供商直接购买已发布在互联网上基于云计算的管理信息系统，企业只需支付租金开通具备所需功能的账号，就能够按需使用定制好的系统。充分利用云计算在管理信息系统领域的特点，有效地利用云计算服务提供商的资源，降低成本，创新应用模式，从而提高企业核心竞争力，是企业信息化所必须思考的问题。

3.3.2 物联网

1. 物联网的产生及定义

1995年，比尔·盖茨在《未来之路》中首次提到了"Internet of Things"的理念。盖茨在书中描绘了很多未来智能生活的场景，如"用户所遗失或被盗窃的照相机将自动发回信息，告诉用户它现在所处的具体位置，甚至是在它已经身处不同城市的情况下"。但受限于当时无线网络、硬件及传感设备的发展，这些场景无法变成现实，"物物相连的互联网"也未引起世人的重视。1999年，美国麻省理工学院Auto-ID中心的凯文艾什顿（Kevin Ashton）教授提出了把射频识别（Radio Frequency Identification，RFID）、电子产品代码（Electronic Product Code，EPC）和互联网连接一起来，通过在商品上安装RFID标签让信息系统自动识别商品、传递信息，从而实现商品的智能化管理，这就是物联网的原型。2005年，在突尼斯举行的信息社会世界峰会上，国际电信联盟发布了《国际电信联盟互联网报告2005：物联网》，正式提出了物联网的概念，指出世界上所有的物体从轮胎到牙刷、从房屋到纸巾都可以通过互联网主动进行交换。如今，业界普遍认为，物联网是通过各种信息传感设备，按照约定的协议，把任何物体与互联网连接起来进行信息交换，以实现智能化识别、定位、跟踪、监控和管理的网络。

物联网和互联网是有区别的，物联网的主体是"物"，它可以是手表、钥匙、汽车、房屋，甚至是有生命的人和动植物，而互联网的主体则是"计算机"。物联网和互联网又是密切相连的，物联网是互联网的延伸与扩展，是未来的互联网。物联网是在互联网的基础上，利用信息传感设备构建出的一个覆盖所有物的网络系统，属于互联网的一部分。同时，随着经济的发展，社会对互联网的应用需求日益增长，物联网将使人置身于无所不在的网络之中，可以随时随地与周围的人或物进行信息的交换，这就是未来的互联网。

2. 物联网的体系结构

目前被广泛认可的物联网参考体系结构分为三层，自下而上分别是感知层、网络层和应用层，如图3.27所示。

（1）感知层

感知层的主要功能是识别物体，采集信息，它是物联网发展和应用的基础，是联系物理世界和虚拟信息世界的纽带。感知层的关键技术包括RFID技术、传感和控制技术以及短距离无线通信技术。感知层需解决低功耗、低成本和小型化的问题，并且向灵敏度更高、更全面的感知能力方向发展。

（2）网络层

网络层的主要功能是进行信息的传递，它是物联网的神经系统。网络层包括各种通信网络与互联网形成的融合网络,除此之外还包括物联网管理中心、信息中心、云计算平台等对海量信息进行智能处理的部分。通信网络和互联网等技术经过了多年的发展已比较成熟,在物联网的早期阶段基本能够满足信息传递的需要。云计算平台作为海量感知数据的存储、查询、分析、挖掘平台,将是网络层非常重要的组成部分,也是应用层众多应用的基础。

(3) 应用层

应用层利用经过分析处理的信息为用户提供丰富的特定服务,它是物联网体系结构中的最上层,是物联网发展的目的。应用层的应用类型可以分为监控型、查询型、控制型、扫描型等。物联网通过应用层最终实现信息技术与行业的深度融合,实现行业智能化。

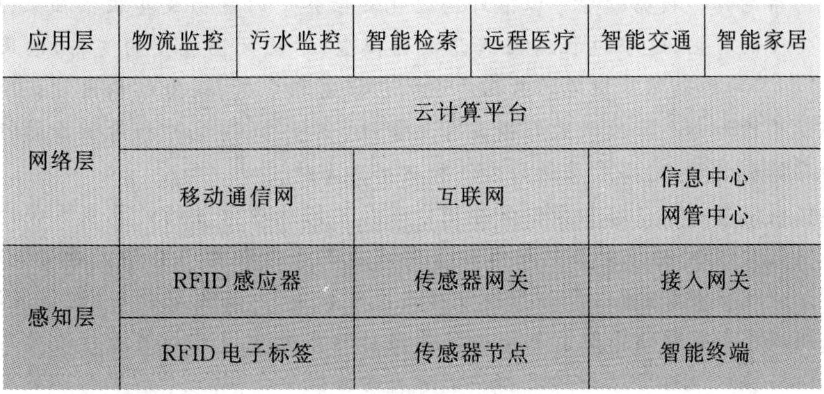

应用层	物流监控	污水监控	智能检索	远程医疗	智能交通	智能家居
网络层	云计算平台					
	移动通信网		互联网		信息中心 网管中心	
感知层	RFID 感应器		传感器网关		接入网关	
	RFID 电子标签		传感器节点		智能终端	

图 3.27　物联网体系结构

3. 基于物联网的企业信息化

在物联网体系结构中,感知层实现物联网全面感知的核心能力,是物联网中关键技术、标准化、产业化方面亟需突破的部分;网络层主要以广泛覆盖的通信网络作为基础设施,是物联网中标准化程度最高、产业化能力最强、最成熟的部分;应用层提供丰富的应用,将物联网技术与企业信息化需求相结合,实现智能化的应用解决方案。物联网的出现使企业信息化进入了"智能"新时代。

例如,工程机械企业通过采用 M2M、GPS 和传感技术,实现了百万台重工设备在线状态监控、故障诊断、软件升级和后台大数据分析,传统的机械制造引入了智能。仓库里安装温湿度采集器、烟雾探测器、智能插座等设备,可以实时将仓库的温度、湿度数据上传至信息管理平台,一旦温湿度数据超过实现设点的阈值,库工可以实时做出处理,也可以通过信息管理平台联动策略,直接控制空调、抽湿机等工作;如果通过烟雾探测器检测到烟雾,可以发出警告并马上断电,防止进一步的损失。企业在办公区部署智能排插,可以灵活定时通断、设定最大接入功率,如在下班时间统一关闭饮水机、打印机等企业耗电设备,节约企业用电成本;上班期间限制个人使用大功率电器,降低用电风险等。医院通过在病人身上放置不同的传感器,对病人的健康参数进行监控,可以及时获知病人的生理特征,提前进行疾病诊断和预防,并且实时传送到相关的医疗保健系统。运输企业结合物联网技术,可以监测货物的温湿度和运输车辆的位置、状态、油耗、速度等,实时了解货物状态,实现智能化调度。借助于物联网感知层技术和设备,企业管理信息系统获得了大量的感知数据,使得系统数据来源更加多样化,同时,对数据的智能化处理也向管理信息系统提出了更高的要求,使其必然与大数据、云计算等技术充分结合,在开发模式和利用方式方面产生质的变化。物联网为企业带来了更加"智慧"的管理信息系统。

【知识总结】

企业的数据管理技术经历了人工管理、文件管理和数据库管理三个阶段,数据库技术是目前管理信息系统组织、管理数据最常用的技术。数据库系统由计算机系统、数据库、数据库管理系统和有关人员共同组成。为了实现数据的独立性,数据库呈现三级模式、两层映射的体系结构。数据模型可以很好地把现实世界中的事物及其联系抽象、转换为计算机可以处理的数据,这个过程需要概念数据模型、结构数据模型的支持,涉及现实、信息、机器三个不同的世界。规范的数据库设计包括需求分析、概念结构设计、逻辑结构设计和物理结构设计四个阶段。大数据具有大量性、多样性、高速性和价值性的特征,对大数据进行存储和管理,需要采用新的文件和数据库系统。

计算机网络用通信线路和通信设备把分布在不同地理位置的计算机系统连接起来,通过网络通信协议和功能完善的网络软件实现数据通信和资源共享。通信线路指传输介质及其介质连接部件,通信设备指各种网络连接设备、网络互联设备,通信线路和通信设备共同组成了数据通信系统。网络协议是通信双方关于通信如何进行的约定和规则,对计算机网络协议进行分层并确定各层中采用的协议集合,就是计算机网络的体系结构。国际标准化组织提出了一个七层的网络体系结构,大大提高了计算机网络的可扩充性能。局域网拓扑结构有总线型、星型、环型、树型和网状结构;广域网由通信子网和资源子网组成;互联网体系结构的核心是 TCP/IP 协议模型,TCP/IP 协议模型从更实用的角度出发,形成了网络接口层、网络互联层、传输层和应用层四层体系结构。

网络计算模式在不断发展,管理信息系统的应用结构也随着计算模式的变化而变化。云计算作为新型的网络计算模式有 SaaS、PaaS 和 IaaS 三个服务层次,它们改变了传统管理信息系统的服务交付和使用模式。物联网通过各种信息传感设备,把物体与互联网连接起来进行信息交换,实现智能化管理,其体系结构分为感知层、网络层和应用层三层。物联网为企业带来了更加"智慧"的管理信息系统。

【思考题】

1. 数据管理技术的发展经历了哪些阶段?各有什么特点?
2. 简述数据库系统的组成。
3. 如何把 ER 模型转换为数据库的逻辑结构?
4. 大数据有哪些特征?对大数据的存储和管理与传统数据有什么不同?
5. 什么是计算机网络?它有哪些功能?
6. 简述数据通信系统的组成。
7. 网络的接口部件有哪些?功能是什么?

8. OSI 模型和 TCP/IP 模型各由哪几层组成？简述两类模型的异同。
9. 简述云计算的三个服务层次。
10. 物联网的体系结构是怎样的？

【案例 3.1】

借助云计算和物联网搭建"数字武钢"

武汉钢铁集团公司是新中国成立后兴建的第一个特大型钢铁联合企业，1958 年建成投产，是中央和国务院国资委直管的国有重要骨干企业。发展相关产业是武钢转变发展方式的重要战略举措，是武钢集团发展的重要战略组成部分。武钢正着力改造提升传统优势产业、培育壮大高新技术产业、加快发展战略性新兴产业，形成具有强大盈利能力的相关产业集群。

为迈向云计算和物联网打基础

早在 2001 年，武钢就自主开发了特大型钢铁企业整体信息系统，包括 15 大专业系统、91 个子系统，解决了企业销、生、研、供运储的协同等关键问题，形成了丰富的企业软件资源。同时还构建了 ATM 万兆主干网，集成了多平台的计算机系统，包括万余台终端、近 1 300 台交换机、440 余台 PC 服务器，铺设光纤达 725 千米，覆盖面积 21 平方千米，连接各年代 20 余种自动化控制设备，建立了与 178 条生产线的实时数据交换体系。

从 2011 年开始，武钢提出大力发展钢铁相关产业，建立"数字武钢"，利用云计算、物联网等新兴技术支撑企业发展，利用信息化基础，建立企业云服务和物联网服务平台，推进钢铁企业发展转型。

武钢围绕企业软件平台，对原有信息化基础设施和应用进行升级和改造，向云计算平台演进；依托新的软件和信息技术，满足企业向物流产业发展需要，推动企业物流规划建设。一是发挥工程技术集团整体优势，研究新一代 IT 服务平台；二是利用工程技术集团创新平台，开展物联网和云计算研究。目前武钢工程技术集团的物联网和云计算的主要研究课题包括智慧物流的整体业务架构设计、城市智慧停车管理系统解决方案以及对企业已有核心软件的云服务化研究。

云服务初探

借助于"钢铁相关产业信息化系统云服务平台""物联网智慧园区服务平台"及辅助软件，武钢工技集团先后与 CISCO、IBM、ORACLE、烽火科技等企业，香港科技大学、武汉大学、武汉理工大学等著名高校以及中国物流技术研究所等机构合作成立产业联盟，将武钢系统化的企业核心软件自动迁移到相关产业云环境中，并形成变粒度云服务的技术方法。武钢与中国移动公司合作共建武钢高新产业园智慧园区桌面云，预计 2014 年达 3 000 个。

武钢先后研究出新产品 10 项，获得专利和软件著作权若干项。这些产品包括云计算环境中按需服务选择系统、基于本体的语义互操作性管理工具、云服务资源搜索和挖掘工具、云服务超市管理工具、服务质量敏感的自适应服务组合支撑系统与多租户模式数据隔离和数据迁移工具、云服务运行实时监测与动态匹配系统以及钢铁相关产业信息化系统云服务平台。

正在开发中的企业软件云服务化平台，将构建武钢相关产业统一软件平台，以"PaaS＋SaaS"方式提供变粒度的云服务来满足变化频繁、形式多样的企业应用需求。

推进云服务化进程

下一步，武钢将推进物流业务管理（SaaS）功能开发、端到端的供应链可视化应用系统开发工作。后者分为三个部分：一是集中需求管控（包括需求驱动的补给、需求预测、库存优化、时间管理、S&OP支持模块），二是供应能力集中管控（包括库存优化、供应商协同、KPI可视性、动态供需平衡模块），三是运筹集中管控（包括追踪与监控、路径优化、KPI可视性、RFID应用模块）。

与此同时，武钢还将推进新一代钢铁信息化——基础设施规划设计工作，完善管控中心（整个业务及信息系统的管控中心）、智能化工厂（现代钢铁企业将信息化能力融入工作环境管理的具体表现）、云计算环境（最先进的对IT计算资源的使用及管理进行有效及自动化管理的方法）、虚拟化动态计算资源池（最大限度利用计算资源以控制总体成本的服务器及存储建设方法）、园区及数据中心网络（所有信息传递及业务单位交互的重要基础）以及园区及数据中心基础设施（提供整个园区及数据中心的信息系统运行环境，也是绿色环保的保证）、IT运维管理体系（确保IT交付可靠服务的关键体系）、信息安全管理（确保信息完整性、可用性、保密性的重要手段）、灾难备份体系（确保业务连续的重要措施）等的建设。

在云制造架构的研究方面，武钢根据新厂区的实际状况，规划的IaaS云服务为桌面云和基础架构云，PaaS采用应用运行平台云，SaaS将先实施通用办公平台云。云计算业务将实现资源共享和统一计算资源池管理，最终利用桌面云、基础设施云、应用运行平台云、公共应用服务平台云等各类云环境，在服务受理、服务供应、服务保障、服务计量、服务收费等方面提供云服务管理与支撑。

思考：

与传统信息技术相比，云计算和物联网在传统企业的转型发展中发挥了哪些独特的作用？云计算技术、物联网技术还有哪些可能的应用领域，会给这些领域带来怎样的变化？

第4章 管理信息系统的开发

【知识导航】

管理信息系统开发的特点、原则；
管理信息系统的开发方式；
结构化系统开发的基本思想、开发过程及优缺点；
快速原型法的基本思想、开发过程及优缺点；
面向对象开发方法的基本思想、开发过程及优缺点；
管理信息系统开发项目管理的特殊性；
管理信息系统开发项目管理的内容。

管理信息系统的开发是指从立项开始，经过分析、设计、实施直到运行和评价为止的整个过程。管理信息系统的开发是一项费时费力的艰巨复杂的系统工程，必须遵循科学的开发策略，采用科学的开发方法，并对开发的过程进行严格的管理和控制，才能保证管理信息系统开发的成功。本章主要讲述管理信息系统开发的特点、方式与方法以及把管理信息系统的开发作为一个项目如何管理等内容。

4.1 管理信息系统开发概述

4.1.1 管理信息系统开发的特点与原则

1. 信息系统开发的特点

信息系统开发的任务是根据企业管理的战略目标、规模和性质等具体情况，建立一个适合于现代企业管理要求的软硬件相结合的信息系统。而实际上，许多已开发的信息系统带来的效益远远达不到预期的效果，为使信息系统开发成功，我们需要对信息系统开发的特点有所了解。

（1）系统开发的复杂性高

首先，系统开发涉及企业内部各级机构、人员以及企业的外部环境，不同企业的内部构成、功能以及所面临的环境都有所不同，这就要求开发者必须重视和深刻理解企业面临的内外环境和发展趋势，考虑管理体制、人的习惯、心理以及现行惯例、社会和政治等多种因素。其次，信息系统信息量大、覆盖面广、形式多样，网络推动以客户为中心使得系统开发内容具有高度复杂性。另外,实现系统功能必须要利用先进的技术手段,包括微电子技术、光电子技术、通信和网络技术、感测技术和显示技术等,这是一个内容十分广泛的技术群,技术手段的复杂性也是系统开发所必须面对的问题之一。

(2) 用户需求呈现多样性

网络经济环境下,新的商业模式层出不穷,企业在市场竞争中不断地追求个性化特征,以吸引更多消费者,创造更高的企业效益。企业需求的变化是系统开发面临的十分重要的问题。软件开发者的研发理念和产品越来越难以满足企业灵活多变的个性化需求,对市场需求和响应速度的考虑不足。另外,即使是在一个企业内部,各部门、各类人员的信息需求也不尽相同。用户需求的细分催生了系统开发的多样性。

(3) 产品的无形性

信息系统是反映人类智慧活动的应用形式,是典型的无形产品。它不像机器设备等有形产品的生产那样,加工过程可以观察、度量和检测,便于控制质量。信息系统是存储在计算机系统内的程序和数据,是无形的。系统生产过程是开发人员的智力活动过程,即使设计目标和功能相同,不同开发人员开发的系统也不会完全相同,除开发者外,其他人很难理解。

(4) 系统开发过程与管理活动密切集合

信息系统开发的核心任务是设计出适合企业管理要求的软件,因此,开发人员要积极了解管理实践,了解企业各类人员的工作职责和实际步骤,才能恰当地利用信息技术,使其发挥最有效的作用。同时,信息技术作为一种先进生产力,在企业的应用中必然会带来管理领域的变革。变革会产生阻力,但变革的成效又是显著的。系统开发不能迁就现行的管理模式,完全模仿手工方式,把计算机当算盘,这样不仅不能充分发挥信息技术的潜力,开发出的系统也是没有生命力的。

2. 信息系统开发的原则

(1) 目的性和整体性原则

信息系统有其目的性,即及时、准确地收集企业数据,经过加工形成信息,保障信息的畅通,为企业决策、经营、计划和控制活动提供依据。在信息系统开发的整个过程中,开发人员要始终以是否为企业各项决策、经营、计划和控制活动提供依据为出发点和归宿,对系统需求、实现功能加以及时了解和分析,并时刻牢记于心。同时,为了使开发的新系统能更好地实现原有系统的基本功能和用户新的功能,系统开发应强调整体性,先进行整体设计,然后分步开发实施,即先确定逻辑模型,再设计物理模型的开发思路。

(2) 安全性和可靠性原则

现代化的信息系统本身变得越来越复杂,开发一个大型系统所需要依靠的技术也越来越多样化,需要考虑的问题也越来越多。很多系统开发者由于没有掌握和利用必要的控制安全性的技术,无法妥善解决相应的问题,把时间耗费在事后补救上,使得开发的效率大为降低。因此,应在系统开发的初始就充分考虑安全性问题,并贯彻始终。同时,系统在使用中发生失效(不可靠)会导致任务的失败,应在系统开发过程中,对可能发生的失效进行分析,采取必要的措施避免将引起失效的缺陷引入系统。系统可靠性开发的实质是在常规的开发中,应用各种必须的方法和技术,使系统开发在兼顾用户需求的同时,全面满足可靠性的要求。

(3) 实用性和经济性原则

衡量一个系统的好坏不是看它投入了多少资金、如何的先进,而是看它是否真正满足用户需求,是否真正实用。因此,在进行系统的开发时,应始终不忘实用性原则,努力保证投资花在实处,保证建设出来的系统切切实实是所需要的,而不是一个富丽堂皇的空架子,光有外表而没有实际的内容。要在设计上充分考虑当前各业务层次、各环节管理中数据处理的便利和可行,把满足用户业务管理作为第一要素进行考虑;用户接口及界面设计充分考虑人体结构特征及视觉特征进行优化设计,美观大方,操作简便实用。简而言之,实用性和经济性原则就是要在完成系统目标的基础上,力争用最少的资源办最多的事。

(4) 可扩展性和易维护性原则

理想的系统要能经常与外界环境保持最佳的适应状态,顺利地与外界进行信息交换。信息系统的开发,既不能盲目追求技术的先进性而采用不成熟的技术,造成系统不能正常运行或运行不可靠、不稳定;也不能起点太低,可扩展性差,采用过分落后的技术途径,造成系统功能弱、性能差和维护难。

4.1.2 管理信息系统开发的组织结构

系统开发领导小组是领导整个系统开发工作的组织部门,负责对开发工作的规划、计划、资金预算等工作的审核;协调各机构对信息系统数据流程、工作制度、数据标准等事项需求的统一;安排参加各阶段开发工作的人员及任务;组织召集各类人员对各阶段开发工作的方案文件、说明书等进行审核,并负责对系统开发实施后进行最终的验收和评审。在开发大型系统时,应将领导小组设为常设机构。典型的系统开发领导小组组织机构形式如图4.1所示。

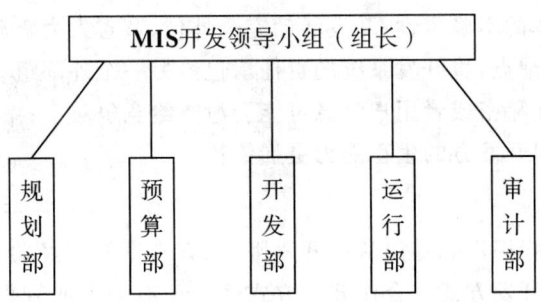

图 4.1 开发领导小组组织机构形式

按照"一把手"的原则,领导小组应由系统开发企业的最高层领导任组长,企业各业务部门的负责人为组员,以保持机构的权威性,并有利于协调与系统开发密切相关的部门之间相互配合,同时应考虑吸收承担系统开发工作的负责人为组员,便于开发者与用户之间的协调。

系统开发的组织工作要按照系统开发的总体规划、系统分析、系统设计、系统实施与评价的过程来进行。其任务就是合理地配置人、财、物等资源,高质量地按时完成各阶段的工作内容,保证整个系统开发工作的成功。

其实,在安排具体的工作之前,还有一项非常重要的工作,即确定一种合适的开发方式。

4.1.3 管理信息系统的开发方式

1. 自主开发

自主开发又称最终用户开发,指用户依靠自己的力量独立完成系统开发的各项任务。自主开发适合于有较强的管理信息系统分析与设计队伍和程序设计人员、系统维护使用队伍的组织,如高等院校、研究所、计算机公司等。

自主开发方式的优点是:开发费用较少,容易开发出适合本单位需要的系统;用户对自己设计和开发的系统更容易接受并乐于使用;用户能够全面地控制系统开发的整个过程;系统维护方便。

自主开发方式的缺点是:当用户和系统开发者的职能区分不再明显时,系统将缺乏充分的评审分析;自主开发的系统常常快速地建立,没有一套正规的开发方法,系统缺乏适当的标准、控制和质量保障过程;难以摆脱组织习惯性的管理方式的影响,不易开发出高水平的系统。

2. 委托开发

委托开发又称资源外包,是指由用户聘请专门从事开发服务、有丰富开发经验的外部组织按照用户需求进行系统开发的一种方式。委托开发方式适合于没有管理信息系统分析、设计及软件开发人员,或开发队伍力量较弱、但资金较为充足的组织。在开发过程中,用户需要配备精通管理业务的人员参与开发方案的研究、监督开发进程,从而保证系统质量。

委托开发方式的优点:省时、省事,系统的技术水平较高;双方事先针对费用进行签约,减少用户支出成本的不确定性;开发活动完全外包,节省人力资源。

委托开发方式的缺点:将开发系统的责任承包给另一个外部组织时,用户可能失去对系统职能的控制;商业秘密或者用户信息可能会泄露给竞争对手;系统维护需要开发方的长期支持,使得用户对开发方的生存能力更加依赖。

3. 合作开发

合作开发方式是指用户和专门从事开发服务、有丰富开发经验的外部组织共同完成系统开发任务的一种开发方式。合作开发方式适合于有一定的管理信息系统分析、设计及软件开发人员,但开发队伍力量较弱,希望通过管理信息系统的开发建立、完善和提高自己的技术队伍,便于系统维护工作的组织。合作开发实际上是一种半委托性质的开发工作,在开发过程中,用户需要建立一个由精通管理业务的人员和计算机技术人员共同组成的小组,与外部组织一起进行系统分析和设计,并以用户为主开展系统转换和管理、维护工作。

合作开发方式的优点是:有利于用户计算机应用队伍的培养与提高,可以培养、增强用户的技术力量,便于系统维护工作;相互支持和沟通,弥补技术或是业务上的不足,系统实用性强、技术水平较高。

合作开发方式的缺点是:有合作就需要有沟通,双方在合作中沟通易出现问题,需要双方及时达成共识,进行协调和检查。

4. 购买现成软件包

软件的开发正在向专业化方向发展,一些专门从事管理信息系统开发的公司开发出大量的功能强大的软件包。企业可以购买现成的应用软件包建立信息系统,这种方式适用于业务简单的组织或是大型组织内部某一部门建立信息系统。在开发过程中,用户根据自己的需求,在系统分析的基础上,选择一款市场上专门从事信息系统开发的公司已经开发出的符合要求的专项业务管理信息系统软件,直接购买使用。

购买现成软件包的优点:软件产品可靠性、稳定性高,反映了先进的企业管理思想。系统技术水平高,开发周期短,节省时间,总体费用比较低。

购买现成软件包的缺点:现成软件包往往具有通用性,对于组织的特殊需求难以充分考虑,需要进行二次开发,使其适合用户的特殊需求。

另外近年来出现的云计算服务,又为信息系统的开发提供了另外一种方式。云计算即网络计算,是通过网络"云"将巨大的数据计算处理程序分解成无数个小程序,然后,通过多部服务器组成的系统进行处理和分析这些小程序得到结果并返回给用户。云计算环境下,管理信息系统逐渐朝着服务的趋势发展,企业可以根据自身需求租用其服务,云计算可提供三个层次的服务,即基础设施即服务(IaaS)、平台即服务(PaaS)和软件即服务(SaaS)。IaaS通过互联网提供数据中心、基础架构硬件和软件资源,还可以提供服务器、操作系统、磁盘存储、数据库和/或信息资源。PaaS是提供了基础架构,软件开发者可以在这个基础架构之上建设新的应用,或者扩展已有的应用,同时却不必购买开发、质量控制或生产服务器。SaaS是最为成熟、最出名,也是得到最广泛应用的一种云计算。它是一种软件分布模式,在这种模式下,应用软件安装在厂商或者服务供应商那里,用户可以通过某个网络来使用这些软件,通常使用的网络是互联网。IaaS、PaaS和SaaS这三种模式以外包形式减轻企业负担,降低管理、维护服务器硬件、网络硬件、基础架构软件和应用软件的人力成本。

综上所述,以上开发方式各有利弊,在选择时,要根据组织信息化程度、技术力量、资金情况和外部环境等各种因素进行综合考虑,选择最合适的开发方式。

4.2 管理信息系统的开发方法

管理信息系统开发至今已形成了许多不同的方法,最常见的四种信息系统开发方法是结构化系统开发方法、快速原型法、面向对象开发方法和计算机辅助软件工程法。

4.2.1 结构化系统开发方法

20世纪70年代,西方发达国家在不断的摸索中,吸取了以前系统开发的经验教训,总结出了系统结构化分析与设计的方法即结构化系统开发方法。它是自顶向下的结构化方法、工程化的系统开发方法和生命周期方法的结合,是迄今为止开发方法中最传统、应用最广的一种。

1. 结构化系统开发方法的基本思想

结构化系统开发方法的基本思想是用系统工程的思想和工程化的方法,按用户至上的原则,结构化、模块化、自顶向下地对系统进行分析与设计。具体地说,首先,将整个信息系统开发过程看作是一个生命周期;而后,将生命周期划分成若干个相对比较独立的、相互连接的阶段,如系统规划、系统分析、系统设计、系统实施等;明确每个阶段的任务,产生相应文档并将上一个阶段的文档作为下一个阶段工作的依据。

2. 结构化系统开发方法的开发过程

结构化系统开发方法将整个系统开发过程划分成五个首尾相连的阶段,主要包括系统规划、系统分析、系统设计、系统实施、系统运行和维护。

① 系统规划阶段。系统规划阶段是管理信息系统的起始阶段。这一阶段的主要任务包括:根据组织的整体目标和发展战略确定管理信息系统的发展战略,明确组织总的信息需求,制定管理信息系统建设总计划,将新系统建设方案及实施计划编成系统规划报告。

② 系统分析阶段。这一阶段又称为逻辑模型设计阶段,该阶段的主要任务是根据系统规划报告中所确定的范围,对现行系统进行初步调查及可行性分析,指出现行系统的局限性和不足之处。进而描述现行系统业务流程,通过分析数据与数据流程、功能与数据之间的关系,确定新系统的基本目标和逻辑功能,即提出新系统逻辑模型,并把最后成果形成系统分析说明书,作为系统设计的依据,也是将来系统验收的依据。

③ 系统设计阶段。这一阶段又称为物理模型设计阶段,系统设计阶段的任务是依据系统分析说明书来进行新系统的物理设计。主要任务包括:设计实现逻辑模型的技术方案,即提出新系统的物理模型,进行总体结构设计、代码设计、数据库/文件设计、输入/输出设计和模块结构与功能设计,并把设计方案以设计说明书形式表达出来。

④ 系统实施阶段。系统实施阶段是根据系统的物理设计来构造一个物理的新系统。主要任务是:根据系统设计说明书,进行软件编程(或者是选择商品化应用产品,根据系统分析和要求进行二次开发)设计、调试和检测、硬件设备的购入和安装、人员的培训、数据的准备和系统试运行。新系统经一段时间的试运行后,要评价系统开发的质量,如果发现问题应及时改正,如果属于上阶段问题也应返回上阶段做出修正。事实上,质量评价工作在每个阶段结束后都应进行。

⑤ 系统运行和维护阶段。经评价认可的系统可以正式交付使用,新系统便进入了长期的运行和维护阶段,直到被更新的系统所取代。这一阶段的主要活动是:系统转化,新系统正式替代原系统;对日常运行情况进行记录;系统维护及对维护的评价,提交维护报告和维护评价报告;培训用户,提高系统应用效果。系统运行若干年之后,如果出现了不可调和的大问题,或者系统运行环境已发生了根本的变化时,用户则会进一步提出开发新系统的要求,这标志着老系统生命的结束,新系统的诞生。

3. 结构化系统开发方法的优缺点

优点：①整体思路清楚，注重开发过程的整体性和全局性，在系统分析和设计时，可以诊断出原系统中存在的问题和结构上的缺陷，这是其他方法难以做到的。②它把整个开发过程划分为若干个阶段，每个阶段都有相对独立的任务和严格的标准，前一个阶段工作的成果是后一个阶段工作的依据，工作进度比较容易把握，有利于系统开发的总体管理和控制。

缺点：①这种方法开发过程过于烦琐，周期过长，工作量太大，系统开发尚未完成，而内外环境已经变化，对系统的需求也发生了变化。②要求系统开发人员在调查中充分掌握用户需求、管理状况以及可预见未来可能发生的变化，不符合人类的认识规律。③效率低，成本高。结构化系统开发方法适用于大型、复杂、高度结构化且完全可定义的管理信息系统的开发。

4.2.2 快速原型法

快速原型法是20世纪80年代随着计算机技术的发展，特别是在关系数据库系统、第四代程序生成语言和各种系统开发生成环境产生的基础之上，提出的一种新的系统开发方法。与结构化系统开发方法相比，快速原型法放弃了对现行系统的全面、系统的详细调查与分析，而是根据系统开发人员对用户需求的理解，在强有力的软件环境支持下，快速开发出一个实实在在的系统原型，并提供给用户，与用户一起反复协商修改，直到形成实际系统。

1. 快速原型法的基本思想

"原型"是新系统的一个样品，一个早期可运行的版本，它能够反映新系统的部分重要功能和特征。快速原型法要求在获得一组基本的用户需求后，迅速开发出新系统的一个"原型"。具体地说，在系统开发的开始阶段，首先由用户和开发者合作，在系统的主要需求上取得一致意见；而后，开发者很快开发出一个功能不十分完善的、实验性的、简易性的应用软件系统，即"原型"；用户在运行使用这个原型的基础上，对其进行评价，提出改进意见，开发者根据意见对原型进行修改；评价和修改过程反复进行，直到原型完全满足用户需求为止。

2. 快速原型法的开发过程

快速原型法从一个能满足用户基本需求的原型系统开始，允许用户在开发过程中不断提出要求并完善系统。快速原型法实质上是一种迭代的循环型的开发方式。如图4.2所示。

① 调查用户的基本需求。系统开发人员对组织进行初步调查，与用户进行交流，收集各种信息，进行可行性分析，从而发现和确定用户的基本需求。

② 开发一个原型系统。系统开发人员根据用户的基本需求，在强有力的工具软件支持下，最好采用第四代软件工具，迅速开发一个初始原型。通常，初始原型只完成系统的主要功能，包括用户界面，如数据输入屏幕和报表等。初始原型的质量至关重要。

③ 用户试用原型。用户试用原型系统进行工作，获得最直接的感受，并对原型的各

个方面进行评价,提出修改意见。

④ 修改并提高原型。根据上一阶段所发现的问题,系统开发人员和用户共同修正、改进原型,得到最终原型。③和④需要多次反复,直至用户满意为止。

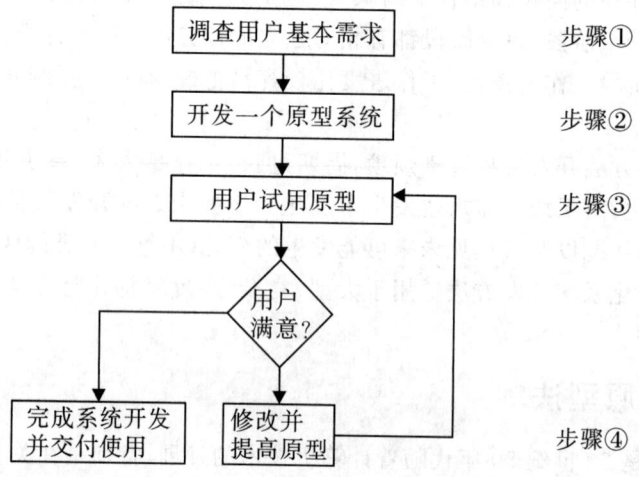

图 4.2　快速原型法开发过程

判定原型是否被认可为一个可使用的系统就是判断有关用户的各项需求是否最终实现。如果已经实现,则进入整理原型、提供文档阶段,包括用户的需求说明、新系统的逻辑方案、系统设计说明、数据字典、系统使用说明书等。

3. 快速原型法的优缺点

优点:快速原型法鼓励用户参与到整个系统开发过程中去。由于用户从开发设计过程一开始就与系统打交道,在对原型进行评价和精炼过程中,用户自始至终都积极地参与设计工作,因此原型法开发的系统更容易满足用户需求。特别是原型法被用于决策应用开发时,有可能避免开发成本超支,并减少由于需求不能被一次性满足而产生的设计错误。经过很短时间用户就能得到一个实际的工作系统,虽然只是一个样品,但用户的满意程度和使用信息会逐步提高。

缺点:快速原型法缺乏细致的需求分析、结构化的设计和详尽的文档资料,不可能完全取代传统的开发方法和工具,当前能用于原型法的工具还十分有限。原型法建立的基础是最初的解决方案,以后的循环和重复都在以前的原型基础上进行,如果最初的原型不适合,则系统开发会遇到较大的困难。原型法实施过程中没有正规的分阶段评价,因而对原型的功能范围的掌握有困难,由于用户的需求总在改变,系统开发可能永远不能结束。快速原型法不适合开发大型管理信息系统,而那些简单的数据操作和记录管理的应用比较适合用快速原型法开发。

4.2.3　面向对象开发方法

面向对象开发方法是20世纪80年代由面向对象的程序设计方法逐步发展起来的。最初用于程序设计,后来扩展到系统开发的全过程,出现了面向对象的分析与设计。它为管理信息系统的开发提供了全新思路,是目前最重要的开发方法之一。

1. 面向对象开发方法的基本思想

面向对象开发方法认为,客观世界是由各种各样的对象所组成的。对象是在原来事物基础上抽象的结果,每种对象都有各自的内部状态和运动规律,不同的对象之间的相互作用和联系就构成了各种不同的系统。我们设计和实现一个客观系统时,如果能在满足需求的条件下,把系统设计成由一些不可变的部分组成的最小集合,这个设计就是最好的。因为它把握了事物的本质,不再会被周围环境的变化以及用户没完没了的变化需求所左右,而这些不可变的部分就是所谓的对象。客观世界是由对象所组成的,任何复杂的事物都可以通过对象的某种组合而构成。面向对象开发方法正是以对象作为最基本的元素和分析问题、解决问题的核心。

面向对象开发方法使设计的软件尽可能直接地描述现实世界,可以构造模块化、可重用、维护性好的软件且能控制软件的复杂性和降低开发费用。

2. 面向对象开发方法的基本概念

(1) 对象

对象是现实世界中具有相同属性、服从相同规则的一系列事物的抽象,是客观事物在计算机世界里的表示。对象由一组数据和施加于数据上的操作构成,其本质是数据与操作的封装,包括对象的标识、数据、操作和接口。①标识即对象的名称,用来区别不同的对象;②数据是描述对象属性的存储和数据结构,表明对象的一种状态;③操作即对象的行为,一类是对象自身承受的操作,即操作结果修改了自身原有属性状态,一类是施加于其他对象的操作,即将输出结果作为消息发送的操作;④接口是指对象受理外部消息所指定操作的名称集合。

(2) 类

类又称对象类,类是具有相同属性和相同行为描述的一组对象的集合,它为属于该类的全部对象提供了统一的抽象描述。类中最基础的称为基类,用户可以从基类中派生出许多子类。子类是在继承基类的基础上,又增加了一些新的特征与功能。

(3) 属性

属性是对象外观及行为的特征。对象的属性可以在建立对象时从其所属的类继承,也可以在对象创建或运行时进行修改和设置。

(4) 事件

事件是对象可以识别和相应的行为与操作,由用户或系统触发,是固定的,也就是说,用户不能再创建新的事件。

(5) 消息

消息是向对象发出的服务请求。客观世界的各种事物都不是孤立的,而是相互联系、相互作用的。为能反映出对象之间的相互联系和作用,需要在它们之间发布和传递消息,即向其他对象发出服务请求。消息体现了对象的自治性和独立性,对象间可以通过消息实现交互,模拟现实世界。

3. 面向对象开发方法的开发过程

根据对象的特征，按照面向对象的基本思想，可将其开发过程分为四个阶段：

① 系统调查和需求分析。对所要研究的系统面临的具体管理问题以及用户对系统开发的需求进行调查研究，即先解决系统要干什么的问题。

② 分析问题的性质和求解问题。在繁杂的问题域中识别抽象出对象及其行为、结构、属性和方法等。其实质是面向对象的系统分析 OOA。

③ 整理问题。根据系统分析阶段的文档资料，做进一步地抽象、归类、整理，最终以范式的形式确定下来，形成系统雏形。其实质是面向对象的系统设计 OOD。

④ 系统实现。根据系统设计阶段的文档资料，运用面向对象的程序设计语言加以实现。其实质是面向对象的程序设计 OOP。

4. 面向对象开发方法的优缺点

目前，人们面向对象系统开发的经验还不够丰富，因此对这种方法进行评价还为时过早，但就其当前在系统开发中的应用来看，面向对象的方法开发周期短，费用低；对象之间可以互送消息，其思维方法更接近人类的思维方式；避免了其他开发方法在开发过程中的不一致性和复杂性。缺点是：开发者有时很难正确识别出对象，对面向对象开发方法的滥用导致了过度设计。面向对象开发方法适用于较小的、简单的系统的开发。

4.2.4 计算机辅助软件工程方法

随着计算机技术的进步，系统开发正在向集成化和自动化的方向发展。20 世纪 80 年代末期出现了计算机辅助软件工程（简称 CASE）。CASE 是集图形处理技术、程序生成技术、关系数据库技术和各类开发工具于一身的系统开发方法，即借助专门的软件工具来实现系统开发的方法。

CASE 是从计算机辅助编程工具和 4GL 语言发展而来的大型综合计算机辅助软件工程开发环境。因此，CASE 可以进行各种需求分析、功能分析，生成各种结构化图表，如数据流程图、实体—关系图、模块结构图等，能支持系统开发的整个生命周期。从本质上来看，CASE 必须结合一种具体的开发方法，CASE 方法只是为具体的开发方法提供了支持每一过程的专门工具。

CASE 解决了从客观对象到软件系统的映射问题，支持系统开发的全过程；提高了软件质量和软件重用性；简化了软件开发的管理和维护；能够自动生成各种开发文档。但 CASE 仍是一个发展中的概念，各种 CASE 软件也较多，没有统一的模式和标准。

上述四种管理信息系统开发方法的分类并不是绝对的。由于这些方法之间有不少交叉的内容，分类并非在同一纬度上进行，所以，在概念上有不清晰的地方。例如，用结构化系统开发方法的时候，也可能部分地采用快速原型法。应当指出的是，系统开发是一项复杂的工程，不仅与计算机技术密切相关，而且涉及用户的管理环境。系统开发的方法很多，但至今还没有一种完全有效的方法能够很好地完成各类系统的开发任务。

4.3 管理信息系统开发的项目管理

信息系统的开发是一项复杂而艰巨的系统工程,存在很多不确定因素。为了保证信息系统开发的顺利进行,确保开发成功,需要按项目管理方式对信息系统开发过程进行管理,并且要考虑信息系统开发项目的特殊性。

4.3.1 项目管理

项目管理是指在一定资源如时间、资金、人力、设备、材料等约束条件下,为了高效地实现项目的目标,按照项目的内在规律和程序,对项目的全过程进行有效地计划、组织、协调、领导和控制的系统管理活动。项目是目标明确、阶段性强和有明显的生命周期的一次性任务。项目管理是运用系统科学的原理对工程项目进行计划、组织与控制的系统管理办法。它面向所有工程项目的管理,当然也包括信息系统工程项目。

4.3.2 管理信息系统开发项目管理的内容

与其他项目管理一样,信息系统项目管理也涉及项目研制中的人员配备、计划制订、进度估计、资源使用等。鉴于信息系统项目的上述特点,我们重点介绍信息系统项目的人员管理、成本管理和进度管理等。

1. 人员管理

信息系统开发是智力密集、劳动密集的项目。在项目开发中需要各种类型的人员,一般分为负责项目组织和管理工作的管理人员和进行具体开发工作的专业技术人员,具体有系统管理人员、系统分析人员、系统设计人员、程序员等。

人在信息系统开发中既是成本,又是资源。一方面,由于人力成本在信息系统开发成本构成中所占的份额较大,所以必须从成本角度对信息系统项目的人力资源进行平衡,尽量使人力资源的投入最小;另一方面,由于人力资源是信息系统项目中的一项资源,所以必须采取有效的措施,尽可能地发挥人力资源的价值,使人力资源的产出最大。

(1) 人力资源平衡

信息系统开发的人力分配大致符合 Rayleigh-Norden 曲线的分布,呈现出前后用人少、中间用人多的不稳定人员需求情况,如图 4.3 所示。开始阶段人力过剩,造成浪费(如图 4.3 中①所示),到开发后期需要人力时,又显得人手不足,再补充为时已晚(如图 4.3 中③所示)。因此,在制订人力资源需求计划时,就要在基本按照 Rayleigh-Norden 曲线配备人力的同时,尽量使某个阶段的人力稳定,确保整个项目人员波动不要太大,做到人力资源的平衡。

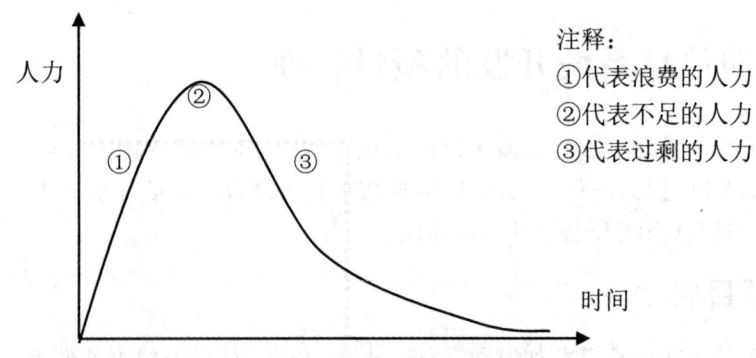

图 4.3　人力分配的 Rayleigh-Norden 曲线

(2) 人力资源价值

在开发过程中人员的合理组织和使用,是影响人力资源价值发挥的关键因素。人员的组织形式一般有两种,一种是把参与系统开发的人员按照系统开发中的各种职能划分成不同的专业小组,如系统分析小组、系统设计小组、程序实现小组等,这种形式,每个小组成员从事某一项工作,便于管理和培训;另一种是把参与系统开发的人员按任务划分成小组,小组成员自始至终负责完成一个任务的分析、设计、实施测试等全部工作,这种减少了任务完成中的中间环节,人员沟通方便,不会互相推诿责任。

在建立工作小组时,要将具体的责任、权力、义务落实到每个人,减少开发人员彼此的工作接口联系,提高工作效率。另外还要协调不同类型人员之间的矛盾,比如技术人员往往从技术角度考虑问题,而管理人员则从管理角度考虑问题,二者之间就可能会产生矛盾,所以需要协调来加强人员之间的理解和沟通。

2. 成本管理

信息系统的开发是一种高投入的项目,故在系统开发整体过程中成本管理是一项至关重要的内容。成本管理的主要目的是保证在预算范围内完成项目任务。项目成本管理的主要内容包括资源规划、成本估算、成本控制。

(1) 资源规划

通过识别和分析,确定项目需要的各种资源,包括人力、财力和物资。

(2) 成本估算

估算完成各项活动所需资源的近似成本,并将成本估算结果分配到各活动中,形成成本预算计划。

(3) 成本控制

控制成本预算的变更,在项目实施过程中应定期将项目的实际成本与计划成本比较,发现问题及时纠正,使项目成本尽可能好地实现。

3. 进度管理

在实际工作中,为了保证按时完成预定目标下系统的开发任务,合理配置资源,提高工作效率,需要针对整个项目制定合理的实施进度计划。并对实施进度计划的执行进行组织、监督和控制。

(1) 进度计划

编制实施进度计划时,要首先确定开发阶段、子项目与工作步骤的划分;子项目之间的依赖关系与系统的开发顺序;各开发阶段、子项目与工作步骤的工作量,在以上准备工作完成的情况下,根据项目的总体进度要求,用实施进度计划编制的方法编制出具体的工作计划。常用的项目计划编制工具有甘特图、PERT 图等,这里主要介绍甘特图。

甘特图又称横道图,是基于二维坐标的条形图,横坐标表示任务持续时间,纵坐标表示工作任务。图 4.4 就是一个简单的利用甘特图编制的实施进度计划。

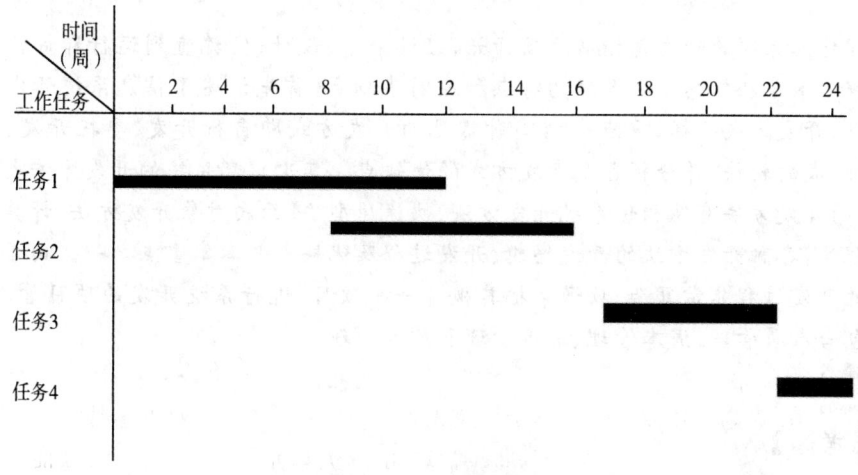

图 4.4　甘特图实例

甘特图形象地描绘了各项工作任务的分解与进度情况,它直观简明、容易掌握、容易绘制,在项目实施过程中,通常根据实际完成情况,用不同颜色涂改各项任务的横向线条,这样可以很直观地反映出项目的具体执行情况。

由于信息系统开发项目带有不确定性与不稳定性因素,工作计划不宜也不可能制定得过于具体,一般可在计划前预留一定的机动时间,随着计划的进行,情况会逐步明朗,因此可在计划落实过程中不断修订与充实。

(2) 进度控制

在信息系统开发项目实际开发中,很难按计划进度完成,因此对信息系统项目进度控制显得尤为重要。进度的控制通过计划执行的监督检查、计划延误的分析和解决等活动来实现。当计划发生延误时,要分析具体原因,采取有效措施,减少因此而带来的损失。针对不同的原因可能采取的措施有:

① 事先在计划中留有一定的宽裕时间,比如预设机动时间、工作步骤的工作量取上限。

② 开发过程中要经常与用户沟通,及时发现问题,减少返工现象。

③ 当关键路线上的活动延误时,要集中人力予以重点解决。

④ 上述措施难以有效解决问题时,可修改原计划。比如调整子项目的开发顺序、工

作步骤顺序等。必要时也可以删减个别子项目或降低局部指标要求。

4. 质量管理

质量管理是项目管理的重点和难点。在整个系统开发过程中,质量管理要做到:事前准备、过程监控和事后评审。事前必须严格挑选项目组成员、加强成员培训、正确选择系统开发方式和方法,建立严格的文档管理制度等;中间环节建立质量控制点,定期对系统质量进行检查和考评等;事后组织专家进行项目评审,做出综合系统评价。

【知识总结】

管理信息系统的开发是指从立项开始,经过分析、设计、实施直到运行和评价为止的整个过程。本章在信息系统开发的特点和原则基础上,首先讲述了信息系统开发的组织结构建设,开发方式选择,重点介绍四种常见的开发方式即自行开发、委托开发、合作开发、购买现成的软件,并分析各个开发方式的优缺点。其次信息系统的开发方法也需要确定,现行的开发方法有结构化系统开发方法、快速原型法、面向对象开发方法、计算机辅助软件工程法,各种开发方法的开发思想、开发过程及优缺点是本章重点之一。由于管理信息系统的开发过程非常复杂,故通常把其视作一个项目,进行系统开发的项目管理,管理的内容包含人员管理、成本管理、进度管理和质量管理。

【思考题】

1. 信息系统管理的目的和任务是什么?按大致的系统生命阶段划分,相应的管理内容有哪些?
2. 简述结构化系统开发方法的优缺点。
3. 结构化系统开发方法的过程有哪些?
4. 简述快速原型法的基本思想。
5. 快速原型法优缺点是什么?
6. 试比较结构化系统开发方法、快速原型法和面向对象的开发方法的优缺点及适用情况。
7. 面向对象开发方法的特点有哪些?
8. 管理信息系统开发的方式及优缺点有哪些?

【案例 4.1】

是外包还是不外包

零售商 S 公司和 H 银行乍看起来好像没有什么共同点,然而这两个公司的首席信息官(CIO)曾面临着相同的问题,这个问题就是资源外包还是不外包。

当 S 公司集中精力与 Target 和 Walmart 等其他公司竞争的时候,CIO Kelly 加入了该公司，开始致力于转变公司的 IT 部。Kelly 在工作时感觉到公司过时的、不可靠的技术架构是一个大问题。很多现象都表明公司没有适当的投资，也不具备使基础架构与公司目标保持一致的能力水平。这些现象包括网络故障、CPU 故障、延迟的恢复时间和根源分析，以及缺乏数据的冗余、备份与恢复。

Kelly 知道 S 公司是一家零售企业，而不是技术公司。同时，他感觉到架构在很大程度上可以说是一种日用品。如果他采用资源外包，就可能使一部分员工（那些支持核心任务的员工）丧失职业发展的最好机会。所以，他开始调查最能节省时间并且带来最大经济效益的革新以转化 IT 架构。

到了最后，S 公司对于资源外包的决定没有陷入"资源外包与否"的争论，而是在于对公司走向的分析。经过 9 个月的分析，S 公司的经理们权衡了 IT 架构的资源内包与外包的时间和成本，对比了资源内包对员工的影响和外包可能带来的机会。这些工作表明资源外包能够使 S 公司从分散的结构中获得最大化价值，更快地实现架构稳定的目标，节省大量的资金，避免雇用大量的技术专家，同时不用要求员工来开发新的零售系统。Kelly 最终决定将架构的工作外包。

而 H 银行的储蓄借贷系统已经外包给了一家资源外包商。这家资源外包商一直希望能够获得一些金融服务的业务流程外包（Business Process Outsourcing，BPO）市场。Gottron 是 H 银行的 CIO，有 16 年在 IBM 工作的经验，他非常了解资源外包关系的性质。他主要担心的是资源外包协议在开始阶段缺乏管理，只有在随后的几年里才能带来收入。然而，Gottron 对外包业务过程的可能性还是尤感兴趣。

Gottron 曾经对国内 BPO 的基准和其他资源外包提供商的基准进行过对比，因此很清楚地知道在 BPO 的决策中银行的规模是主要因素。他们有 8 300 名员工，其中 500 名在 IT 部。外包决策的过程持续了 18 个月。H 银行最终选择了拒绝 BPO 并且保留内部的 IT，主要是基于经理们对于 IT 需要改进之处的理解、企业联盟、涉及的项目管理，以及从长期来看资源外包几乎节省不了钱，还可能给公司文化带来风险的事实。

思考：

总结 S 公司和 H 银行在资源外包决策中考虑的因素有哪些？什么情况下比较适合资源外包？

第 5 章　管理信息系统的系统规划

【知识导航】

管理信息系统的系统规划的基本内容；
诺兰模型的阶段；
企业系统规划法的基本思想、步骤及适用性；
关键成功因素法的基本思想、步骤及适用性；
战略目标集转化法的基本思想、步骤及适用性；
企业流程重组的概念；
企业流程重组与管理信息系统建设的关系。

规划指进行比较全面的、长远的发展计划，是对未来整体性、长期性、基本性问题的思考、考量和设计未来整套行动的方案。管理信息系统的系统规划就是基于组织发展目标、经营战略制定的信息系统建设与发展的整体思路和指导体系。本章讨论管理信息系统的系统规划。

5.1　管理信息系统的系统规划概述

5.1.1　管理信息系统的系统规划的必要性

建立管理信息系统对企业来说是一项耗资巨大、技术复杂、经历时间长的工程项目，而系统规划是管理信息系统建设过程的第一个关键阶段，凡事预则立，不预则废，如果缺乏科学有效的系统规划，将会给企业带来严重问题。例如，系统建设与组织发展的目标和战略不匹配；系统建成后对管理和业务状况并无显著改善；不能适应环境变化和组织变革的需要；企业内部"信息孤岛"，陷于 IT 投资黑洞与重复建设等问题。在管理信息系统建设中，人们达成了这样一种共识：如果一个操作的错误会造成几万元的损失的话，那么一个设计的错误就会损失几十万元，一个计划错误会损失几百万元，而一个规划错误能损失几千万元甚至上亿元。很多项目，由于没有系统规划和科学论证，"上马"时风光无限，"上马"后困难重重，想"下马"又骑虎难下，造成的损失不仅是巨大的，还是隐性的、长远的，为今后的系统建设留下隐患。

科学的规划可以有效回避这些问题或减小问题发生的概率，使系统具有良好的整体性、较高的适应性，建设工作具有良好的阶段性，以缩短系统的开发周期，节约开发费用。

因此，要克服管理信息系统建设中"重硬轻软"的片面性，把信息系统的系统规划摆到重要的战略位置上。

5.1.2 管理信息系统的系统规划的基本内容

管理信息系统的系统规划既包括指明信息系统总的发展方向的长期规划，也包括为确定作业和资金工作的具体责任提供依据的短期规划。通常认为，整个战略规划包含五个方面的基本内容。

1. 管理信息系统的目标、约束与总体结构

管理信息系统的目标确定了系统应实现的功能，为系统的发展方向提供准则；约束是对系统的外部环境、内部环境的准确分析，为系统界定清晰的边界；而总体结构规定了信息的主要类型和主要的子系统，为系统开发提供了框架。

2. 组织（企业、部门）当前的能力状况

实质是指组织当前拥有的信息环境，包括硬件、软件、应用系统情况，人员的配备情况，费用的投入和使用情况，已有项目的进展情况及评价，还包括组织的业务流程现状及其在新信息技术条件下的重组。

3. 企业业务流程现状

这包括组织的业务流程现状、存在的问题和不足及其在新信息技术条件下的重组。

4. 对影响规划的信息技术发展的预测

这里涉及的信息技术主要指计算机硬件技术、网络技术、数据库技术及办公自动化技术等。管理信息系统的系统规划必然要受到当前和未来信息技术发展的影响，对这些影响要有敏锐的察觉力，并在规划中体现。规划中合理地采用新技术，是使信息系统有较强生命力的保证。

5. 短期规划

在系统规划适用的期限内，应对即将到来的较短的一个时间段（如一年）做出相对具体的安排，包括硬件设备的采购时间表、应用项目开发时间表、软件维护与转换工作时间表、人力资源的需求以及人员培训时间安排和财务资金需求等。

需要注意的是，管理信息系统系统规划应不断的修改。人员的变化、技术的变革、组织自身的变化，甚至是一种新硬件或软件的出现，都可能影响到整个规划。除此之外，修改规划的原因还可能来自信息系统之外的变化，如财务限制、政府的规章制度、竞争对手采取的行动等。

5.1.3 管理信息系统的系统规划的作用

制定管理信息系统的系统规划的作用在于：

① 明确管理信息系统开发的总体目标和要求，并确保管理信息系统开发与企业的发展目标一致。

② 从整体上把握管理信息系统的开发，合理分配和利用信息资源（包括信息、信息技

术和信息生产者),节省信息系统投资,提高系统开发的效率。

③ 指导管理信息系统开发工作,用规划作为验收、评价系统的标准。

5.1.4 管理信息系统的系统规划的组织

制定管理信息系统开发规划,需要一个领导小组,并对有关人员进行培训,同时明确规划工作的进度。

1. 成立规划领导小组

规划领导小组应由组织的主要决策者之一负责。领导小组的其他成员最好是本组织中的业务骨干,他们的任务是完成有关数据及业务的调研和分析工作。

2. 培训人员

制定系统规划需要掌握一套科学的方法,为此,应组织对高层管理人员、分析员和规划领导小组的成员进行培训,使他们掌握制定规划的方法。

3. 规定进度

规定进度是为了对规划过程进行严格管理,避免因过分拖延而丧失信誉或被迫放弃。

5.2 管理信息系统的系统规划模型与方法

系统规划是管理信息系统建设过程中的关键步骤,而规划的设计需要合理的模型与方法作为指导。通常认为,模型刻画了管理信息系统的系统规划过程中的指导模式,方法描述了具体实施系统规划时的步骤。目前使用较多的管理信息系统规划模型有诺兰模型、战略一致性模型和三阶段模型。用于管理信息系统的系统规划的方法有很多,主要有企业系统规划法、关键成功因素法和战略目标集转化法,其他方法还包括企业信息分析与集成技术法、基于 BPR 的信息系统战略规划方法、投资回收法、零点预算法、收费法等。

5.2.1 诺兰模型

诺兰模型是西方国家进行管理信息系统的系统规划的指导性理论之一。西方发达国家信息系统发展经验表明:一个企业或地区信息系统的发展具有一定的规律性,一般要经历从初级到成熟的成长过程。诺兰总结了这一规律,于 1973 年首次提出了信息系统发展的阶段理论,被称为诺兰模型。到 1980 年,诺兰进一步完善该模型,把信息系统的成长过程划分为六个不同阶段,如图 5.1 所示。

诺兰模型反映了信息系统的发展阶段,并使信息系统的各种特征与系统发展的不同阶段对应起来,只要一个信息系统存在某些特征,就可以判断该系统处于哪一个阶段;诺兰模型指出,管理信息系统发展的各阶段是不可跳跃的,一个组织的信息系统在能够转入下一阶段之前,必须首先经过系统成长的前几个阶段。可见,如果能判断出一个组织目前所处的成长阶段,就能够对它的规划提出一系列的限制条件并制定针对性的规划方案。诺兰模型已成为管理信息系统系统规划工作最重要的指导框架。

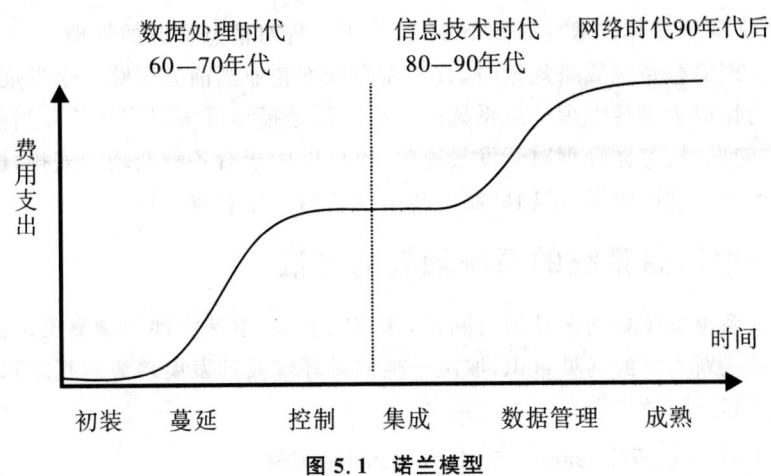

图 5.1 诺兰模型

1. 初装阶段

初装阶段是从企业购置第一台计算机开始,一般情况下,第一台计算机往往出现在财务或者是统计部门。在这一阶段,计算机的作用被初步认识,组织中只有少数人具有初步使用计算机的能力,发展较为缓慢。

2. 蔓延阶段

蔓延的基本解释为"向四周扩展延伸",个别部门计算机应用的成功,使其很快从少数部门扩展延伸到其他各个部门,并开发了大量的应用程序,企业的事务处理效率有了提高。在这一阶段,计算机处理能力得到飞速发展,但同时出现了许多有待解决的问题,如组织内部大量数据冗余、数据不一致等。

3. 控制阶段

计算机数量超出控制,企业对计算机投资增长迅速,但大量独立性的单项系统应用却带来很多矛盾。这就要求企业加强组织协调,限制盲目扩大计算机应用规模,抑制支出无序增长,对整个企业的系统建设进行统筹规划,特别是利用数据库技术解决数据共享问题。这一阶段是实现从以计算机管理为主到以数据管理为主转换的关键阶段,一般发展较慢。

4. 集成阶段

在控制的基础上,对子系统中的硬件进行重新联接,建立集中式的数据库和各种信息系统。由于重新装备大量设备,这一阶段预算费用又一次迅速增长。

5. 数据管理阶段

计算机信息处理系统为数据资源的统一管理奠定了基础,企业开始重视数据的加工处理,提高系统对企业业务的支持水平,在这一阶段,数据真正成为企业的重要资源。需要注意的是,20世纪80年代,美国大多数企业还处在第四阶段,因此,诺兰对数据管理阶段的描述并不详细。

6. 成熟阶段

信息系统的成熟表现在它与企业的目标完全一致,可以满足企业中各管理层次的要求,能够适应任何管理和技术方面的新变化,真正实现对信息资源的管理。

在制定管理信息系统战略规划时,首先需明确本企业当前处于哪一个发展阶段,进而根据该阶段的特征来指导管理信息系统的建设。诺兰模型既可以用于诊断当前处于何阶段、向什么方向发展、怎样管理对开发最有效,也可以用于对各种变动的安排,进而以一种可行方式进入下一发展阶段,是辅助制定战略规划的十分有益的指南。

5.2.2 管理信息系统的系统规划的方法

管理信息系统系统规划涉及的时间长,影响因素多,不确定性问题突出。合理的规划更多地取决于规划人员的远见卓识,取决于他们对环境及其发展趋势的判断和理解,各种规划方法只能起到辅助作用。

1. 企业系统规划法(Business System Planning,BSP)

20世纪70年代初,IBM公司提出了企业系统规划法,将其作为用于内部系统开发的一种方法。BSP主要是基于用信息支持企业运行的思想,旨在帮助企业制定信息系统的战略规划,满足企业短期及长期的各种信息需求。BSP方法较早地运用了面向过程的管理思想,是到目前为止影响最广的方法。

在总的思路上,它是自上而下识别系统目标,识别企业过程、识别数据,然后对数据进行分析,再自下而上设计管理信息系统以支持目标(如图5.2所示)。这样设计的管理信息系统能够支持企业目标的实现,表达所有管理层次的要求,向企业提供一致性信息,对组织机构的变动具有适应性。BSP方法从企业目标入手,逐步将企业目标转化为管理信息系统的目标和结构,从而更好地支持企业目标的实现。

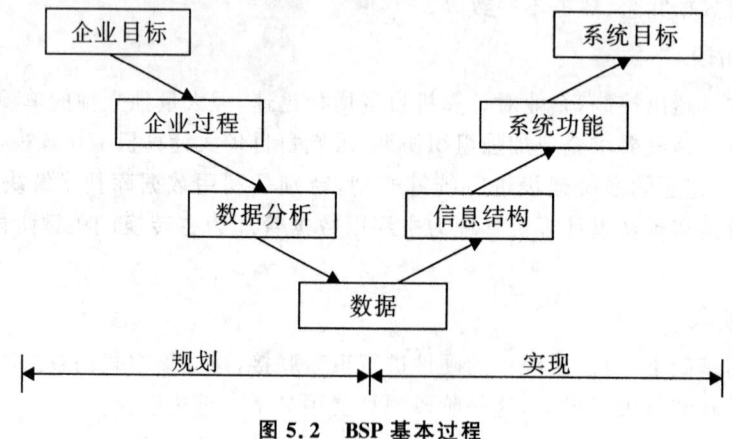

图5.2 BSP基本过程

BSP方法是把企业目标转化为信息系统战略的全过程,其实施步骤如图5.3所示。

第5章 管理信息系统的系统规划

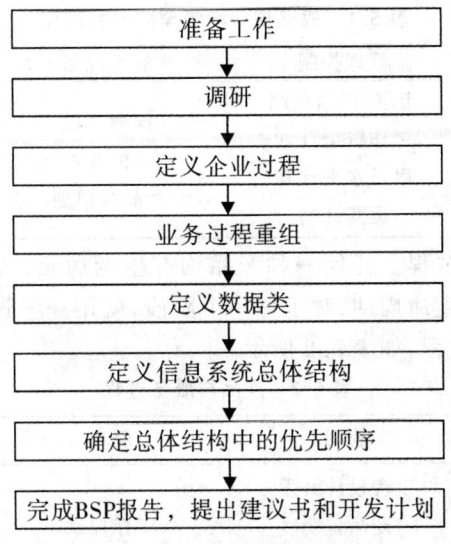

图 5.3 BSP 实施步骤

(1) 准备工作

成立由企业最高领导牵头的规划委员会,下设一个规划研究小组,提出工作计划。

(2) 调研

规划研究小组成员通过查阅资料,深入各级管理层,了解企业有关决策过程、组织职能和部门的主要活动及存在的主要问题,为下一步定义企业过程做准备。

(3) 定义企业过程(也称业务过程、管理功能组)

定义企业过程是 BSP 方法的核心。企业过程是指企业管理中必要且逻辑上相关的、为了完成某种管理功能的一组活动,如材料库存控制、产品质量控制等业务处理活动或决策活动。系统规划组每个成员均应全力以赴识别它们、描述它们,对它们要有透彻的了解,只有这样 BSP 才能成功。

识别企业过程可对企业如何完成其目标有深刻的了解,按照企业过程所建造的信息系统,在企业组织变化时可以不必改变,信息系统相对独立于组织,这也是 BSP 方法最主要的优点。整个企业的管理活动由许许多多的企业过程组成,因此定义企业过程是一个任务量大且十分复杂的工作,通常我们遵循识别计划和控制过程、识别产品和服务过程、识别支持资源这一顺序依次进行。识别企业过程要依靠现有材料分析研究,但更重要的是要和有经验的管理人员讨论商议。

① 识别计划和控制过程。前一阶段收集到的有关计划、关键成功因素和它们的度量标准等信息,一般可被组合成战略规划类和管理控制类。战略规划是长远计划或发展计划,管理控制是操作计划、管理计划、资源计划。经过分析、讨论、研究、切磋,可以把企业战略规划和管理控制的过程列于表 5.1。

表 5.1　战略规划和管理控制的过程

战略规划	管理控制	战略规划	管理控制
经济预测	市场/产品预测	预测管理	预测
组织计划	工作资金计划	目标开发	测量与评价
政策开发	雇员水平计划	产品线模型	
放弃/追求分析	运营计划		

② 识别产品与服务过程。任何一种产品均有生老病死，或者说是由要求、获得、服务、退出四个阶段组成的生命周期，对于每一个阶段，就用一些过程对它进行管理。可以沿着这条线去摸清这些过程，如表 5.2 所示。

表 5.2　产品与服务过程

要求	获得	服务	退出
市场计划	工程设计开发		
市场研究	产品说明	库存控制	销售
预测	工程记录	接受	订货服务
定价	生产调度	质量控制	运输
材料需求	生产运行	包装储存	运输管理
能力计划	购买		

③ 识别支持资源过程，方法类似于产品和服务，由资源的生命周期出发列举企业过程。一般来说企业资源包括资金、人才、材料和设备等，如表 5.3 所示。

表 5.3　支持资源过程

资源	生命周期			
	要求	获得	服务	退出
资金	财务计划 成本控制	资金获得 接收	公文管理 银行账 会计总账	会计支付
人才	人事计划 工资管理	招聘 转业	补充和收益 职业发展	终止合同 退休
材料	需求生产	采购 接收	库存控制	订货控制 运输
设备	主设备计划	设备购买 建设管理	机器维修 家具、附属物	设备报损

(4) 业务过程重组

业务过程重组是指在企业过程定义的基础上，找出哪些过程是正确的，哪些过程是低效的，需要在信息技术支持下进行优化处理，还有哪些过程不适合计算机信息处理的特点，应当取消。

（5）定义数据类

数据类指支持企业过程所必需的逻辑上相关的数据。识别企业数据的方法有两种：企业实体法和企业过程法。以企业过程法为例，它利用以前识别的企业过程，分析每一个过程利用什么数据，产生什么数据，或者说每一过程的输入和输出数据是什么，可以用"输入—处理—输出"图来形象地表达，如图5.4所示。

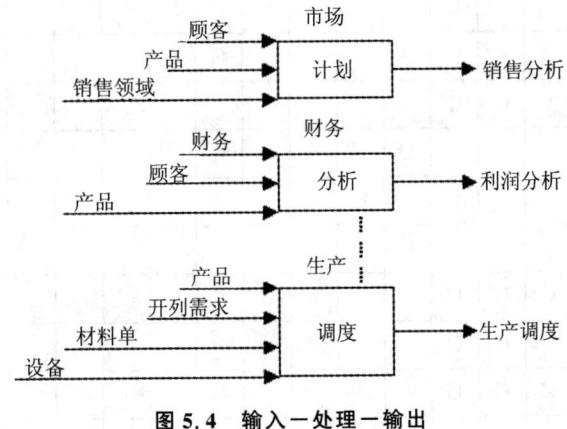

图 5.4　输入—处理—输出

（6）定义信息系统总体结构

定义信息系统总体结构的目的是刻画未来信息系统的框架和相应的数据类，因此其主要工作是划分子系统。BSP方法是根据信息的产生和使用来划分子系统的，它尽量把信息产生的企业过程和使用的企业过程划分在一个子系统中，从而减少了子系统之间的信息交换，具体的实施是利用U/C矩阵。

U/C矩阵表达过程与数据两者之间的关系，矩阵中，行表示数据类，列表示过程，并以字母U(use)和C(create)来表示过程对数据类的使用和产生。利用U/C矩阵划分子系统的步骤：

① 用矩阵(二维表)的行和列记录下企业信息系统的数据类和过程，矩阵中数据类和过程交叉点上的C表示这类数据类由相应过程产生，U表示这类过程使用相应的数据类，如表5.4所示。

表 5.4　过程/数据类关系(1)

过程＼数据类	客户	订货	产品	操作顺序	材料表	成本	零件规格	材料库存	成品库存	职工	销售区域	财务	计划	机器负荷	材料供应	工作令
经营计划						U						U	C			
财务计划						U						U	C			
资产规模												C				
产品预测	U	U									U		U			

续　表

过程＼数据类	客户	订货	产品	操作顺序	材料表	成本	零件规格	材料库存	成品库存	职工	销售区域	财务	计划	机器负荷	材料供应	工作令
产品设计开发	U	C		U		C										
产品工艺			U		C		C	U								
库存控制								C	C						U	U
调度			U											U		C
生产能力计划				U										C	U	
材料需求			U		U										C	
操作顺序				C										U	U	U
销售区域管理	C	U	U													
销售	U	U	U								C					
订货服务	U	C	U													
发运		U	U						U							
通用会计	U		U							U						
成本会计		U				C										
人员计划												C				
人员考核										U						

② 对矩阵做重新排列，把过程按过程组排列，调换数据类横向位置，使矩阵中的 C 最靠近对角线，如表 5.5 所示。

表 5.5　过程/数据类关系(2)

	过程＼数据类	计划	财务	产品	零件规格	材料表	材料库存	成品库存	工作令	机器负荷	材料供应	操作顺序	客户	销售区域	订货	成本	职工
经营计划	经营计划	C	U													U	
	财务计划	C	U													U	U
	资产规模		C														
技术准备	产品预测	U		U									U	U			
	产品设计开发			C	C	U							U				
	产品工艺			U	C	C	U										

续 表

过程\数据类		计划	财务	产品	零件规格	材料表	材料库存	成品库存	工作令	机器负荷	材料供应	操作顺序	客户	销售区域	订货	成本	职工
生产制作	库存控制						C	C	U		U						
	调度			U					C	U							
	生产能力计划									C	U	U					
	材料需求			U		U				C							
	操作顺序								U	U	U	C					
销售	销售区域管理			U									C	U			
	销售			U									U	C	U		
	订货服务			U									U		C		
	发运			U				U					U				
财务	通用会计	U															U
	成本会计														U	C	
人事	人员计划																C
	人员考核																U

③ 把 U 和 C 最密集的地方框起来,起个名字,即子系统。框内的 U 说明该数据为该系统专用;框外的 U 说明子系统之间的数据联系,为子系统共享。如表5.6所示。

表 5.6　过程/数据类关系(3)

过程	数据类	计划	财务	产品	零件规格	材料表	材料库存	成品库存	工作令	机器负荷	材料供应	操作顺序	客户	销售区域	订货	成本	职工
经营计划	经营计划	C	U													U	
	财务计划	C	U													U	U
	资产规模		C														
技术准备	产品预测	U		U									U	U			
	产品设计开发			C	C	U								U			
	产品工艺			U	C	C						U					
生产制作	库存控制						C	C	U		U						
	调度			U					C	U							
	生产能力计划									C	U	U					
	材料需求					U	U				C						
	操作顺序								U	U	U	C					
销售	销售区域管理			U									C	U			
	销售			U									U	C	U		
	订货服务												U		C		
	发运			U			U								U		
财务	通用会计		U													U	
	成本会计														U	C	
人事	人员计划																C
	人员考核																U

④ 对 U/C 矩阵的正确性进行三个方面的检验。首先,完备性检验,对具体的数据项/类必须有一个产生者(即"C")和至少一个使用者(即"U"),过程则必须有产生或使用("U"和"C"元素)发生,否则这个 U/C 矩阵的建立是不完备的;其次,一致性检验,即对具体的数据项/类必有且仅有一个产生者("C")。如果有多个产生者的情况出现,则产生了不一致性的现象。最后,无冗余性检验,表中不允许有空行空列。

(7) 确定总体结构中的优先顺序

对信息系统总体结构中的子系统按先后顺序排出开发计划。

(8) 完成 BSP 报告,提出建议书和开发计划

企业系统规划法能够帮助规划人员根据企业目标制定出管理信息系统战略规划,其作用体现在:首先,BSP 能够确定出未来信息系统的总体结构,明确系统的子系统组成和开发子系统的先后顺序;其次,BSP 对数据进行统一规划、管理和控制,明确各子系统之

间的数据交换关系,能够保证信息的一致性。

利用 BSP 方法保障了管理信息系统对于企业组织结构的相对独立性,使信息系统具有对环境变更的适应性。即使将来企业的组织结构或管理体制发生变化,信息系统的结构体系不会受到太大的冲击。

2. 关键成功因素法(Critical Success Factors,CSF)

1970 年,哈佛大学教授 William Zani 在 MIS 模型中使用了关键成功变量,这些变量是决定 MIS 成败的关键因素。过了 10 年,麻省理工学院教授 Jone Rockart 将 CSF 提升为信息系统战略规划的方法。

关键成功因素法认为,在现行系统中,总存在着多个变量影响系统目标的实现,其中若干个变量是关键的和主要的,即关键成功因素。通过对关键成功因素的识别,找出实现目标所需的关键信息集合,从而合理地安排系统建设的进程,其主要思想如图 5.5 所示。

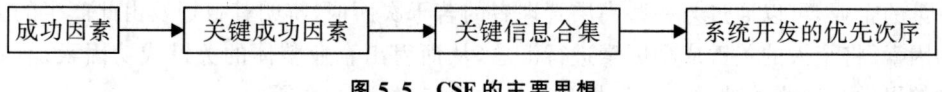

图 5.5 CSF 的主要思想

关键成功因素法的最终目的是要识别与系统目标有联系的主要数据类及它们之间的关系,包括以下几个步骤:

① 了解企业或 MIS 的战略目标。

② 识别所有的成功因素,主要是分析影响战略目标的各种因素和影响这些因素的子因素。

③ 确定关键成功因素。不同行业的关键成功因素各不相同,例如,关键成功因素对汽车制造业而言可能是控制制造成本,而对保险业则是新项目开发和工作人员的效率。并且,即使是同一个行业的组织,由于各自所处的外部环境的差异和内部条件的不同,其关键成功因素也不尽相同。

④ 明确各关键成功因素的性能指标和评估标准。

⑤ 根据性能指标和评估标准,识别测量数据。

采用关键成功因素法进行管理信息系统规划可遵循如图 5.6 所示的流程。

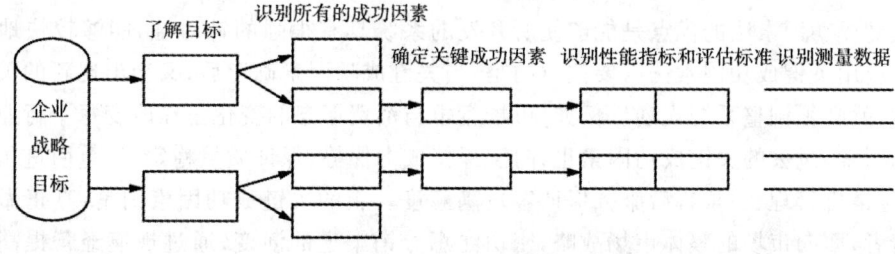

图 5.6 CSF 的步骤

通常,在识别与表达关键成功因素时,我们用"因素—结果"图(或称树枝因果图、鱼骨图)列出所有成功因素,用德尔斐方法或其他方法确定所有成功因素中的关键因素。如图 5.7 所示,某企业有一个目标,是提高产品竞争力,可以用树枝因果图画出影响它的各种因素,以及影响这些因素的子因素。

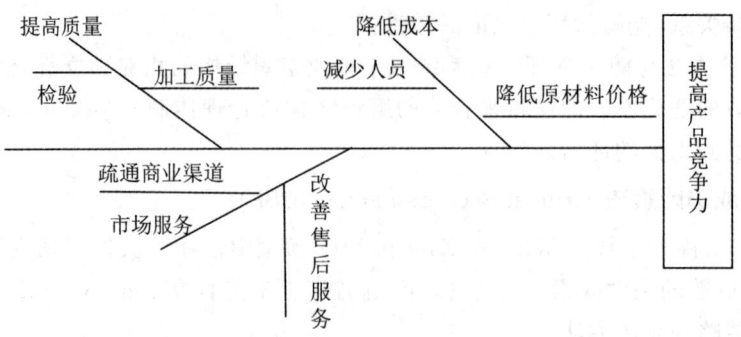

图 5.7 树枝因果图

如何评价这些因素中哪些因素是关键成功因素,不同的企业是不同的。对于一个习惯于高层管理者个人决策的企业,主要由高层管理者个人在此图中选择。对于习惯于群体决策的企业,可以通过与一些高层管理者的若干次面谈,辨明其目标及由此产生的关键成功因素;将个人的关键成功因素进行汇总,从而得出企业整体的关键成功因素;然后建立能够提供与这些关键成功因素相关信息的系统(如图 5.8 所示)。

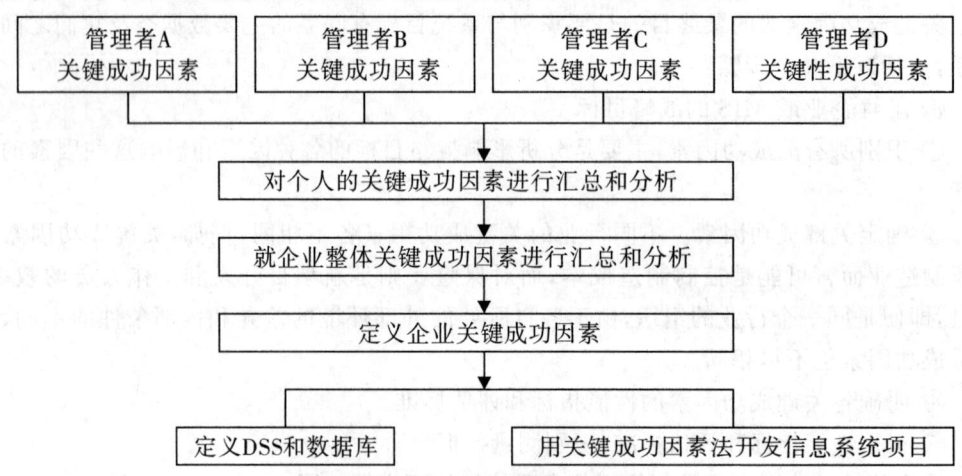

图 5.8 用 CSF 建立信息系统

关键成功因素法的优点是能够使所开发的系统具有很强的针对性,能够较快地取得收益。应用关键成功因素法需要注意的是,当关键成功因素确定后,又会出现新的关键成功因素,就必须调整系统规划。例如,市场竞争与消费形态的变化正在改变每个行业的关键成功因素,过去的关键成功因素也许是:保持成本优势、保证质量稳定、注重引进国外技术、侧重销售管理、注重售后服务保证客户满意度。新的关键成功因素则是:真正做到面向消费者,面向市场的整体市场战略,密切注意分销渠道的演变,通过规模经营提高现有网络的效率、提供多元化服务,保持和发展成本优势等。

3. 战略目标集转化法(Strategy Set Transformation,SST)

战略目标集转化法是制定管理信息系统战略规划的常用方法之一,由 William King 于 1978 年提出。SST 方法把组织的整体战略目标看成一个"信息集合",并认为它是由组织中的使命、目标、战略和其他影响战略的相关因素组成的。其中,其他影响战略的因素有发展趋势、组织面临的机遇和挑战、管理的复杂性、改革所面临的阻力、环境对组织目标的制约因素等。战略目标集转化法的基本思想是识别组织的战略目标,并把组织的战略目标转变为管理信息系统战略目标。战略规划的过程就是把组织的战略目标转变为管理信息系统战略目标的过程,如图5.9所示。

图5.9 战略目标集转化法

用SST方法制定战略规划的第一步是要识别组织的战略集。首先看该企业是否有成文的战略或长期计划,如果没有就去构造这种战略集,对组织战略集的构造可以采取以下步骤:

(1) 描绘出组织各类人员结构,如卖主、经理、雇员、供应商、顾客、贷款人、政府代理人、地区社团及竞争者等。

(2) 识别每类人员的目标。

(3) 对于每类人员识别其使命及战略。

第二步是将组织战略集转化成管理信息系统战略,管理信息系统战略应包括系统目标、约束以及设计原则等。这个转化的过程包括对应组织战略集的每个元素识别对应的管理信息系统战略约束,然后提出整个管理信息系统的结构。最后,选出一个方案送交组织的最高管理者审查。

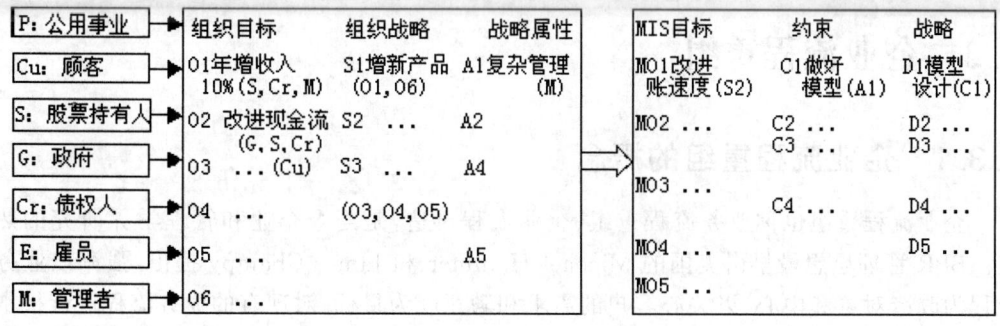

图5.10 SST转换过程

如图5.10所示,可以看出目标是由不同群体引出的。例如,组织目标O1由股票持有者S、债权人Cr以及管理者M引出;组织战略S1由目标O1和O6引出,依次类推。这样就可以列出MIS目标、约束以及战略。

4. 三种规划方法的比较

上述三种规划方法各有利弊,如表5.7所示。

BSP方法虽然也首先强调目标,但它没有明显的目标引出过程。它通过管理人员酝酿"企业过程"引出企业目标,企业目标到系统目标的转换是通过组织/系统、组织/过程以及系统/过程的矩阵的分析而得到的。这样可以定义出新的系统以支持企业过程，也就是把企业的目标转化为系统的目标。

CSF方法能抓住主要的矛盾，使目标的识别突出重点。由于管理者们比较熟悉这种方法，用这种方法所确定的目标，管理者们乐于努力去实现，或者说它和传统的方法衔接得比较好，但是一般最有利的只是在确定管理目标方面的应用。

SST方法从另一个角度识别管理目标，它反映了各种人的要求，而且给出了按这种要求的分层，然后转化为信息系统目标的结构化方法。它能保证目标比较全面，疏漏较少，但它在突出重点方面不如其他方法。

表5.7 三种规划方法的比较

方法	优点	缺点
BSP	自上而下识别系统目标，自下而上设计系统，便于各层目标的统一	组织目标到系统目标的转换是间接的
CSF	突出重点目标，方法容易掌握	目标易受主观因素影响
SST	目标全面	重点不突出

这三种方法各有优缺点，在管理信息系统战略规划中，应从实际出发，理论联系实际，将这三种方法结合起来使用。建议使用CSF方法确定企业目标，然后用SST方法补充完善企业目标，并将这些目标转化为系统目标，用BSP方法校核两个目标，并确定信息系统结构，这样就可以弥补采用单个方法的不足之处，但这也使得整个方法过于复杂，并削弱了单个方法的灵活性。总之，进行任何一个企业的规划均不应照搬以上方法，而应当具体情况具体分析，选择以上方法的可取的思想，灵活运用。

5.3 企业流程重组

5.3.1 企业流程重组的概念

企业流程重组也称业务流程重组、企业流程再造，是当今企业和管理学界研究的热点。BPR管理思想最早由美国的Michael Hammer和James Champy提出，强调以业务流程为改造对象和中心、以关心客户的需求和满意度为目标、对现有的业务流程进行根本的再思考和彻底的再设计，利用先进的制造技术、信息技术以及现代的管理手段，最大限度地实现技术上的功能集成和管理上的职能集成，以打破传统的职能型组织结构，建立全新的过程型组织结构，从而实现企业经营在成本、质量、服务和速度等方面的巨大改善。

Michael Hammer和James Champy这样定义BPR："BPR是对企业的业务流程做根本性的思考和彻底性的重建，其目的是在成本、质量、服务和速度方面取得显著性的改善，使得企业能最大限度地适应以顾客、竞争、变化为特征的现代企业经营环境。"这一定义描绘BPR用了三个关键词：根本性的、彻底性的和显著性的。

所谓根本性的，指的是重组是革命性的，是要对现存系统进行彻底的怀疑，而不是枝节的和表面的。企业必须自提一些颠覆性的问题，例如，为什么要做现在的事情？为什么采取现在的方式做事？迫使重新审视自己的企业。所有这些均是强调要用敏锐的眼光看出企业的问题，只有看出问题、看透问题，才能更好地解决问题。

所谓彻底性的，指的是要动"大手术"，要大破大立，而不是一般性的修补。要抛弃所有的陈规陋习以及忽视一切规定的结构与过程，创造出全新的工作方法。强调对企业进行重构，而不是对企业进行改良、增强或调整。

所谓显著性的，指的是重组后要取得业绩上的突飞猛进，成十倍成百倍的提高。例如，大幅度降低成本、减少时间以及提高质量等，而不是重组了很长时间，才提高两三成。强调重组带来的增长是一个非线性的跳跃，是量变基础上的质变。

5.3.2 企业流程重组与管理信息系统建设

企业流程重组是一种管理思想和经营变革的理念，信息技术是一种技术，但二者关系密切：信息技术对业务流程的重组有极大的促进作用，同时，企业信息化建设需要做好业务流程的重组工作。

在 BPR 从思想到现实的转变过程中，信息技术起到了良好的催化剂作用。从管理信息系统的角度来认识，BPR 主要是指利用信息技术，对组织内部或组织之间的工作流程和业务过程进行分析和再设计，用于减少业务的成本，缩短完成时间和提高服务质量。

企业在实现信息化的过程中，一般先实施 BPR，再利用信息技术促进 BPR 的实现。这两项工作也可以同时进行，相互融合。要处理好企业信息化和企业流程重组的关系，但不能把两者等同起来。

5.3.3 企业再造工程的原则

① 以过程管理代替职能管理，取消不增值的管理环节。
② 以事前管理代替事后监督，减少不必要的审核、检查和控制活动。
③ 取消不必要的信息处理环节，消除冗余信息集。
④ 以计算机协同处理为基础的并行过程取代串行和反馈控制管理过程。
⑤ 用信息技术实现过程自动化，尽可能抛弃手工管理过程。

5.3.4 企业流程重组的步骤

1. 确立流程重组的目标

高层管理者要定义重组的范围，树立明确的实施企业流程重组的战略目标，例如，是为了降低成本？还是加速新产品开发？使企业成为行业巨头？同时组建重组团队，做好与企业全体员工的沟通。

2. 选择需要重新设计的流程

企业要找出为了达到战略目标，最有可能产生回报的核心业务流程，对这些流程进行重新设计。流程的选择考虑迫切性、重要性和可能性三个方面，即哪些流程最为低效？哪些流程对实现战略目标影响最大？哪些流程能够成功地进行重新设计？另外，还应找出与这些业务流程有关的组织职能和部门。

3. 了解并衡量现有流程的绩效

企业需要明确原有流程的效率是怎样的,例如,企业流程重组的目标是降低新产品开发所需的时间和成本,那么,企业就需要测出原有的新产品开发流程所消耗的时间和成本,并用列表的方式对这一流程进行量化分析。

4. 确定应用信息技术的机遇

业务职能或流程有自身的信息需求,在确定这一需求的基础上,企业需要确定如何通过信息技术来支持这些需求。信息技术能够创造出新的设计,帮助组织进行流程重组,摆脱束缚企业实现目标的低效流程。例如,传统流程中,工作人员要靠办公室来接收、存储和传输信息,灵活性极差,而通过使用无线通信技术,无论在何地工作的人员都能够发送或接收信息。企业流程重组从开始就应该允许信息技术对企业过程设计产生影响。

5. 建立一个新流程的原型

也就是重新设计一个新的流程,新流程的建立是在实验基础之上的,同时,在新流程获得批准之前,修订和改进是必不可少的。

上述步骤只是企业流程重组的一般过程,并不意味着以此为蓝本去做,就能取得BPR的成功。事实上,大多数企业流程重组项目没有在企业绩效上产生突破性的结果。据美国一些管理专家评估,大约有70%的流程重组是以失败而告终的。企业流程重组的过程不可避免地会引起原有工作岗位、人员、技能、部门隶属关系等发生变化,对这些变化的担心和害怕会在企业内部滋生出各种抵触和消极情绪,成为破坏变革的阻力。但即便如此,组织变革对新的信息系统的成功开发仍是非常重要的。

【知识总结】

管理信息系统的系统规划是一个组织战略规划的重要组成部分,是基于组织发展目标、经营战略制定的信息系统建设与发展的整体思路和指导体系。

管理信息系统的系统规划的内容包括:管理信息系统的目标、约束与总体结构;组织当前的能力状况;企业业务流程现状、对影响规划的信息技术发展的预测;短期规划。

系统规划的制定需要合理的模型与方法作为指导,诺兰模型是十分重要的规划模型,它把信息系统的成长过程划分为初装、蔓延、控制、集成、数据管理和成熟六个阶段;制定系统规划的方法主要有企业系统规划法、关键成功因素法和战略目标集转化法。

【思考题】

1. 什么是管理信息系统战略规划,其主要内容有哪些?
2. 诺兰模型有何实用意义?它把信息系统的成长过程划分为哪几个阶段?
3. 企业系统归纳法的基本思路和主要步骤是什么?
4. 比较企业系统规划法、关键成功因素法和战略目标集转化法的优缺点。
5. 什么是企业流程重组,它对企业有何意义?

【案例 5.1】

企业利用信息技术的风险

1. 北京市三露厂(全国人民恐怕都忘不了"大宝天天见"那句广告语)在 1998 年 3 月 20 日与联想集成(后来划归到神州数码)签订了企业资源计划系统(ERP)实施合同,由联想集成帮助三露厂采用 MOVEX(联想集成独家代理瑞典 Intentia 公司的产品)来实施 ERP。合作的双方,一方是化妆品行业的著名企业,1998 年销售额超过 7 亿元,有职工 1 200 多人。一方是国内 IT 业领头羊的直属子公司,这场"婚姻"本应美满。然而,由于 Intentia 软件产品汉化不彻底,造成了一些表单无法正确生成等问题,后虽经再次的实施、修改和汉化,但是由于汉化、报表生成等关键问题仍旧无法彻底解决,最终导致"婚变"的出现。合作的结果是不欢而散,双方诉诸法律,双双陷入了历时长达 15 个月的官司之中。

2. 福克斯·梅亚公司曾经是美国最大的药品分销商之一,年营业收入超过 50 亿美元。为了改进竞争地位,保持快速增长,这家公司决定采用国际上非常流行的企业资源计划(ERP)系统。其实,简单地说,这一系统就是将公司内外根本没有联系的职能部门用计算机软件捏合在一起以便使产品的装配和输送更加高效。

由于坚信 ERP 系统的潜在利益,在一家享有盛誉的系统集成商的帮助下,梅亚公司成了早期的 ERP 系统应用者。然而,到了 1997 年,在投入了两年半的时间和 1 亿美元之后,这家公司所达到的效果非常不理想,仅仅能够处理 2.4% 的当天订单,而这一目标即使用远古时期的方法也能达到,况且,就是该点儿业务也常常遭遇到信息处理上的问题。最终,梅亚公司宣告破产,仅以八千万美元被收购。它的托管方至今仍在控告那家 ERP 系统供应商,将公司破产的原因归结为采用了 ERP 系统。

3. 1998 年初,河南许继集团采用了 Symix 公司(现更名 Frontstep 公司)的产品来实施 ERP,到同年 7 月份,许继实施 ERP 的进展都很顺利,可是随后的一系列变故让项目彻底失败。1998 年 8 月份,许继内部为了适应市场变化,开始发生重大的机构调整。原来,许继没有成立企业内部事业部,而是以各个分厂的形式存在。而各个分厂在激烈的市场竞争中,出现了这样的怪现象:许继自己制造的零部件,比如每个螺钉在公司内部的采购价格是 5 分钱,在市场上却 3 分钱就可以拿到。这样必须进行大调整。大调整的结果是将这些零部件分厂按照模拟法人的模式来进行运作。

实施 ERP 在先,公司结构大调整在后。企业经营结构变了,而当时所用的 ERP 软件流程却已经定死了,Symix 厂商也似乎无能为力,想不出更好的解决方案。于是许继不得不与 Symix 公司友好协商,项目暂停,虽然已经运行了 5 个月,但是继续运行显然已经失去了意义。

思考：

上述三个案例中的企业（三露厂、福克斯·梅亚和许继集团）为什么会失败？是ERP系统的原因吗？如果是由于ERP导致三个案例中的企业在发展过程中出现了不同程度的问题，为什么有很多国际大型企业通过ERP实现了新生？

第 6 章 管理信息系统的系统分析

【知识导航】

系统分析的任务及一般步骤；
初步调查的目的；
可行性分析的任务；
系统详细调查的目的及内容；
业务流程图的绘制；
数据流程图的绘制；
判断树与判断表；
新系统逻辑方案的内容。

系统分析工作是在系统建设可行性研究报告经批准后开始实施的，也是信息系统开发过程中十分重要的阶段，特别是对较大规模的信息系统的开发，系统分析工作做得好坏，直接影响整个系统的成败。系统分析是对现行系统进行全面的调查分析，以调查清楚信息系统的内部结构、信息流程和处理情况，并在此基础上进行详细的功能分析，提出新系统的逻辑模型，或称逻辑模型设计。因此，系统分析的核心是确定系统能够"做什么"的问题。

系统分析是一个由具体到抽象的过程，即对搜集到的大量的反映旧系统现状的材料进行分析归纳和提炼，最后抽象出反映系统功能的逻辑模型。

6.1 系统分析概述

系统分析是由系统分析人员和用户单位的业务人员，在对现有系统深入调查和需求分析的基础上，使用一系列分析工具与技术绘制系统的总体逻辑方案，建立系统的逻辑模型。该阶段只涉及解决什么问题，不涉及解决问题的具体方法，即解决"系统做什么"而不是"如何做"的问题。

6.1.1 系统分析的任务

1. 用户需求分析

用户需求分析是指用户要求新系统在系统功能、性能等方面应具有的全部功能和特性，以及用户在硬件配置等方面的意向。其中明确用户在功能、性能方面的需求是系统分析的核心,需要用户和系统分析人员共同完成。先由用户提出初步的要求,然后由系统分析人员通过对系统的详细调查,进一步完善系统的功能和性能,最终以软件需求说明书的形式将用户需求确定下来。

2．确定系统逻辑模型,形成系统分析报告

在详细调查的基础上,运用各类系统开发的理论、开发方法和开发技术,确定系统应具有的逻辑功能,再用图表和文字表示出来,形成系统的逻辑模型,为下一步系统设计提供依据。

6.1.2 系统分析的一般步骤

1．现行系统的初步调查和新系统的可行性分析

初步调查是从总体上大概了解现行系统的基本情况和信息需求,为可行性分析提供事实支撑;可行性分析是对新系统实际开发的必要性和可能性进行研究。

2．现行系统的详细调查

现行系统的详细调查是对现行系统做全面、充分和详细的调查,弄清现行系统的边界、组织机构、人员分工、业务流程、各种计划、单据和报表的格式、种类及处理过程、企业资源及约束情况等,使开发人员对现行系统有一个比较深刻的认识,为系统开发做好原始资料的准备工作。

3．组织结构与业务流程分析

在详细调查的基础上,用图表和文字对现行系统进行描述,详细了解各级组织的职能和有关人员的工作职责、决策内容对新系统的要求,业务流程各环节的处理业务及信息的来龙去脉。

4．系统数据流程分析

在对业务流程分析的基础上,分析数据的流动、传递、处理与存储过程。数据流程分析的结果用数据流程图表示。

5．建立新系统的逻辑模型

在系统调查和系统分析的基础上建立新系统逻辑模型,用一组图表工具表达和描述新系统的逻辑模型,方便用户和分析人员对模型提出改进意见,在与用户充分交流的基础上完善新系统的逻辑模型。

6．提出系统分析报告

对系统分析阶段的工作进行总结和向有关领导提交文字报告,为下一步系统设计提供工作依据。

6.1.3 系统分析的方法

目前,对于系统分析主要采用结构化的分析方法,结构化系统分析与设计的方法强调将整个系统的开发过程划分为若干个阶段,每个阶段都有其明确的任务。所采用的方法是"抽象"和"分解",分析过程体现为"自顶向下逐层分解"。

"分解"就是把一个复杂的问题"化整为零,各个击破",即把一个复杂庞大的系统分解成为容易理解、容易实现的子系统、小系统。但是分解并不是等分,而是要根据系统的逻辑特性和系统内部各成分之间的逻辑关系进行分解。在分解中要充分体现"抽象"的原则,逐层分解中的上一层就是下一层的抽象,系统的抽象模型应该按照一定的层次关系组织而成。下层是上层的分解,而上层是下层的抽象。

6.2 初步调查与可行性分析

系统调查是系统开发工作中重要的环节之一,其工作质量对整个系统开发建设的成败具有决定性影响。系统开发过程中的系统调查工作一般分为两个阶段:第一阶段的初步调查工作是为了进行可行性研究;第二阶段的详细调查工作是在可行性分析报告通过批准后,为了进行系统分析而开展的详细调查。而可行性研究主要用于明确新系统开发的必要性与可行性,是系统分析前必须做的一件事情。

6.2.1 初步调查

系统初步调查是可行性分析的前提,可行性分析是在初步调查的基础上进行的。初步调查的主要目的是就是从整体上了解原系统的基本功能和信息需求,明确系统开发要解决的主要问题和目标,从系统分析人员和管理人员的角度看新项目开发有无必要和可能。系统初步调查的主要内容如下:

1. 整个组织的概况

企业经营目标、企业的规模、职工人数、产品结构、企业结构以及目前的经营管理水平等。

2. 现行系统的概况

目前已有的计算机应用,功能如何、管理方式和基础数据管理状况等。

3. 企业与外部的关系

企业的环境因素,包括企业与哪些外部单位之间物质、资金或信息的来往关系。

4. 企业领导对信息系统的态度

包括本企业的领导者、管理部门对信息系统的态度支持的程度(包括人力、资料和数据),对新老信息系统的看法以及对信息的需求。

5. 开发信息系统的资源

调查开发所需要的资源,包括人力、资金以及开发周期等资源情况。

初步调查工作为可行性研究提供依据,在此阶段对系统的业务流程等不可进行很详细的调查,只是对系统的当前状况、系统结构等做初步的了解。在确定系统具有可行性并正式立项后,将投入大量的人力和物力展开大规模、全面的系统业务调查。

6.2.2 可行性分析

可行性分析是在系统初步调查的基础上,对新系统是否能够实现和值得实现等问题做出判断,避免在花费了大量的人力和物力之后才发现系统不能用或新系统投入使用后没有任何实际意义而引起的浪费。

1. 可行性分析的任务和内容

可行性分析的任务是明确应用项目的开发的必要性和可行性。必要性来自实现开发任务的迫切性,而可行性则是系统开发工作必须具备的资源和条件,看其是否满足系统目标的要求及其可能带来的经济效益和社会效益。这项工作需建立在初步调查的基础上。如果领导或管理人员对信息系统的需求很不迫切,或者条件尚不具备,就是不可行。可行性分析的内容包括:

(1) 管理上的可行性

指管理人员对开发应用项目的态度和管理方面的条件。主管领导不支持的项目肯定不行。如果中高层管理人员的抵触情绪很大,就有必要等一等,积极做工作,创造条件。管理方面的条件主要指管理方法是否科学,相应管理制度改革的时机是否成熟,规章制度是否齐全以及原始数据是否正确等。

(2) 技术上的可行性

根据现有的技术条件,考虑提出的要求能否达到。技术上的可行性包括以下几个方面:

计算机硬件的可行性,包括各种外围设备、通信设备、计算机设备的性能是否能满足系统开发的要求,以及这些设备的使用、维护及其充分发挥效益的可行性。

计算机软件的可行性,包括各种软件的功能能否满足系统开发的要求,软件系统是否安全可靠。

人员和技术力量的可行性,即有多少科技人员,其技术力量和开发能力如何,有没有系统开发的可行性。如果单纯依靠外部力量进行开发,是很难成功的。本单位对使用、掌握这些软硬件技术的可行性。

(3) 经济上的可行性

估算系统开发中所要花费的成本,系统建成后可取得的经济效益,从而进行成本与效益的分析,得出系统在经济上是否可行。但在费用支出方面,不仅要考虑主机费用,而且要计算外围设备费用、软件开发费用、人员培训费用和将来系统投入运行后的经常费用(如管理、维护费用)和备件费用。经济效益应从两方面综合考虑,一部分是可以用钱衡量的效益,如加快流动资金周转,减少资金积压等;另一部分是不能用金钱表示的,例如提供更多的、更高质量的信息,提高取得信息的速度,改善企业形象,增加竞争力等。

2. 可行性分析报告

可行性分析的结果要用可行性分析报告的形式编写出来,内容包括:系统简述,项目的目标,所需资源、预算和期望效益,对项目可行性的结论。

可行性分析结论应明确指出以下内容之一:可以立即开发,改进原系统,目前不可行,或者需推迟到某些条件具备以后再进行。可行性分析报告要尽量取得有关管理人员的一致认识,并经过主管领导批准,才可付之实施,进入对系统进行详细调查的阶段。

6.3 系统详细调查

6.3.1 系统详细调查的目的、原则

详细调查的目的是弄清原系统的状况,查明其执行过程,发现问题和薄弱环节,收集数据,为下一步的系统化分析和新系统的逻辑设计提供必要的基础资料。具体的调查内容包括:管理业务状况的调查和分析、数据流程的调查和分析。

详细调查应遵循用户参与的原则,即由使用部门的业务人员、主管人员和设计部门的系统分析人员、系统设计人员共同进行。设计人员虽然掌握计算机技术,但对使用部门的业务不够清楚,而管理人员则熟悉本身业务而不一定了解计算机,两者结合,就能互补不足,更深入地发现对象系统存在的问题,共同研讨解决的方案。

6.3.2 系统详细调查的内容

1. 环境及运行状况

对现行系统的运行环境及状况进行调查分析,掌握现行系统的运行效果、规模、业务处理情况以及其外部环境和接口。调查的同时应注意发现现行系统的不足和面临的问题。

2. 组织结构及功能划分

调查组织机构中各部门的设置、部门与部门间的关系及各部门的职责、领导分工、人员配备情况。进一步明确各部门的需求,确定系统的功能。开发人员在此基础上分别对各部门、各功能做更详细的调查研究。

3. 业务流程

通过调查分析,开发人员要全面了解整个业务流程,熟悉用户业务,掌握业务处理过程中的信息流向,明确系统的输入、输出和信息处理过程。

4. 数据与数据流程

了解系统各种输入数据的来源、形式、时效性、准确性和数据量,数据与数据之间的关系以及数据的处理过程等。

5. 现有资源和约束条件

管理信息系统的资源包括人、财、物等方面,具体指用户人力资源的情况,开发人员的水平和经验,以及物资、设备和资金情况,特别是现有计算机设备的具体情况。新系统的设计要充分利用现有资源,包括硬件资源、软件资源和人力资源。约束条件是指管理信息系统是在一定的环境中进行的,时间、资金、技术都有一定的限制或约束,比如系统运行时要求的保密性、时效性、输出方式等。此外,还要考虑国家的有关制度、政策、法令、法规等的约束。

6. 现行系统存在的主要问题

在详细调查中,找出企业目前工作中的难点问题和瓶颈问题,特别要注意现行系统中

存在的问题,注意收集用户的各种意见和要求,找出系统中存在的问题,并分析产生的原因。

6.3.3 系统详细调查的方法

1. 召开调查会

这是一种集中征询意见的方法,适用于对系统做定性调查。开调查会可以按两种方法进行组织:一种是按职能部门召开座谈会,了解各部门业务范围、工作内容、业务特点以及对新系统的想法和建议;另一种是各类人员联合座谈,着重听取使用单位对目前作业方式和对新系统的要求。

2. 重点询问调查

首先列出影响信息系统成败的关键因素,编制一个调查问卷表,然后自顶向下对组织的各个管理层次进行访问,并分类整理结果,从而了解各部门的全部工作和设想。

3. 发放调查表

针对所需调查的各项内容,绘制相应的各种形式的图表,用这些图表对企业管理岗位上的工作人员进行全面的需求分析调查(填表),然后分析整理这些图表逐步得出我们所要调查的内容。

4. 参加业务实践

通过参加业务实践,分析人员可以弄清业务流程以及数据发生、传递、加工与存储的各个信息处理环节,明确现有系统的功能、效率以及存在的问题,研究出有效解决问题的切合实际的方法。

为了便于分析人员和管理人员之间进行业务交流和分析问题,在调查过程中应尽量使用各种形象、直观的图表工具。图表工具的种类很多,通常用组织结构图描述组织的结构,用管理业务流程图描述业务流程,用数据流程图描述和分析数据、数据流程及各项功能,用判断树和判断表等描述处理功能和判断模型,有关内容将在本章下文阐明。

6.4 组织结构与管理业务调查

组织结构与功能分析是整个系统分析工作中最简单的一环。组织结构分析的结果用组织结构图来表示,即将调查中所了解的组织结构具体地描绘在图上,只有理顺了各种组织关系,才能使系统分析工作找到头绪,有调查问题的突破口,作为后续分析和设计的参考。业务功能分析是把组织内部各项管理业务功能用管理业务功能结构图表示出来,业务功能中的具体流程则用业务流程图表示出来,它是今后进行功能/数据分析、确定新系统拟实现的管理功能和分析建立管理数据指标体系的基础。

6.4.1 组织结构调查

组织结构图是一张反映组织内部各部门之间隶属关系的树状结构图,如图 6.1 所示,在绘制组织结构图时应注意,除后勤等与企业生产、经营、管理环节无直接关系的部门外,其他部门一定要反映全面、准确。

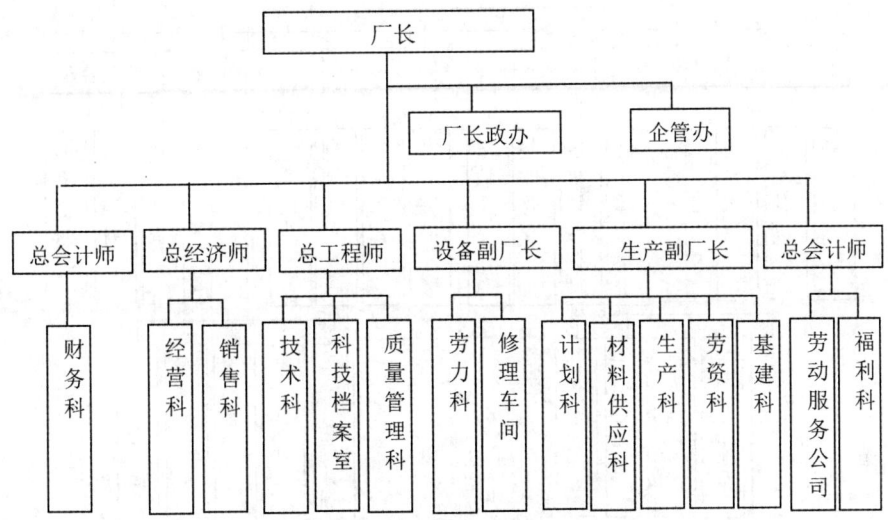

图 6.1 企业组织结构图

6.4.2 业务功能调查

在组织中,常常有这种情况,组织的各个部分并不能完整地反映该部分所包含的所有业务。因为在实际工作中,组织的划分或组织名称的取定往往是根据最初同类业务人员的集合而定的。随着生产的发展,生产规模的扩大和管理水平的提高,组织的某些部门业务范围越来越大,功能也越分越细,由原来单一的业务生出许多业务。这些业务在同一组织中由不同的业务人员分管,其工作性质已经逐步有了变化。当这种变化发展到一定的程度时,就要引起组织本身的变化,裂变出一个新的、专业化的组织,由它来完成某一类特定的业务功能。如最早的质量检验工作就是由生产科、成品库和生产车间各自交叉分管的,后来由于产品激烈的市场竞争和管理的需要,这时质量检验科产生了。对于这类变化,我们事先是无法全部考虑到的,但其功能是可以发现的。如果我们都以功能为准绳设计和考虑系统,那么系统将会对组织结构的变化有一定的独立性,将获得较强的生命力。所以在分析组织情况时还应该画出业务功能一览表。

下面我们仅列举某厂业务功能一览表中的一部分,来说明其具体的画法。图 6.2 表示某企业生产管理功能结构图。

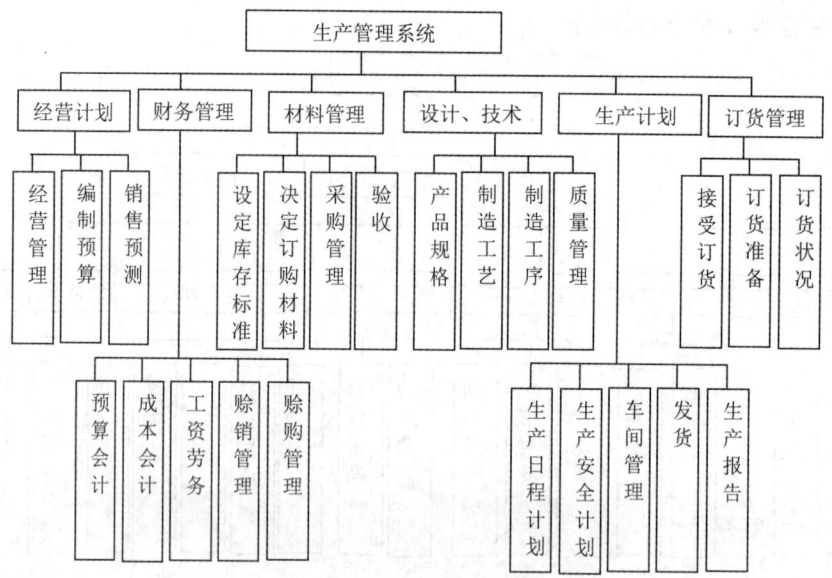

图 6.2　某企业生产管理功能结构图

6.4.3　业务流程分析

1. 业务流程图

在对系统的组织结构和功能进行分析时，需从一个实际业务流程的角度将系统调查中有关业务流程的资料都串起来做进一步的分析。业务流程分析可以帮助我们了解该业务的具体处理过程，发现和处理系统调查工作中的错误和疏漏，修改和删除原系统的不合理部分，在新系统基础上优化业务处理流程。

业务流程分析是在业务功能的基础上将其细化，利用系统调查的资料将业务处理过程中的每一个步骤用一个完整的图形将其串起来。业务流程分析的结果用业务流程图表示，业务流程图就是用一些规定的符号及连线来表示某个具体业务的处理过程。业务流程图的绘制基本上按照业务的实际处理步骤和过程绘制。就是用图形表示反映实际业务处理过程的"流水账"。

有关业务流程图的画法，目前尚不统一。但都是大同小异，只是在一些具体的规定和所用的图形符号方面有所不同，而在反映业务流程方面是一致的。下面给出业务流程图中常用的基本图形，并给出相应例子说明。

（1）业务流程图的基本图形符号

如图 6.3 所示。

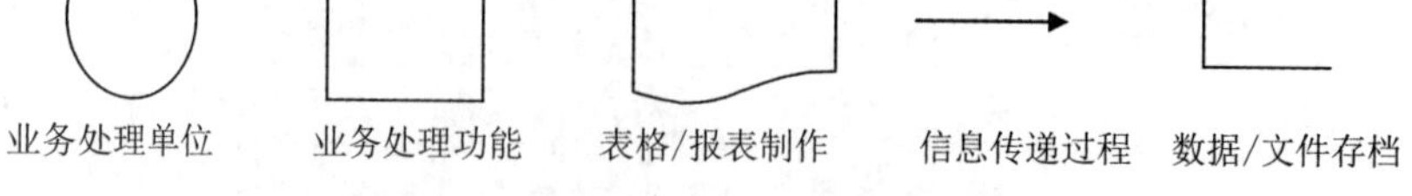

○　　□　　▭　　→　　▭
业务处理单位　业务处理功能　表格/报表制作　信息传递过程　数据/文件存档

图 6.3　业务流程图的基本图形符号

(2) 业务流程图的绘制

业务流程图的绘制基本上是按照业务的实际处理步骤和过程绘制的,是在已经理出的业务功能基础上将其细化,用图形把业务处理过程中的每个步骤串起来。

例 6.1:某企业库存管理领料业务流程如图 6.4 所示:车间填写领料单到仓库领料,库长根据用料计划审批领料单,未批准的领料单退回车间。库工收到已批准的领料单后,首先查阅库存账,若有货,则通知车间前来领取所需物料,并登记用料流水账,否则填写缺货记录,并填写缺货单通知采购员缺货。

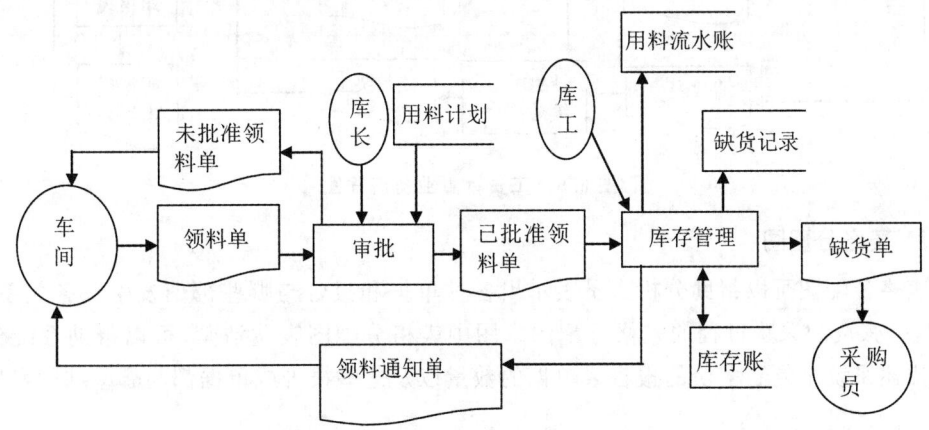

图 6.4 某企业库存管理领料业务流程图

例 6.2:经详细调查,某企业工资计算的业务流程如下:

① 根据各科室当月的考勤汇总表,依据考勤标准计算加班费及考勤扣款等考勤工资项;

② 根据各科室当月的业绩汇总表,依据绩效标准计算绩效工资;

③ 根据职工的档案工资得出每月的固定的基本工资以及各种福利补助项;

④ 根据前面得到的各工资项目计算职工工资,编制工资表上报给相关人员,并将一份工资表保留存储以便今后使用。

(5) 根据工资表编制所得税申报表,上报给相关人员。

整理调查结果,绘制工资计算业务流程图如图 6.5 所示。

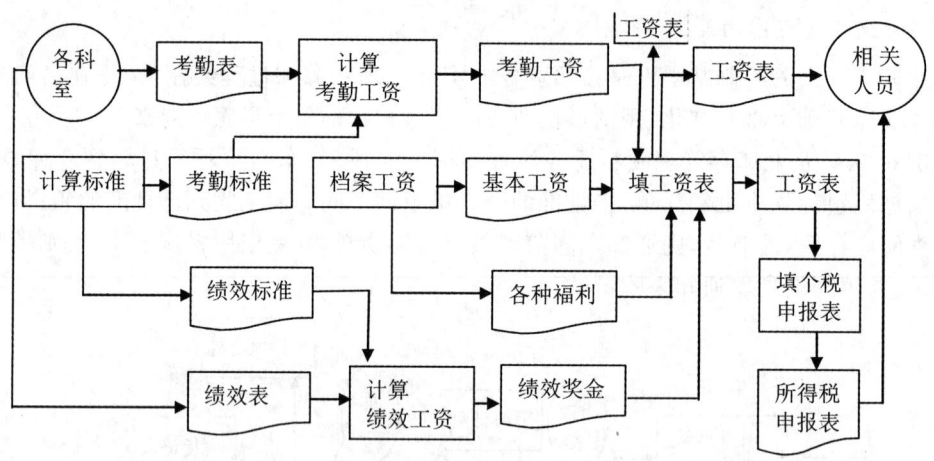

图 6.5 工资计算业务流程图

2. 表格分配图

表格分配图可以帮助分析人员表示出各种单据和报告与哪些部门发生业务关系,图 6.6 是一张反映采购过程的表格分配图。图中表格分配图表达清楚,可以帮助系统分析人员描述系统中复制多份的报告或单据的数量以及这些报告或单据都与哪些部门发生业务联系。

例 6.3:采购部门准备采购单一式四联,第一联交给供货单位,第二联交给收货部门,用于登入待收货登记表,第三联交给财务部门做应付款处理,记入应付款,第四联留在采购部门备查。到货时,收货部门按待收货物是否齐全填写收货单四张,其中,第一张交给财务部门,通知付款,第二张通知采购部门取货,第三张存档,第四张交给卖方。绘制采购业务的表格分配图如图 6.6 所示。

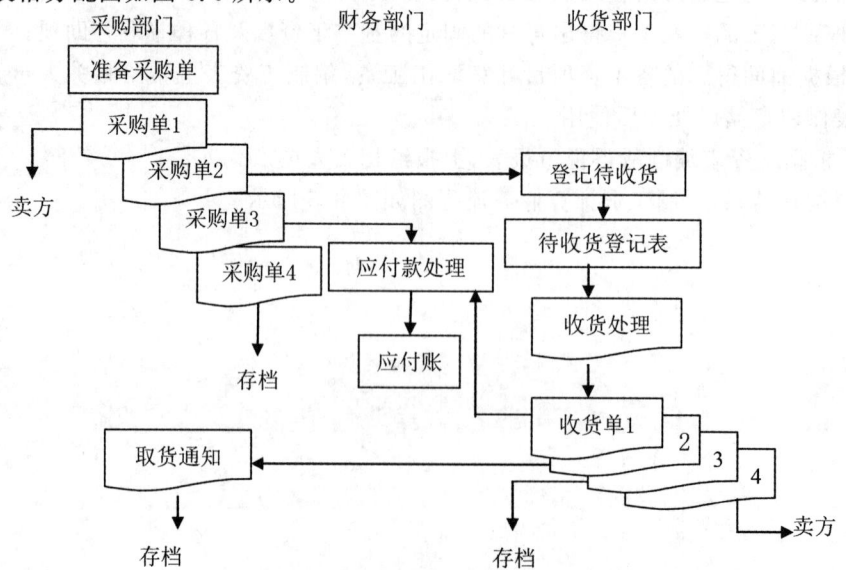

图 6.6 采购业务的表格分配图

6.5 数据流程分析

管理业务调查过程中绘制的管理业务流程图虽然形象地表达了管理中信息的流动和存储过程,但仍没有完全脱离一些物质要素(如货物、产品等)。为了用计算机进行信息管理,还必须进一步舍去物质要素,收集有关资料,进行数据流程分析,绘制出原系统的数据流程图,为下一步分析做好准备。

数据流程分析是把数据在组织内部的流动情况抽象地独立出来,舍去了具体的组织机构、信息载体、物质、材料等,仅从数据流动过程来考察实际业务的数据处理模式。数据流程分析主要包括对信息的流动、传递、处理、存储等的分析。

数据流程分析的目的是要发现和解决数据流通中的问题,这些问题包括流通不畅、前后数据不匹配、数据处理过程不合理等。问题产生的原因有的是属于原系统管理混乱,数据处理流程本身有问题,有的也可能是我们调查了解数据流程有误,总之这些问题都应该尽量地暴露并加以解决。一个通畅的数据流程是今后新系统用以实现这个业务处理过程的基础。

数据流程图是数据流程分析所使用的主要工具之一。数据流程图用少量的几个符号综合地反映出信息在系统中的流动、处理和存储情况,具有抽象性和概括性的特点。

6.5.1 数据流程图的基本符号

数据流程图基本符号,如图 6.7 所示。

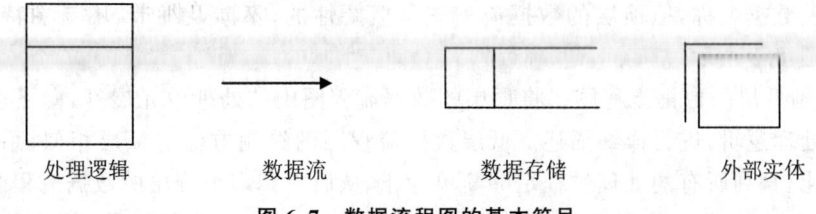

图 6.7 数据流程图的基本符号

1. 外部实体

指本系统之外的人或单位等实体,所描述的是系统的数据来源和去向,这些实体向本系统发出或接收数据,系统开发不能改变这些外部项的结构和固有属性。确定系统的外部实体,实际是就是明确系统与外部环境之间的界限,从而确定系统的范围。为了使图形清晰,避免流线交叉,同一外部实体可在不同处出现。外部实体要有标记。同一实体在不同处出现,要在右下角打上斜线。

2. 处理逻辑

描述系统对信息进行处理的逻辑功能,它描述的是怎样把输入数据转换成输出数据的。处理逻辑用上下相连的矩形表示,上部为标识号,通常用"P"开头,下部为功能描述、实行的部门或程序名。

3. 数据流

数据流表示流动着的数据，它可以是一项数据，也可以是一组数据（如订货单、扣款数据文件等）。数据流用带有名字的箭头表示，数据流上要有文字说明，名字表示流经的数据，箭头表示数据流向。

4. 数据存储

它是指逻辑意义上数据存储环节，不考虑存储的物理介质和技术手段，仅逻辑意义上的存储，如数据文件、账本等。数据存储用右边开口的长方形表示，图形右部填写数据存储的名字，指向数据存储的数据流箭头说明是读出还是写入。

6.5.2 数据流程图的绘制

1. 绘制数据流程的一般步骤

① 明确系统的界面。数据流程图遵循"由外向内，自顶向下"的原则，即先确定系统的范围，确定与本系统有关的外部实体。就是找出那些不受所描述系统控制但又影响系统运行的外部环境，这就是系统的数据输入的来源和去向，这些实体确定下来，也就是系统的输入数据的来源，输出数据的去向。

② 确定系统的处理逻辑。

③ 确定系统的存储单元，即确定系统中需要存储的文件和数据。

④ 绘制顶层数据流程图。按照系统功能结构绘制顶层的数据流程图，即按照从左到右、自顶向下的顺序，将各个处理单元和存储单元通过数据流连接起来，并填写处理单元、存储单元及数据名称，但顶层的数据流程图是概要性的，不涉及细节，不考虑特殊情况。其过程如图 6.8 所示。

⑤ 绘制低层的数据流程图。将顶层的数据流程图中的处理单元展开，向下逐层扩展成多个子处理逻辑，进行详细描述。低层数据流程图的绘制方法与顶层相似，系统庞大，要逐层细化，直到所有的处理过程足够简单为止，从而得到多个分层的数据流程图。

⑥ 组织用户领导、管理人员和业务人员等各方面代表反复讨论、分析、比较，直到得到一个用户和开发人员都能理解、满意的数据流程图。

第 6 章 管理信息系统的系统分析

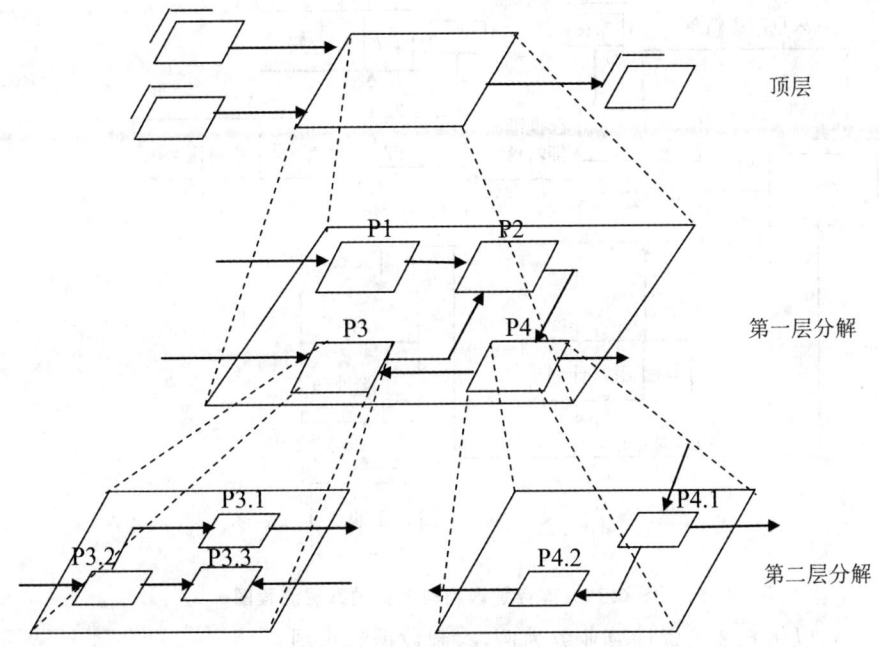

图 6.8 数据流程图的层次结构图

2. 数据流程图举例

例 6.4：绘制例 6.1 的数据流程图如下。

① 首先画出顶层数据流程图，如图 6.9 所示。

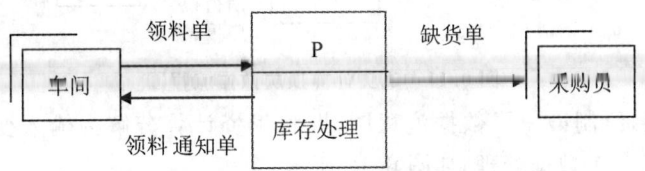

图 6.9 库存管理领料业务的顶层数据流程图

② 对顶层数据流程图中的库存处理再进一步分解为审批处理、库存处理和订货处理三个处理逻辑，如图 6.10 所示。

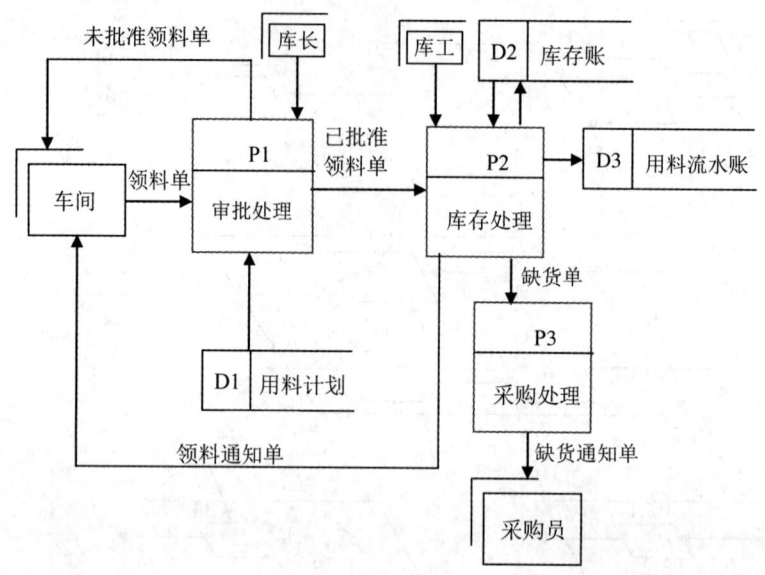

图 6.10 库存管理领料业务的数据流程图

例 6.5：以例 6.2 工资计算业务为例，绘制数据流程图。

① 绘制顶层数据流程图，如图 6.11 所示。

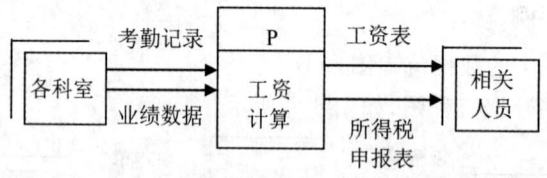

图 6.11 工资计算顶层数据流程图

② 分解顶层，绘制第一层数据流程图，即将工资计算分解为输入变动工资、计算工资、输出工资报表三个数据处理，如图 6.12 所示。

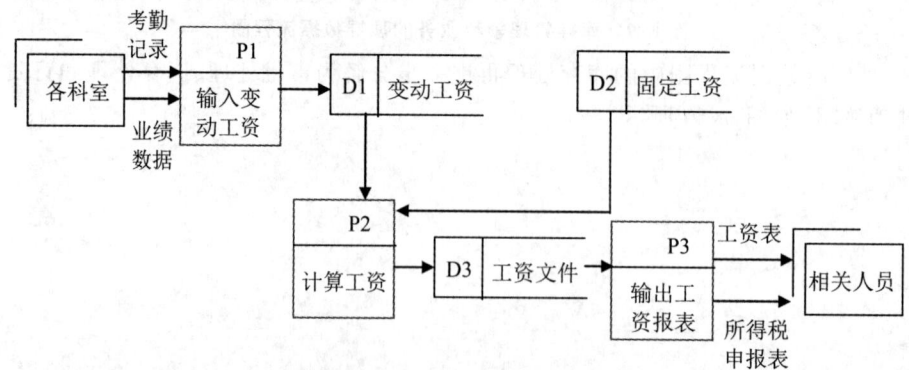

图 6.12 工资计算数据流程图

③ 细分第一层数据流程图，绘制底层数据流程图。即将第一层数据流程图中的输入变动工资分解为输入考勤数据、输入业绩数据、计算考勤工资、计算绩效工资四个数据处理，而计算工资和输出工资报表无需分解。绘制结果如图 6.13 所示。

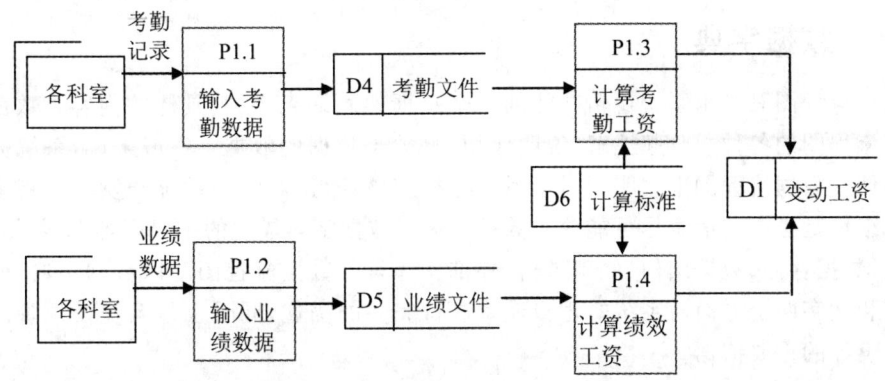

图 6.13 工资计算底层数据流程图

6.5.3 绘制数据流程图的注意事项

系统分析人员可以利用数据流程图自顶向下地分析整个系统的信息流程,根据逻辑存储,可以进一步做数据分析,向数据库设计过渡,根据数据流向,确定存储方式,可以在数据流程图上标出需要计算机处理的部分,对应一个处理过程,可用相应的程序语言来表达处理方法,向程序设计过渡。但绘制数据流程图时需注意以下事项。

1. 数据要守恒

数据流程图采用自顶向下逐步细化的原则,最上层的数据流程图概括地反映出信息系统最主要的逻辑功能、最主要的外部实体和数据存储。下层对上层中某些处理过程加以分解,是对上层图中某个处理框的"放大",因此,上层图中的某一处理框的外部实体、输入/输出数据流、数据存储必须出现在相应的子图中,否则就会出现上层与下层数据不平衡的状况。

2. 加工与文件的联系(读写、修改)是用连线箭头的方向来表示的

箭头指向文件,表示该加工要对该文件写数据;箭头指向加工,表示该加工要读该文件中的数据。如果加工要修改文件中的数据,箭头也应是指向文件。

3. 关于层次的划分

最上层的数据流程图概括地反映出信息系统主要的逻辑功能、最主要的外部实体和数据存储。下层对上层的某些处理过程加以分解,随着处理过程的分解,功能越来越具体,数据流越来越多。究竟怎样划分层次,划分到什么程度,没有绝对的标准,一般认为展开的层次与管理层次一致。

4. 加工处理的命名要适当并给出编号

名字要能表示出加工的真正含义,反映加工的整体,并对加工进行编号,编号应反映出它的层次关系。

5. 对数据流程图的表示方法不是唯一的

系统分析员的个人经验和水平不同,对问题的理解不同,所绘制的数据图可能也有所不同。

6.5.4 数据字典

数据流程图只给出系统逻辑功能的一个总框架而缺乏详细、具体的内容。数据字典对数据流程图的各种成分起注解、说明作用,是关于数据的数据。一般来说,系统分析人员把不便在数据流程图上注明而对于系统分析应该获得、对整个系统开发以至将来系统运行与维护是必需的信息尽可能放入数据字典。数据字典描述的主要内容有:数据流、数据元素、数据存储、数据结构、处理逻辑、外部实体等。数据流程图配以数据字典,就可以从图形和文字两个方面对系统的逻辑模型进行完整的描述,同时也是系统设计阶段进行数据库设计的重要依据。

1. 数据项的定义

数据项又称数据元素,是数据的最小单位。分析数据特性应从静态和动态两个方面去进行。在数据字典中,仅定义数据的静态特性,具体包括:① 数据项的名称、编号、别名和简述;② 数据项的长度;③ 数据项的取值范围。

例:数据项定义
数据项编号:I02—01
数据项名称:材料编号
别　　　名:材料编码
简　　　述:某种材料的代码
类型及宽度:字符型,4位
取　值　范　围:"0001"～"9999"

2. 数据结构的定义

数据结构描述某些数据项之间的关系。一个数据结构可以由若干个数据项组成,也可以由若干个数据结构组成,还可以由若干个数据项和数据结构组成。如表6.1所示订货单就是由三个数据结构组成的数据结构,表中用DS表示数据结构,用I表示数据项。

表6.1 用户订货单的数据结构

	DS03—01:用户订货单	
DS03—02:用户单标识	DS03—03:用户情况	DS03—04:配件情况
I1:订货单编号	I3:用户代码	I10:配件代码
I2:日期	I4:用户名称	I11:配件名称
	I5:用户地址	I12:配件规格
	I6:用户姓名	I13:订货数量
	I7:电话	
	I8:开户银行	
	I9:账号	

数据字典中对数据结构的定义包括以下内容:数据结构的名称和编号,简述,数据结构的组成。

如果是一个简单的数据结构,只要列出它所包含的数据项。如果是一个嵌套的数据结构(即数据结构中包含数据结构),则需列出它所包含的数据结构的名称,因为这些被包含的数据结构在数据字典的其他部分已有定义。

例:数据结构定义

数据结构编号:DS03—01

数据结构名称:用户订货单

简　　　述:用户所填用户情况及订货要求等信息

数据结构组成:DS03—02＋DS03—03＋DS03—04

3. 数据流的定义

数据流由一个或一组固定的数据项组成。定义数据流时,不仅要说明数据流的名称、组成等,还应指明它的来源、去向、高峰期和数据流量等。

例:数据流定义

数据流编号:F03—08

数据结构名称:领料单

简　　　述:车间开出的领料单

数据流来源:车间

数据流去向:发料处理模块

数据流组成:材料编号＋材料名称＋领用数量＋日期＋领用单位

数据流量:10 份/时

高峰流量:20 份/时(上午 9:00—11:00)

4. 处理逻辑的定义

处理逻辑的定义仅对数据流程图中最底层的处理逻辑加以说明。

例:处理逻辑定义

处理逻辑编号:P02—03

处理逻辑名称:计算电费

简　　　述:计算应交纳的电费

输入的数据流:数据流电费价格,来源于数据存储文件价格表;数据流电量和用户类别,来源于处理逻辑"读电表数字处理"和"数据存储用户文件"。

处理:根据数据流"用电量"和"用户信息",检索用户文件,确定该用户类别;再根据已确定的该用户类别,检索数据存储价格表文件,以确定该用户的收费标准,得到单价;用单价和用电量相乘得该用户应交纳的电费。

输出的数据流:数据流"电费"一是去外部项用户,二是写入数据存储用户电费账目文件。

处理频率:对每个用户每月处理一次。

5. 数据存储的定义

数据存储在数据字典中只描述数据的逻辑存储结构,而不涉及它的物理组织。

例:数据存储定义

数据存储编号:F03—08
数据存储名称:库存账
简　　　述:存放配件的库存量和单价
数据存储组成:配件编号＋配件名称＋单价＋库存量＋备注
关　键　字:配件编号
相关联的处理:P02,P03

6. 外部实体的定义

外部实体定义包括:外部实体编号、名称、简述、有关数据流的输入和输出。
例:外部实体定义
外部实体编号:S03—01
外部实体名称:用户
简　　　述:购置本单位配件的用户
输入的数据流:D03—06,D03—08
输出的数据流:D03—01

数据字典实际上是"关于系统数据的数据库",从系统分析一直到系统设计和实施都要使用它,是不可缺少的工具。数据字典是所有人员工作的依据,所以,在数据字典的建立、修正和补充过程中,统一标准,保证数据的一致性和完整性。

数据字典可以用人工建立卡片的方法来管理,也可存储在计算机中用一个数据字典软件来管理。

6.5.5　描述处理逻辑的工具

数据流程图中比较简单的处理逻辑可以在数据字典中给出定义,但对于不少逻辑上比较复杂的处理,有必要运用一些描述处理逻辑的工具加以说明。但在说明时,只需针对数据流程图中最底层的处理逻辑进行即可,因为上层处理逻辑仅是底层处理逻辑的概括,下面介绍能简洁地描述逻辑判断功能的几种工具。

1. 判断树

判定树是用树形分叉图表示处理逻辑的一种工具。它由两部分组成,左侧用分叉表示条件,右侧表示采取的行动(决策)。判定树比较直观,容易理解,但当条件多时,不容易清楚地表达出整个判别过程。

例 6.6:某公司对于订货处理,根据不同的条件给予不同的折扣方案。

年交易额在 10 万元以上且无欠款,可享受 15% 的折扣;如果有欠款,是本公司 5 年以上的老顾客,可享受 10% 的折扣;若不是 5 年以上的老顾客,则只有 5% 的折扣。年交易额在 10 万元或 10 万元以下,如果无欠款,且是本公司 5 年以上的老顾客,可享受 5% 折扣;否则无折扣。如图 6.14 所示是该公司订货折扣方案的判断树。

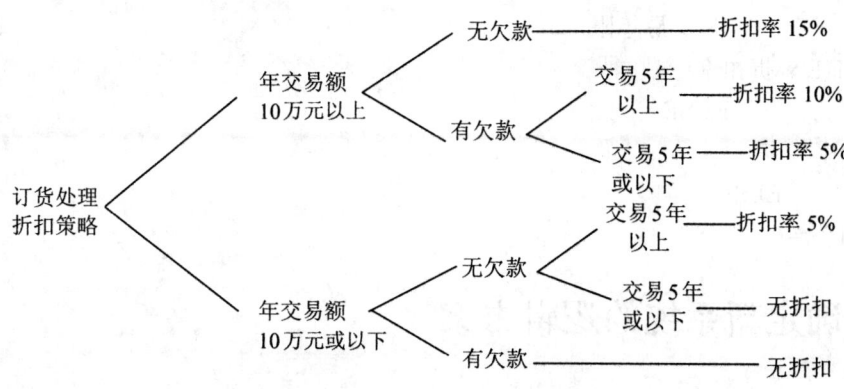

图 6.14 订货折扣方案的判断树

2. 判断表

判定表采用表格形式来表达逻辑判断问题,适合条件较多,决策方案也较多的情况。表格分成四个部分:左上角为条件说明,左下角为行动说明,右上角为各种条件的组合说明,右下角为各条件组合下相应的行动。

例 6.7:以上面例 6.6 为例来说明,表 6.2 表示处理销售折扣的判断表。

表 6.2 订货折扣方案的判断表

	条件及操作	1	2	3	4	5	6
条件	C1:年交易额 10 万元以上	Y	Y	Y	N	N	N
	C2:无欠款	Y	N	N	Y	Y	—
	C3:交易 5 年以上	—	Y	N	Y	N	—
操作	A1:折扣率 15%	√					
	A2:折扣率 10%		√				
	A3:折扣率 5%			√	√		
	A4:无折扣					√	√

3. 结构英语表示法

这是一种模仿计算机语言的处理逻辑描述方法。它使用了由"IF""THEN""ELSE"等词组成的规范化语言。

```
IF 年交易额＞10 万元
    IF 欠款额＝0
        THEN 折扣率＝15%
        ELSE
    IF  交易年限＞5
        THEN 折扣率＝10%
        ELSE
            折扣率＝5%
ELSE
    IF 欠款额＝0
```

```
            IF 交易年限＞5
      THEN 折扣率＝5％
                ELSE
折扣率＝0
                ELSE
折扣率＝0
```

6.6 确定新系统的逻辑方案

新系统逻辑方案指的是经过分析和优化后,新系统开发中要采用的管理模型和信息处理方法。因它不同于计算机配置方案和软件结构模型方案等实体结构方案,故称其为逻辑方案。系统分析阶段的详细调查、系统化分析都是为建立新系统的逻辑方案做准备。逻辑方案是系统分析阶段的最终成果,也是今后进行系统设计和实施的依据。逻辑方案主要包括以下内容。

6.6.1 确定新系统的目标

根据详细调查对可行性分析报告中提出的系统目标做再次考察,对项目的可行性和必要性进行重新考虑,并根据对系统建设的环境和条件的调查修正系统目标,使系统目标适应组织的管理需求和战略目标。

6.6.2 确定新系统的业务流程

分析原有系统中存在的问题以对现有业务流程进行重组,产生新的更为合理的业务流程。业务流程分析过程包括以下内容。

1. 原有流程的分析

分析原有的业务流程的各处理过程是否具有存在的价值,其中哪些过程可以删除或合并,原有业务流程中哪些过程不尽合理,可以进行改进或优化。

2. 业务流程的优化

原有业务流程中哪些过程存在冗余信息处理,可以按计算机信息处理的要求进行优化,分析流程的优化可以带来什么好处。

3. 确定新的业务流程

画出新系统的业务流程图。

4. 确定新系统的人机界面

新的业务流程中人与机器的分工,即哪些工作可由计算机自动完成,哪些必须有人的参与。

6.6.3 数据及数据流程分析整理的结果

与业务流程的改进和优化相对应,数据流程的分析和优化一直是系统分析的重要内容。数据流程分析的内容包括以下几个方面。

1. 原有数据流程的分析

分析原有的数据流程的各处理过程是否具有存在的价值,其中哪些过程可以删除或合并,原有数据处理流程中哪些过程不尽合理,可以进行改进或优化。

2. 数据流程的优化

原有数据流程中哪些过程存在冗余信息处理,可以按计算机信息处理的要求进行优化,分析流程的优化可以带来什么好处。

3. 确定新的数据流程

画出新的数据流程图。新系统的数据流程图是在以上分析优化过程中逐步完善的。

4. 新系统的人机界面

为了明确新系统的人机接口,新的数据流程图中还要标明人与机器的分工,即哪些工作可由计算机自动完成,哪些必须有人的参与。

6.6.4 确定新系统的功能模型

在系统规划时已对子系统做了划分,但子系统的下属详细功能模块还需确定,进而形成完整的新系统功能模型。借助于组织结构与功能分析时,对系统详细的调查和分析,确定各个子系统下属功能模块。

6.6.5 确定新系统的数据资源分布

在系统功能分析与子系统划分之后,应该确定数据资源在新系统中的存放位置,即哪些数据存储在本系统的内部设备上,哪些数据存储在网络或主机上。

6.6.6 确定新系统的管理模型

管理模型是系统在每个具体管理环节上所采用的管理方法。在老的手工系统中,由于受信息获取、传递和处理手段的限制,只能采用一些简单的管理模型,而在计算机技术支持下,许多复杂的计算在瞬间即可完成,像 ERP 等现代管理方法的应用就具有了实现的可能性。在管理信息系统的系统分析中,就要根据业务和数据流程的分析结果,对每个处理过程进行认真分析,研究每个管理过程的信息处理特点,找出相适应的管理模型,这是使管理信息系统充分发挥作用的前提。常用的管理模型大类包括综合计划模型、生产计划管理模型、库存管理模型、财务成本管理模型、统计分析与预测模型等。

由于管理模型是一个广义的概念,涉及管理的方方面面,同时不同单位由于环境条件各不相同,对管理模型也会有不同的要求,在系统分析阶段必须与用户协商,共同决定采用哪些管理模型。

6.7 系统分析报告

系统分析报告也叫用户需求报告,是系统分析阶段的成果。系统分析完成后,对系分析的结果进行整理,形成文字,这就是系统分析报告。系统分析报告的主要内容包括以下几个方面。

1. 引言

本部分具体包括系统名称、用户名称、项目目标、主要功能、开发背景等。

2. 现行系统的调查情况

(1) 现行系统的现状调查:包括组织机构图、系统目标、功能一览表、业务流程图、数据流程图、数据字典、数据加工处理描述等,以及存在的薄弱环节等。

(2) 系统需求说明:用户需求及主要存在的问题等。

3. 新系统的逻辑模型

新系统的逻辑模型是系统分析报告的主体部分,主要包括:系统业务流程分析整理的结果,系统数据流程分析整理的结果,数据字典,功能模型和子系统划分的结果,各个具体业务过程以及新系统中建立的管理模型和管理方法等。

【知识总结】

本章讲述的是结构化开发方法的系统分析,首先介绍了系统分析的任务和一般步骤,接下来从系统分析的一般步骤开始,讲述了初步调查、可行性分析、详细调查、业务流程分析、数据流程分析,另在数据分析中涉及的两类工具数据字典和判断树、判断表。在上述分析的基础上提出新系统的逻辑方案,为下一步系统设计和系统实施做准备。

【思考题】

1. 简答题

(1) 系统分析的主要任务是什么?

(2) 常用的系统调查方法有哪些?

(3) 数据字典的作用是什么?它包含哪些内容?

(4) 新系统的逻辑方案包括哪些内容?

(5) 系统分析报告的主要内容是什么?

2. 某工厂库存管理的业务过程如下:

供应部门收到计划科送来的生产计划、工艺科送来的材料消耗定额以及维修部门送来的维修用料计划,进行如下处理。

计算生产用料。由生产计划和材料消耗定额计算生产用料,生成生产用料表。

计算材料总需用量。由生产用料表和维修用料计划,计算材料总需用量,生成材料总需求量表。

制订材料订购计划。由材料需用总量、材料库存数据、订购合同等信息,制定材料订购计划,除保存外,分别送厂部和财务科。试按以上业务过程画出业务流程图和数据流程图。

3. 根据对成绩管理的描述，画出该系统的业务流程图和数据流程图。

教务处接收教师交来班级学生成绩单，对照教学计划和学生名册进行核对。核对正确后登录学生成绩表。从学生成绩表对成绩进行鉴定，确定补考和留级学生名单，将补考和留级学生名单交给学生所在院系办公室，将留级学生名单报学生处。

4. 货运收费策略：铁路运费时，若收货地点在本省内，快件每千克1.5元，慢件每千克1元。若收货地点在省外，重量小于或等于20千克，快件每千克2元，慢件每千克1元，若重量大于20千克，超重部分每千克加收0.2元。分别用判断树和判断表描述这一处理逻辑。

【案例6.1】

系统分析是系统开发成功的关键

广东某大型外贸进出口公司计划建设管理信息系统，由某个高校计算机专业老师组成的开发小组开发。为了确保该项目的顺利进行，公司总经理决定以下属玩具分公司为试点，并由玩具分公司领导及其业务骨干组成管理信息系统协调小组。该小组的主要任务，首先是对管理信息系统的开发和实施负有领导责任，其次是组织、协调本单位与管理信息系统开发相关的各个部门的相关人员，为开发人员提供需求，同时与开发人员一起制订需求方案和开发计划，从而确定项目的开展。

不久，该高校派来两名系统分析员进驻玩具分公司。开始的工作是相当缓慢的，主要的问题是，两名分析人员不知道从何入手。虽然玩具公司的人热情接待，公司领导也再三强调，所有人员应该积极配合调研人员的工作，但各部门工作繁忙，尤其是广交会期间，各部门业务人员大部分时间都在工作，无暇顾及提交需求报告。时间过去半个月，工作几乎没有进展。系统分析员说客户不配合，玩具公司的人员说这些调研人员不懂外贸业务，双方相互抱怨。最后还是领导态度坚决，以任务的形式强制要求各部门限期把本部门的需求报告提交出来，否则追究各部门领导的责任。又两周过去了，需求提交了上来，两位系统分析人员看到各部门提交的需求报告时，感到非常茫然。这种需求表述他们根本看不懂，既没有流程，也没有说明，有的只是几条粗略的要求。两位系统分析员只好把提交的所谓需求报告带回去，独自揣摩和分析。又过了一个多月，两位系统分析员又来到玩具公司，出了一份详尽的需求报告。需求报告写得相当专业，业务流程图、数据流图、数据字典都有了。玩具公司把该需求报告按业务分发到各部门，要求各部门提出意见，进行修改，验证需求报告是否正确。又一周过去了，当收回所有发出去的需求报告时，分析员惊讶地发现，需求报告改动得很少，有的甚至看都没有看，报告纸都是新的。没有办法，玩具公司负责人只好拿着这份需求报告逐部门地去征求意见。又过了一段时间，意见反馈才收集上来，交给系统分析员，要求按新的意见对需求报告进行修改。

终于可以开发软件了。经过近一年的艰苦奋战，开发工作告一段落。在玩具公司的会议室，系统分析员向玩具公司各部门的主要领导和业务负责人演示开发的信息系统。系统介绍完毕后，系统分析员让在座的各位业务专家提出意见，以便继续修改完善系统。

万万没有想到的是,业务人员指出多处与业务流程不符的地方,对外贸易部的主任甚至说:"这软件根本不能用,根本不符合现有的管理流程,尤其是××部分,简直是胡编。"系统分析员坐不住了,想据理力争,因为业务流程是经过业务人员的确认和认可的。玩具公司领导只好让分析员将已经开发的程序安装在各部门的计算机上,参照已有的程序,重新提出需求。

系统分析员一脸无奈,什么也说不出来,痛心的是一年的时间得到的到底是什么。他们感到有些恐慌,下一步该怎么办。

思考:

怎样理解系统分析需要用户与系统分析人员相互配合?

第7章 管理信息系统的系统设计

【知识导航】

系统设计的任务；
模块结构图的设计；
模块设计的原则；
系统物理配置方案设计的依据；
代码设计的原则及代码的分类。

信息系统设计是在系统分析研究的基础上进行的，也是新系统物理模型设计阶段。该阶段根据系统分析所确定的新系统的逻辑模型，综合考虑各种约束条件，利用一切可用的技术手段和方法，将系统的逻辑模型转化为系统的物理模型，即解决"系统怎样做"的问题。

7.1 系统设计概述

7.1.1 系统设计的任务

系统设计的任务是在系统分析提出的逻辑模型基础上，科学合理地进行物理模型的设计，具体包括总体结构设计和详细设计。

1. 总体结构设计

(1) 模块结构设计。系统模块结构设计的任务是划分子系统，然后确定子系统的模块结构，并画出模块结构图。在这个过程中必须考虑以下几个问题：将系统划分成模块、决定每个模块的功能和模块之间的调用关系、模块之间的信息传递、画出模块结构图设计。

(2) 计算机物理系统配置方案设计。在进行总体设计时，还要进行计算机物理系统配置方案的设计，要解决计算机软硬件系统的配置、通信网络系统的配置、机房设备的配置等问题。

2. 详细设计

详细设计是为各个具体任务选择恰当的技术手段和处理方法，包括代码设计、数据结构与数据库设计、输入输出界面设计、计算机处理过程设计等。

3. 编写系统设计说明书

系统设计阶段的结果是系统设计说明书,它主要由模块结构图、模块说明书和其他详细设计的内容组成。

7.1.2 系统设计的原则

1. 系统性

系统是作为统一整体而存在的,因此,在系统设计中,要从整个系统的角度进行考虑,系统的代码要统一,设计规范要标准,传递语言要尽可能一致,对系统的数据采集要做到数出一处、全局共享,使一次输入得到多次利用。

2. 可变性

可变性是现代化企业的特点之一,是指其对外界环境变化的适应能力。作为企业的管理信息系统也必须具有相当的灵活性,以便适应外界环境的不断变化,而且系统本身也需要不断修改和完善。因此,在这里,系统的可变性是指系统允许被修改和维护的难易程度。一个可变性好的系统,各个部分独立性强,模块之间的耦合度小,容易进行变动,从而可提高系统的性能,不断满足对系统目标的变化要求。

3. 可靠性

系统的可靠性指系统硬件和软件在运行过程中抵抗异常情况的干扰及保证系统正常工作的能力。一个成功的管理信息系统必须具备较高的可靠性,如安全保密性、检错和纠错能力、抗病毒能力等。

4. 经济性

系统的收益应大于系统支出的总费用。经济性指在满足系统需求的前提下,尽可能减小系统的开销。一方面,在硬件投资上不能盲目追求技术上的先进,而应以满足应用需要为前提;另一方面,系统设计中应尽量避免不必要的复杂化,各模块应尽量简洁,以便缩短处理流程、减少处理费用。

7.2 系统模块结构设计

总体结构设计阶段需要进行系统模块结构设计,要将一个大系统分解成不同层次、多个模块组成的系统,在详细设计阶段要在模块结构设计的基础上,给出每个模块实现方法的细节,并对模块的输入、输出和处理过程做详细描述,以便在系统实施阶段进行程序设计时可以把这个描述直接"翻译"成用某种程序设计语言书写的程序。系统设计在技术上有相当的难度,为此需要有一定的设计方法和设计工具来指导。20 世纪 70 年代以来,出现了多种设计方法,其中结构化设计方法是较为典型的方法。

7.2.1 结构化设计方法

结构化设计方法是以数据流程图为基础的,采用模块化、自顶向下逐步求精的基本思想,以数据流程图为基础构造出模块结构图。采用分解的方法,即把系统分解成由相对独立的、功能单一的若干模块组成的结构,从而把复杂系统的设计转变为多个简单模块的设计。由于模块之间相对独立,每一模块都可以单独地被理解、编写、测试、排错和修改,从而防止错误在模块之间扩散蔓延,提高了系统的质量。

7.2.2 采用的描述工具

结构化设计方法使用的描述工具是模块结构图。例如,图 7.1 是一个计算工资的模块结构图。该图不仅描述了系统的子系统结构与分层的模块结构,还清楚地表示了每个模块的功能、模块内联系和模块间联系等特性。

1. 模块的概念

把一个系统分解成若干彼此独立且又具有一定联系,能够完成某个特定任务的组成部分。这些组成部分就称为功能模块,简称模块。一个模块的规模可大可小。它可以是一个程序,也可以是程序中的一个程序段或一个函数、过程或子程序。模块是模块结构图中最基本、最主要的元素,它的特点是可以组合、分解和更换。

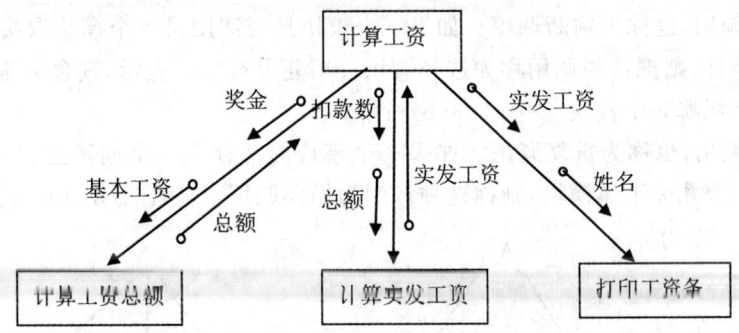

图 7.1 计算工资的模块结构图

一个模块应具备以下四个要素:

① 输入和输出。模块的输入来源和输出去向都是同一个调用者,即一个模块从调用者那里取得输入,进行加工后再把输出返回调用者。

② 处理功能。指模块把输入转换成输出所做的工作。

③ 内部数据。指仅供该模块本身引用的数据。

④ 程序代码。指用来实现模块功能的程序。

前两个要素是模块的外部特性,即反映了模块的外貌。后两个要素是模块的内部特性。在结构化设计中,主要考虑的是模块的外部特性,其内部特性只做必要了解,具体的实现将在系统实施阶段完成。

2. 模块结构图

模块结构图是结构化设计中描述系统模块结构的图形工具。作为一种文档,它必须严格地定义模块的名字、功能和接口,同时还应当在模块结构图上反映出结构化设计的思想。模块结构图由模块、调用、数据、控制组成,如图 7.2 所示。

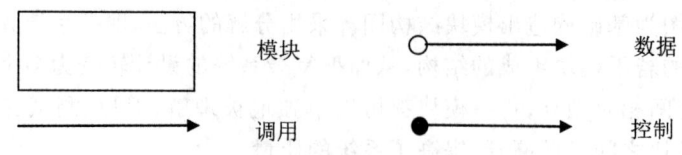

图 7.2　模块结构图的基本符号及表示方法

(1) 模块

用方框表示,方框中写上模块名称,一个模块的名称应反映出该模块的功能。

(2) 调用

从调用模块指向被调用模块的箭头。箭头总是由调用模块指向被调用模块,被调用模块执行后又返回到调用模块。

模块间的调用关系分为直接调用、选择调用和循环调用三种,如图 7.3 所示。

① 直接调用,是一种最简单的调用关系,是指一个模块无条件地调用另一个模块,如图 7.3(a)所示,在该图中模块 A 直接调用模块 B,而模块 B 又直接调用模块 C。

② 选择调用,也称为判断调用。如果一个模块是否调用另一个模块取决于调用模块内部的某个条件,则把这种调用称为选择调用。用菱形符号◇表示,其含义是根据条件满足情况决定调用哪一个模块,如图 7.3(b)所示。

③ 循环调用,也称为重复调用。如果一个模块内部存在一个循环过程,每次循环中均需调用一个或几个下属模块,则称这种调用为循环调用,如图 7.3(c)所示。

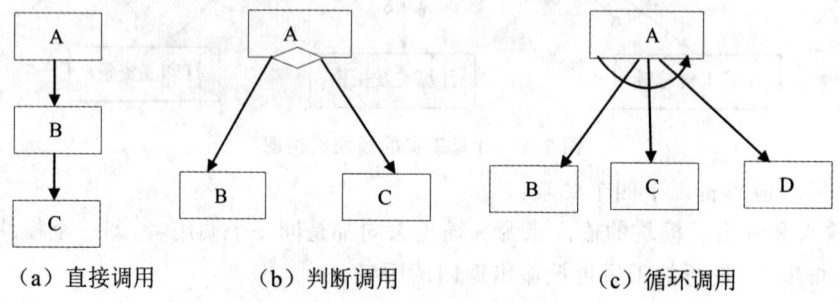

图 7.3　模块间的调用关系

(3) 数据

调用箭头旁的小箭头,表示从一个模块向另一个模块传送的数据,也指出了传送的方向,如图 7.4 所示。其中,空心圆表示传送的是数据信息,例如,"学号""成绩"等。实心圆表示传送的是控制信息,如"无此记录"等。

第7章 管理信息系统的系统设计

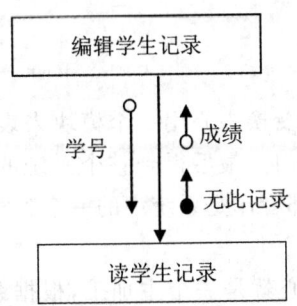

图7.4 模块间数据传递

7.2.3 模块结构图的设计

模块结构图是由数据流程图转换而来的,也就是以数据流程图为基础设计系统的模块结构。下面先分析数据流程图的结构,数据流程图一般有两种典型的结构,变换型结构和事务型结构。然后根据不同类型的数据流程图采用不同的方法把数据流程图变换成相应的模块结构。

变换型结构:是一种线性结构,数据流程图可以明显地分成输入—主加工—输出三部分,如图7.5所示。

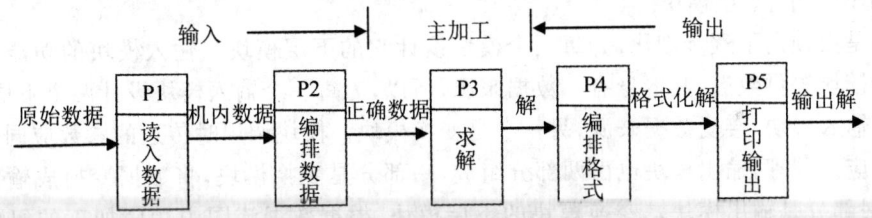

图7.5 变换型结构数据流程图

事务型结构:图中的某个加工将它的输入分离成一串平行的数据,然后有选择地执行后面的某个加工,如图7.6所示。

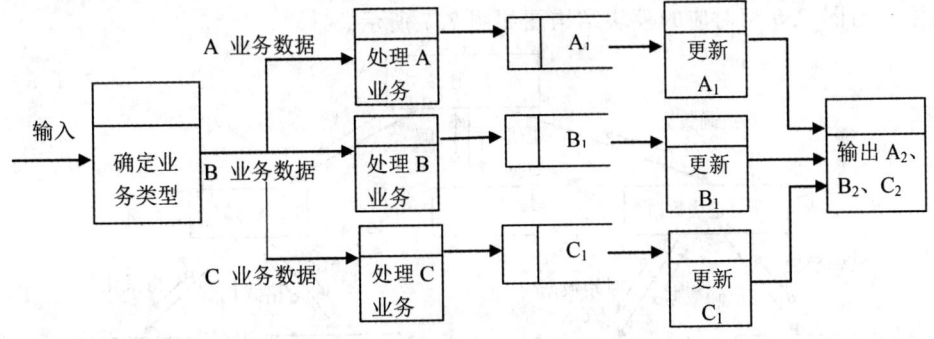

图7.6 事务型结构数据流程图

针对两种类型的数据流程图,可分别采用变换分析技术和事务分析技术导出标准形式的模块结构图。从数据流程图中可知,对于高层数据流程图,一般输入分离成一串平行的数据流,有选择地执行后面的操作,可采用事务分析技术,而对于低层数据流程图,可采用变换分析技术。

1. 变换分析设计方法

首先找出变换中心,将这个变换中心用一个模块来表示,这就是顶层模块,或称主模块,然后从顶层模块向下,逐步细化,最后得到整个系统的模块结构图。变换分析技术把数据流程图中的每一个功能框都看作是系统中的一个独立的部分,也就是一个子系统、子过程。其步骤如下:

① 找出变换中心。变换中心就是一个主加工,根据系统说明书中的说明,可决定数据流程图中哪些加工是主加工,一般来说,一个流程图中最核心、最重要的加工就是主加工。如果单从数据流程图中分析,几股数据流的汇合处或者一股数据流的分流处往往就是系统或某个功能的主加工,也就是系统的变换中心。若还不能确定,在数据流程中找出输入数据的最后一步和输出数据的第一步,这两个点之间留下的所有加工用一个大框框起来成为一个逻辑加工,将此加工用功能模块来表示,就是结构图的顶层模块。

② 设计模块结构的顶层和第一层,为逻辑输入设计一个输入模块(系统主加工的输入数据流),它的功能是向主模块提供数据。为逻辑输出设计一个输出模块,它的功能是向输出主模块提供数据。为主加工设计一个变换模块,它的功能是将逻辑输入变换成逻辑输出。

③ 设计中、下层模块。

这是由顶向下逐步细化,为每一个模块设计它的下层模块。输入模块的功能是向它的调用模块提供数据,其本身有一数据来源,所以,为每一个输入模块设计两个下层模块,一个是输入模块,接受数据来源,另一个是变换模块。模块调用时传送的参数应同数据流图相对应。同理,输出模块也由两部分组成,一部分是变换模块,将数据变换成输出的形式,另一部分是输出模块。变换模块的下层模块,根据数据流图中相应加工的组成情况而定。

上述设计过程由顶向下递归进行,直至达到系统的输入端或输出端。变换时要注意调用模块与被调用模块间传递的数据要与数据流程图相对应,并给每个模块起一个适当的名字。与图 7.5 相对应的模块结构图如图 7.7 所示。

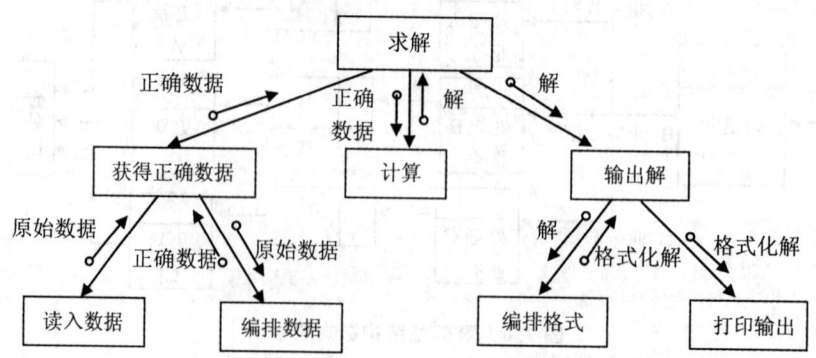

图 7.7 变换型结构模块结构图

2. 事务分析设计方法

在数据流程图上确定事务中心,为数据流程图上的事务中心设计主模块,再为每一种类型的事务处理设计一个事务处理模块,画出第一层模块。为每个事务处理模块设计下面的操作模块,再为操作模块设计细节模块,然后再重复逐层分解和优化,直到得到满意的模块结构图。与图 7.6 相对应的模块结构图如图 7.8 所示。

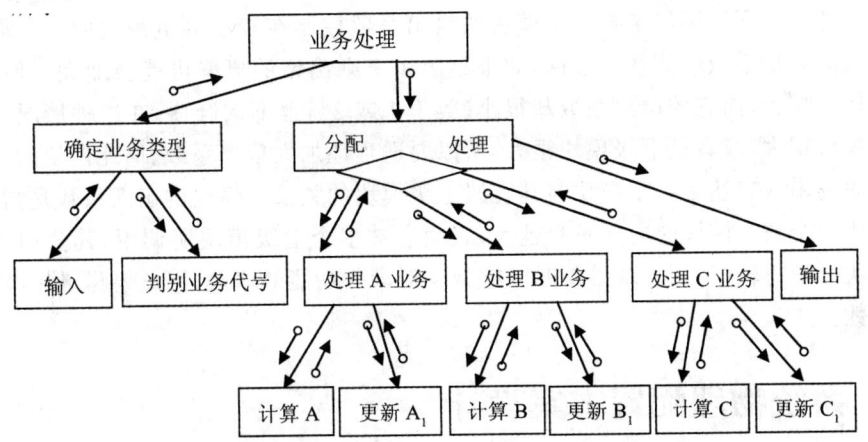

图 7.8 事务型结构模块结构图

7.2.4 模块设计的原则

采用事务分析、变换分析策略可以将应用系统的逻辑结构转换成系统的功能结构图,但所形成的功能结构图只是一张初始的草图,还必须依据一定的原则将其优化,只有这样设计出的系统才具有良好的结构。模块结构图设计原则包括了模块间的"耦合小、内聚大"的基本原则、分解原则、扇入与扇出原则等。

1. 模块间的"耦合小,内聚大"的基本原则

耦合表示模块之间联系的程度。紧密耦合表示模块之间联系非常强,松散耦合表示模块之间联系比较弱,非耦合则表示模块之间无任何联系,是完全独立的。内聚表示模块内部各成分之间的联系程度。

一般说来,在系统中各模块的内聚越大,则模块间的耦合越小。但这种关系并不是绝对的。耦合小使得模块间尽可能相对独立,从而各模块可以单独开发和维护。内聚大使得模块的可理解性和维护性大大增强。因此,在模块的分解中应尽量减少模块的耦合,力求增加模块的内聚。

2. 模块的分解原则

模块的分解是指把一个模块分解成若干个从属于它的新模块。如果一个模块很大,那么它的内部组成部分必定比较复杂,或者它与其他模块之间的耦合程度可能比较高。因此,对于这样一个较大的模块应该采取分解的方法把它尽可能分解成若干个功能单一的较小的模块,而原有的大模块本身的内容被大大减少并成为这些小模块的上级模块。在分解时即要考虑到模块的内聚性,又要考虑到模块之间的耦合程度,在这两者之间选择

一个最佳的方案。

3．模块的扇入和扇出原则

模块的扇出表达了一个模块对它的直属下级模块的控制范围。模块的扇出系数是指其直属下级模块的个数。

模块的直属下级模块越多,表明它要控制许多模块,所要做的事情也就越多,它的内聚性可能越低。所以要尽量把一个模块的扇出系数控制在较小的范围之内。一般来说,一个模块的扇出系数应该在 7 以内,如果超出了 7 则出错的概率可能会加大。但是如果一个模块比较大,而它的扇出系数却很小(等于 1 或 2),也不太合适,在这种情况下,或者是上级模块很大,或者是下级模块很大,所以要适当地加大扇出系数,简化模块的结构。

模块的扇入表达了一个模块与其直属上级模块的关系。模块的扇入系数是指其直接上级模块的个数。模块的扇入系数越大,表明它被多个上级模块所调用,其公用性很强,说明模块分解得较好,在系统维护时能够减少对同一功能的修改,因此要尽量提高模块的扇入系数。

7.3 系统物理配置方案设计

系统物理配置方案设计是按照新系统的目标及功能要求,综合考虑环境和资源等实际情况,从系统的目标出发,根据信息系统要求的不同处理方式,是批处理、联机输入批处理及分布式处理或混合方式的处理方式,进行具体的计算机软硬件系统及其网络系统的选择和配置,并提交一份详细的计算机物理配置方案报告。一般来讲,系统物理配置方案可从下面几个方面进行。

7.3.1 设计依据

1．系统的吞吐量

每秒钟执行的作业数称为系统的吞吐量。系统的吞吐量越大,则系统的处理能力就越强。系统的吞吐量与系统硬软件的选择有着直接的关系,如果要求系统具有较大的吞吐量,就应当选择具有较高性能的计算机和网络系统。

2．系统的响应时间

从用户向系统发出一个作业请求开始,经系统处理后,给出应答结果的时间称为系统的响应时间。如果要求系统具有较短的响应时间,就应当选择运算速度较快的计算机及具有较高传递速率的通信线路,如实时应用系统。

3．系统的可靠性

系统的可靠性可以用连续工作时间表示。例如,对于每天需要 24 小时连续工作的系统,则系统的可靠性就应该很高,这时可以采用双机双工结构方式。

4．集中式还是分布式

如果一个系统的处理方式是集中式的,则信息系统既可以是主机系统,也可以是网络系统,若系统的处理方式是分布式的,刚采用微机网络将更能有效地发挥系统的性能。

5. 地域范围

对于分布式系统,要根据系统覆盖的范围决定采用广域网还是局域网。

6. 数据管理方式

如果数据管理方式为文件系统,则操作系统应具备文件管理功能;如果数据管理方式为数据库管理方式,系统中应配备相应的数据库管理系统。

7.3.2 计算机硬件选择

计算机硬件的选择取决于数据的处理方式和要运行的软件。管理对计算机的基本要求是速度快、容量大、通道能力强、操作灵活方便,但计算机的性能越高,其价格也就越昂贵,因此,在计算机硬件的选择上应全面考虑。一般来说,如果系统的数据处理是集中式的,系统应用的主要目的是利用计算机的强大计算能力,则可以采用主机—终端系统,以大型机或中小型机作为主机,可以使系统具有较好的性能。对于企业管理等应用,其应用本身就是分布式的,使用大型主机主要是为了利用其多用户能力,则不如微机网络更为灵活、经济。

确定了数据的处理方式以后,在计算机机型的选择上则主要考虑应用软件对计算机处理能力的需求,包括计算机主存、CPU 时钟、输入、输出和通信的通道数目、显示方式、外接转储设备及其类型。

由于计算机的设计目标不同,因而可能在某一方面具有显著的优点而在其他应用场合却令人无法接受,在系统设计时,应根据应用的需要认真选择。

由于现在微机在性能上已经有了很大提高,甚至超过了早期大型机的水平,而价格又相对较低,一般企事业单位选择微机作为硬件支撑环境较为适宜。

7.3.3 计算机网络系统设计的选择

计算机网络系统设计主要包括网络计算模式、网络拓扑结构、网络的逻辑设计、网络操作系统等选择。

1. 网络计算模式

原来一般采用客户机/服务器(C/S)模式,但随着 Internet 技术的发展和广泛应用,MIS 的网络计算模式开始更多地采用浏览器/Web 服务器/数据库服务器(B/W/D)模式。

2. 网络拓扑结构

网络拓扑结构一般有总线型、星型、环型、混合型等。在网络选择上应根据应用系统的地域分布、信息流量进行综合考虑。一般来说,应尽量使信息流量最大的应用放在同一网段上。

3. 网络的逻辑设计

通常首先按软件将系统从逻辑上分为各个分系统或子系统,然后按需要配备设备,如主服务器、主交换机、分系统交换机、子系统集线器(HUB)、通信服务器、路由器和调制解调器等,并考虑各设备之间的连接结构。

4．网络操作系统

目前,流行的网络操作系统有 UNIX、Netware、Windows NT 等。UNIX 历史最早,是唯一能够适用于所有应用平台的网络操作系统;Netware 网络操作系统适用于文件服务器/工作站模式,具有较高的市场占有率;Windows NT 由于其 Windows 软件平台的集成能力,随着 Windows 操作系统的发展和客户机/服务器模式向浏览器/服务器模式延伸,无疑是有前途的网络操作系统。

7.3.4 数据库管理系统的选择

管理信息系统都是以数据库管理系统为基础,一个好的数据库管理系统对管理信息系统的应用有着举足轻重的重要影响。在数据库管理系统的选择上,主要考虑:数据库的性能、数据库管理系统的系统平台、数据库管理系统的安全保密性能和数据的类型。

目前,市场上数据库管理系统较多,流行的有 Oracle、Sybase、SQL Server、Informix、FoxPro 等,Oracle、Sybase 均是大型数据库管理系统,运行于客户机/服务器等模式,是开发大型管理信息系统的首选,FoxPro 在小型管理信息系统中最为流行,而 Informix 则适用于中型管理信息系统的开发。

7.3.5 应用软件的选择

根据应用需求开发管理信息系统是系统开发的一般情况,这样开发的系统最容易满足用户的特殊管理要求。但随着计算机产业的发展,也出现了许多商品化应用软件,这些软件技术成熟、设计规范、管理思想先进,直接应用这些商品化软件既可以节省投资,又能够规范管理过程、加快系统应用的进度,这时,就不一定要重新开发,而可以选用这些成熟的商品化软件。这时,系统设计人员就面临着应用软件的选择问题。

选择应用软件应考虑以下几个方面：

1．软件是否能够满足用户的需求

根据系统分析的结果,软件在功能上要能够满足数据表示(如记录长度、文件最大长度等)、数据存储量和查询等方面的要求。

2．软件是否具有足够的灵活性

由于管理需求的不确定性,系统应用环境不可避免地会经常发生变化,因此,应用软件要有足够的灵活性,以适应应用对软件的输入、输出的要求。

3．软件是否能够获得长期、稳定的技术支持

对于商品化软件,稳定的技术支持是必需的。这一方面是为了保证软件能够满足需求的变化,另一方面是便于今后随着系统平台的升级而不断升级。

7.4 代码设计

代码就是以数字或字符代表各种客观实体。代码是人和机器的共同语言,是系统进行信息分类、核对、统计、检索的依据。代码设计就是设计出一套为系统各部门公用的,优化的代码系统,这是实现计算机管理的一个前提条件。

7.4.1 代码的功能

1. 它为事物提供一个概要而不含糊的名称,便于数据的存储和检索

代码缩短了事物的名称,无论是记录、记忆还是存储,都可以节省时间和空间。

2. 使用代码可以提高处理的效率和精度

按代码对事物进行排序、累计或按某种规定算法进行统计分析,可以十分迅速。

3. 代码提高了数据的全局一致性

这样,对同一事物,即使在不同场合有不同的叫法,都可以通过编码统一起来,提高了系统的整体性,减少了因数据不一致而造成的错误。

4. 代码是人和计算机的共同语言,是两者交换信息的工具

在手工处理系统中,许多数据如零件号、设备号、图号等早已使用代码。为了给尚无代码的数据项编码,为了统一和改进原有代码,使之适应计算机处理的要求,在建立新系统时,必须对整个系统进行代码设计。

7.4.2 代码设计的原则

1. 唯一性

每个代码都代表唯一的实体或属性。

2. 通用性(标准化)

要尽量采用现有的通用代码。如国际、国家、行业规定的标准代码,按优先级别使代码的使用范围越广越好。

3. 系统性

代码要有规律,逻辑性强。这样即便于计算机处理,也便于识别、记忆以及在人工处理中使用。

4. 可扩充性

要考虑今后的发展,为增加新代码留有余地。当某个代码在条件或代表的实体改变时,直接利用原代码扩充,而不需要变动代码系统。

5. 简洁性

代码的结构要简单明了,含义单纯,容易理解。代码的长度影响其所占的存储空间、输入/输出及处理速度,以及输入时的出错率,因此应尽量简短。

6. 易修改性

当系统条件发生改变时，代码应当容易修改。

7.4.3 代码的分类与编码方法

目前最常用的分类方案有两种，一种是线性分类方法，另一种是面分类方法。在实际应用中根据具体情况各有其不同的用途。

1. 线性分类法

它是将被分类对象逐层分成相应的若干层次类目，首先给定母项，下分若干子项，子项下又分若干次子项，最后落到具体分类对象上，分类的结果形成了一层套一层的线性关系，如图 7.9 所示。

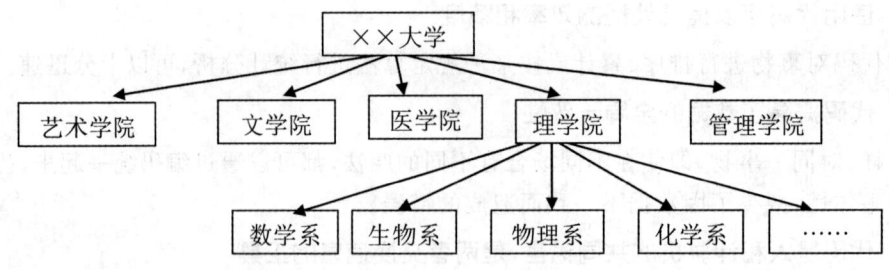

图 7.9 线性分类法

优点：结构清晰，容易识别和记忆，易查找。
缺点：结构不灵活，柔性差。
线性分类时要掌握两个原则：唯一性和不交叉性。

2. 面分类方法

面分类方法是将所选定的分类对象的若干个属性或特征视为若干个"面"，每个"面"中又可分成彼此独立的若干个类目，再按一定的顺序将各个"面"平等排列。使用时可根据需要将这些"面"中的类目按指定的顺序组合在一起，形成一个新的复合类目。

例如，服装的分类可采用面分类方法，选择服装材料、男女式样，服装款式作为三个"面"，每个"面"又可分成若干个类目，如表 7.1 所示。使用时将有关类目组合起来，如纯棉男式中山装、纯毛女式西装。

表 7.1 面分类方法

服装材料	男女式样	服装款式
纯棉	男式	中山装
纯毛	女式	西装
中长纤维	女式	连衣裙
……	……	……

优点：柔性好，面上的增、删、改很容易；可实现按任意组配面的信息检索，对机器处理有良好的适应性。

缺点是不易直观识别,不便于记忆。

3. 编码的种类

(1) 顺序码

顺序码又称系列码,它是一种用连续数字代表编码对象的码,像上面的线性分类法可采用这种编号方法,例如:

00 代表学校,01 代表数学系,02 代表物理系。

顺序码的优点是短而简单,记录的定位方法简单,易于管理。但这种码没有逻辑基础,它本身不能说明任何信息的特征。此外,新加的代码只能列在最后,删除则造成空码。通常,顺序码作为其他码分类中细分类的一种补充手段。

(2) 区间码

① 多面码:面分类方法可采用这种编码方法。一个数据项可能具有多方面的特性,如果在码的结构中,为这些特性各规定一个位置,就形成多面码。例如,对于机制螺钉,可做如表 7.2 那样的规定。代码 2342 表示材料为黄铜的 $\varphi1.5mm$ 方形头镀铬螺钉。

表 7.2 多面码示例

材料	螺钉直径(mm)	螺钉头形状	表面处理
1—不锈钢	1—$\varphi0.5$	1—圆头	1—未处理
2—黄铜	2—$\varphi1.0$	2—平头	2—镀铬
3—钢	3—$\varphi1.5$	3—六角方头	3—镀锌
		4—方形头	4—上漆

② 区间码。区间码把数据项分成若干组,每一区间代表一个组,码中数字的值和位置代表一定意义。典型的例子是我国的行政区代码和身份证代码。例如,国家标准局编写的中华人民共和国行政区代码(GB2260-84)。用 6 位数字,按层次分别表示我国各省(自治区、直辖市)、地区(市、州、盟)、县(市、旗、镇、区)的名称,从左至右的含义是:第 1、2 位表示省(自治区、直辖市);第 3、4 位表示地区(市、州、盟);第 5、6 位表示县(市、旗、镇、区)。

③ 助忆码。用文字、数字或文字数字结合起来描述,其特点是,可以通过联想帮助记忆。例如,用 W-B-12 代表 12 英寸黑白电视机,用 W-C-20 代表 20 英寸彩色电视机。

助忆码适用于数据项数目较少的情况(一般少于 50 个),否则可能引起联想出错。此外,太长的助忆码占用计算机容量太多,也不宜采用。

7.4.4 代码结构中的校验位

代码作为计算机的重要输入内容之一,其正确性直接影响到整个处理工作的质量。特别是人们重复抄写代码和将它通过人工输入计算机时,发生错误的可能性更大。为了保证正确输入,有意识地在编码设计结构中原有代码的基础上,另外加上一个校验位,使它事实上变成代码的一个组成部分。校验位通过事先规定的数学方法计算出来。代码一旦输入,计算机会用同样的数学运算方法按输入的代码数字计算出校验位,并将它与输入的校验位进行比较,以证实输入是否有错。

校验位可以发现以下各种错误:抄写错误,例如1写成7;易位错误,例如1234写成1324;双易位错误,例如26913写成21963;随机错误,包括以上两种或三种综合性错误或其他错误。

确定校验位值的方法很多,如下:

1. 算术级数法

原代码　　1　2　3　4　5
各乘以权　6　5　4　3　2
乘积之和　6+10+12+12+10=50
以11为模去除乘积之和,把得出的余数作为校验码:
$$50/11 = 4 \cdots\cdots 6$$

因此代码为123456。

2. 几何级数法

原代码　　1　2　3　4　5
各乘以权　32　16　8　4　2
乘积之和　32+32+24+16+10=114
以11为模去除乘积之和,把得出的余数作为校验码:
$$114/11 = 10 \cdots\cdots 4$$

因此代码为123454。

3. 质数法

原代码　　1　2　3　4　5
各乘以权　17　13　7　5　3
乘积之和　17+26+21+20+15=99
以11为模去除乘积之和,把得出余数作为校验码:
$$99/11 = 9 \cdots\cdots 0$$

因此代码为123450。

注意,以11为模时,若余数是10,则按0处理。

7.5　处理过程设计

总体结构设计中已经将系统分解成很多模块并决定了每个模块的外部特征,但每个模块的内部特征并没有定义,如实现功能的算法描述、数据的组织结构、数据流等内容,因此需要对未定义的模块的内部特征进行设计和说明。

处理过程设计也称为模块详细设计,是详细设计中最繁重的任务,主要内容是为每一个模块确定采用的算法和精确表达这些算法,为下一阶段系统实施中的编程提供依据。算法的确定涉及所开发系统的具体要求和每个模块的具体功能,因此不能一概而论;算法的表达涉及用一种合适的方法来描述每个模块的执行过程,这种方法应该简明、精确,并由此能直接导出编程语言的程序,常用的描述工具有程序流程图、PAD 图和盒图等。

① 程序流程图。

程序流程图又称框图,是一种传统的过程描述方法,程序流程图的优点是直观、灵活和方便,便于初学者掌握,也便于程序的阅读和理解。但它不符合结构化设计的要求,不能体现自顶向下的设计思想。

② PAD 图。

PAD 图是问题分析图,具有强烈的结构化特征,支持自顶向下、逐步求精的设计方法,逻辑清晰,易懂而且易用,容易将图转化为高级语言程序,已被广泛使用在详细设计之中。

③ 盒图。

盒图又称 N-S 图,是一种符合结构化程序设计原则的图形描述工具,其优点是过程的作用域明显,容易区分全局变量和局部变量,容易表示嵌套和层次关系等,也常被使用在详细设计之中。

7.6 输出设计

输出是系统产生的结果或提供的信息。对于大多数用户来说,输出是系统开发的目的和评价系统开发成功与否的标准。尽管有些用户可能直接使用系统或从系统输入数据,但都要应用系统输出的信息,输出设计的目的是正确及时地反映和组成用于生产和服务部门的有用信息。

7.6.1 确定输出内容

用户是输出信息的使用者,因此设计输出内容时,要根据用户对使用信息方面的要求来确定。具体输出内容的设计包括两个方面:一是有关输出信息使用方面的内容,如使用者、使用目的、报告量、使用周期、有效期和保管方法等。二是输出信息的内容,包括输出的项目、数据类型、宽度、精度、数据来源等。

7.6.2 确定输出设备及介质

常用的输出设备有显示器、打印机、磁盘机、磁带机、绘图仪等,输出介质有打印纸、磁带、磁盘、多媒体介质等。常见的输出设备和输出介质特点一览表如表 7.3 所示。

表 7.3 输出设备和输出介质特点一览表

输出设备	输出介质	用途	特点
显示器	屏幕	显示数据、文本和图形,主要用来实现人机对话、显示查询结果、预览输出报表等	响应快、灵活
打印机	打印纸	打印各种报表、书面材料	便于保存多份输出
磁盘机	磁盘	建立、保存和转存磁盘文件	易存取更新,容量大,速度快,携带方便

续表

输出设备	输出介质	用途	特点
磁带机	磁带	建立、保存、转存、备份文件	顺序存取、容量大
绘图仪	绘图纸	绘制图形	图形输出,精度高

7.6.3 确定输出格式

输出有多种多样的格式,与输出设备的选择有关。输出格式应满足使用者的要求和习惯,不仅清晰、美观,而且易于阅读和理解。信息系统常使用的输出格式有报表、图形等类型。

1. 报表格式

报表格式是最常用的一种输出形式,因用途不同在格式上稍有差异,一般由三部分组成:表头、表体和表尾,表头部分主要是标题,表体部分主要是表的实际内容,表尾是一些补充说明或脚注。报表的格式应尽量与系统流行的表格一致,尤其是统计部门统一定制的报表格式不能更改,可以修改的也必须由设计员和分析员共同协商,得到有关部门批准。常用的报表有四种格式:详细报表、汇总报表、异常报表和决策报表。

2. 图形格式

图形也是信息输出的一种主要格式,在表示事务的趋势、多维度的比较等方面有比较直观的优势。常用的图形有直方图、圆饼图、线图、地图等。

3. 多媒体格式

随着多媒体工具能力的提高,多媒体输出逐渐得到大量的使用,将视觉和声音输出结合起来表示信息是一种功能强大的方法,更接近信息本身。

输出内容、输出设备和输出格式设计完成后,填写输出设计书,如表 7.4 所示,最后形成输出设计报告。

表 7.4 输出设计书

输出设计书					
资料代码	GZ-01	输出名称		工资主文件一览表	
处理周期	每月一次	形式	行式打印表	种类	O-001
份数	1	报送	财务科		
项目号	项目名称	位数及编辑		备注	
1	部门代码	X(4)				
2	工号	X(5)				
3	姓名	X(12)				
4	级别	X(3)				
5	基本工资	9999.99				
6	房费	999.99				

7.7 输入设计

输出信息的正确性很大程度取决于输入信息的正确性和及时性,因此,必须科学地进行输入设计,使之正确地、及时地、方便地收集信息、录入信息。在输入设计中,提高输入效率和减少输入错误是两个最根本的原则。

提高输入效率。首先,要控制输入量,只需输入基本的信息,而其他可通过计算、统计、检索得到的信息则由系统自动产生;其次,减少输入延迟,可采用周转文件、批量输入等方式。最后,输入过程应尽量简化,保证输入过程简单、易用、高效。

减少输入错误。首先,输入设计中应采用多种输入校验方法和有效性验证技术;其次,避免额外步骤,应尽量避免不必要的输入步骤。

7.7.1 确定输入的内容

根据数据库设计和输出设计的结果,确定哪些数据在哪一个输入模块中进行输入以及这些数据项的名称、类型、精度、小数位数等。

7.7.2 选择输入的设备

1. 键盘-磁盘

由数据录入人员通过工作站录入,经拼写检查、可靠性验证后存入磁记录介质(如磁带、磁盘等)。这种方法成本低、速度快、易于携带,适用于大量数据输入。

2. 光电阅读器

光电阅读器有条形码阅读器、扫描仪和读卡机等几种类型。这些设备已经得到广泛使用,其效率及准确率很高。

3. 手写板

手写板与键盘相比,不仅可以输入文字,还可以绘画,而且自带鼠标功能。

4. 触摸屏

触摸屏是一种根据表面接触来接收信号的显示/输入装置,触摸屏的应用范围非常广,具有操作直观、简单、方便,节省空间等优点。

5. 语音输入

目前语音输入的技术已经非常成熟,但在管理信息系统中还未普及使用。

6. 网络输入

它可用于网络接入的数据采集,无线终端、数据交换和共享资源等。现在很多地方的居民电费、水费缴纳等都采用了此方法。

7.7.3 设计输入的格式

输入格式应针对输入设备的特点进行设计。键盘式输入是最常用的一种输入方式,它的输入格式应尽量做到计算机屏幕显示格式与单据格式相一致,输入数据的格式一般可采用简列式、表格式和窗口编辑格式等。

1. 简列式

简列式屏幕输入格式,是把一组相关的输入数据项按顺序排列成几行,输入时只要按顺序逐个输入即可。这种格式简单、直观、容易用程序实现,适用于数据项不多的情况。

2. 表格式

表格式是把一组输入的数据项排列成一张空白的表格,操作员像填表一样输入数据,这种格式比较符合人们日常操作的习惯。

3. 窗口编辑格式

窗口编辑格式是根据系统界面的提示一步步进行操作,系统在后台自动编辑成相应的格式。

7.7.4 校验输入的数据

输入设计的原则之一是要尽可能减少数据输入中的错误,在输入设计中,要对全部输入数据设想其可能发生的错误,对其进行校验。

1. 输入错误的种类

(1) 数据本身错误。指由于原始数据填写错误等原因引起的输入数据错误。

(2) 数据多余或不足。这是在数据收集过程中产生的差错。如数据(单据、卡片等)的散失、遗漏或重复等原因引起的数据错误。

(3) 数据的延误。数据延误也是数据收集过程中所产生的差错,不过它的内容和数据量都是正确的,只是由于时间上的延误而产生差错。这种差错多由开票、传送等环节的延误而引起,严重时会导致输出信息毫无利用价值。因此,数据的收集与运行必须具有一定的时间性,并要事先确定产生数据延迟时的处理对策。

2. 数据的校验方法

数据的校验方法有:由人工直接检查、由计算机用程序校验以及人与计算机两者分别处理后再相互查对校验等多种方法。常用的方法是以下几种,可单独使用,也可组合使用。

(1) 重复校验。这种方法将同一数据先后输入两次,然后由计算机程序自动予以对比校验,如两次输入内容不一致,计算机显示或打印出错信息。

(2) 视觉校验。输入的同时,由计算机打印或显示输入数据,然后与原始单据进行比较,找出差错。视觉校验不可能查出所有的差错,其查错率为 $75\% \sim 85\%$。

(3) 检验位校验。

(4) 控制总数校验。采用控制总数校验时,工作人员先用手工求出数据的总值,然后在数据的输入过程中由计算机程序累计总值,将两者对比校验。

(5) 数据类型校验。校验是数字型还是字母型。

(6) 格式校验。即校验数据记录中各数据项的位数和位置是否符合预先规定的格式。

(7) 逻辑校验。即根据业务上各种数据的逻辑性,检查有无矛盾。

(8) 界限校验。即检查某项输入数据的内容是否位于规定范围之内。

(9) 顺序校验。即检查记录的顺序。

(10) 记录计数校验。这种方法通过计算记录个数来检查记录有否遗漏和重复。不仅对输入数据,而且对处理数据、输出数据及出错数据的个数等均可进行计数校验。

(11) 平衡校验。平衡校验的目的在于检查相反项目间是否平衡。

(12) 对照校验。对照校验就是将输入的数据与基本文件的数据相核对,检查两者是否一致。

3. 出错表的设计

为了保证输入数据正确无误,数据输入过程中需要通过程序对输入的数据进行严格的校验。发现有错时,程序应当自动地打印出出错信息一览表(即出错表)。出错表可由两种程序打出:一种是以数据校验为目的的程序,另一种是边处理、边做数据校验的程序。

7.8 系统设计说明书

系统设计结束后,要提交系统设计说明书。系统设计说明书是从系统总体的角度出发对系统建设中的各主要技术方面的设计进行说明,是系统设计阶段的产物。其内容包括:

① 模块设计。用模块结构图表示系统模块层次结构,说明主要模块的名称、功能。

② 代码设计。说明所用代码的种类、功能、代码表。

③ 数据库设计。说明数据库设计的目标、主要功能要求、需求性能规定、运行环境要求、逻辑设计方案、物理设计方案。

④ 处理过程设计。对模块结构图中的每一个模块的内部特征进行定义,确定每一个模块采用的算法和算法表达方式。

⑤ 用户界面设计。包括输入设计、输出设计。

⑥ 物理配置方案设计。包括系统软硬件设计和网络设计。

⑦ 实施方案说明。

除用户和系统研制人员外,还应邀请有关专家、管理人员审批实施方案,并将评审意见及审批人员名单附于系统说明书之后。经批准后,实施方案方可生效。

【知识总结】

系统设计是在系统分析的基础上,按系统逻辑模型的要求,科学合理地进行系统的总体设计和详细设计,为下一阶段系统实施提供必要的技术资料,系统设计的原则是要考虑系统性、灵活性、可靠性和经济性。

总体设计对系统功能进行规划,给出系统的逻辑结构,其结果是信息系统流程图设计、功能结构图设计和模块结构图设计等。功能结构和功能模块图从功能角度描述了系统的结构;处理过程设计是设计和说明总体结构中每个模块的内部特征,如给每一个模块确定采用的算法和精确表达这些算法,为下一阶段系统实施中的编程提供依据。详细设计包括代码设计、数据库设计、处理过程设计、系统物理配置方案设计等内容。代码设计是为了实现全局数据的统一,代码结构要科学合理。系统物理配置方案设计包括计算机软硬件的设计与选择、计算机网络的设计与选择。用户界面是目前评价软件质量的一条重要指标,包括输入设计、输出设计的原则与方法等。

【思考题】

1. 系统设计的任务是什么?它能为下一步的系统实现工作提供什么作用?
2. 为什么说系统设计需自顶向下地进行,必须首先进行总体设计?
3. 什么是模块?模块结构图的作用是什么?
4. 模块划分应遵循哪些原则?
5. 在进行硬件配置的选择时,应当考虑哪些方面的因素?
6. 试述我国身份证号中代码的意义,它属于哪种代码?有何优点?

第 8 章　管理信息系统的系统实施

【知识导航】

系统实施的任务；
硬件准备的内容；
程序设计方法；
系统测试的目的与方法；
单元测试、组装测试、确认测试的任务；
系统切换方式及特点。

系统设计完成后就进入系统实施阶段。系统实施就是将系统分析和设计的结果转换为能够在计算机上实际运行的系统的过程。系统实施阶段涉及大量人力、物力和财力，花费时间也比较长，且实施过程中有大量的组织协调工作，需要管理人员进行全面安排，因此，这个阶段必须有周密的计划和安排。

8.1　系统实施概述

8.1.1　系统实施的任务

系统实施的任务是以系统设计方案为依据，按照系统实施方案进行具体的实现，最终组建出一个能够实际运行的系统交付用户使用。也就是将纸面上的、类似于设计图式的新的管理信息系统方案（物理模型）转成可以实际运行的管理信息系统系统软件，并应用到实际管理工作之中。实施阶段的任务和工作内容包括以下四个方面。

1. 硬件准备

硬件包括计算机及网络通信设备。系统实施的该项工作主要是依据系统设计中给出的方案，购置、安装与调试相应的硬件设备。购置和安装设备相对简单，只需要按总体设计的要求，结合财力状况的分析，选择适当的设备，由供货厂家供货安装即可。设备的调试则较为复杂，需要专人在购置硬件设备时做好验收工作，检查设备的工作状况，检测与用户使用有关的各种功能。

2. 软件准备

软件包括系统软件及一些应用程序。有些软件需要购买，如系统软件，有些需要组织人力编写。首先,开发人员要学习所需的系统软件,包括操作系统、数据库系统和开发工具。必要时,需要对程序设计员进行专门的系统软件培训。其次是编写和调试应用程序,进行应用程序编写和调试的目的是实现系统分析和设计中提出的管理模式和业务应用。在进行应用程序设计之后,需要进行系统的调试,通过系统的调试与测试可以发现并改正隐藏在程序内部的各种错误以及模块之间协同工作存在的问题,以保证系统能够完成设计功能并正常运行。

3. 人员培训

广泛意义上的人员包括程序设计人员和系统使用人员。因此,人员培训可以分为两种类型:一种指的是在软件准备阶段对程序设计人员的培训,另一种是在系统交付使用前对系统使用人员的培训。该项工作主要指第二种情况。在管理信息系统投入使用之前,需要对一大批未来系统的使用人员进行培训,包括录入人员、管理人员、业务人员、系统操作人员、系统维护人员等。应根据他们的基础,提前对其进行培训,使他们了解和掌握新的处理步骤和操作方法。

4. 数据准备

现行系统中有许多需要继续使用的数据,因此,需要把他们按照新系统的要求重新组织和整理,使它们适应新系统的格式与要求,这一工作称为数据准备。没有一定基础的数据准备,系统将不能正常地工作,就像一个工厂建成后,因为没有原材料而无法投入生产一样。要保证所开发的系统能够正确地运行,能为管理和决策提供支持,必须要重视数据的准备工作。

完成上述活动后,在系统正式交付使用之前,还必须进行一段时间的试运行,以进一步发现及更正系统存在的问题。最后,完成新旧系统的转换和用户的验收。系统实施阶段的主要工作内容及流程如图 8.1 所示。

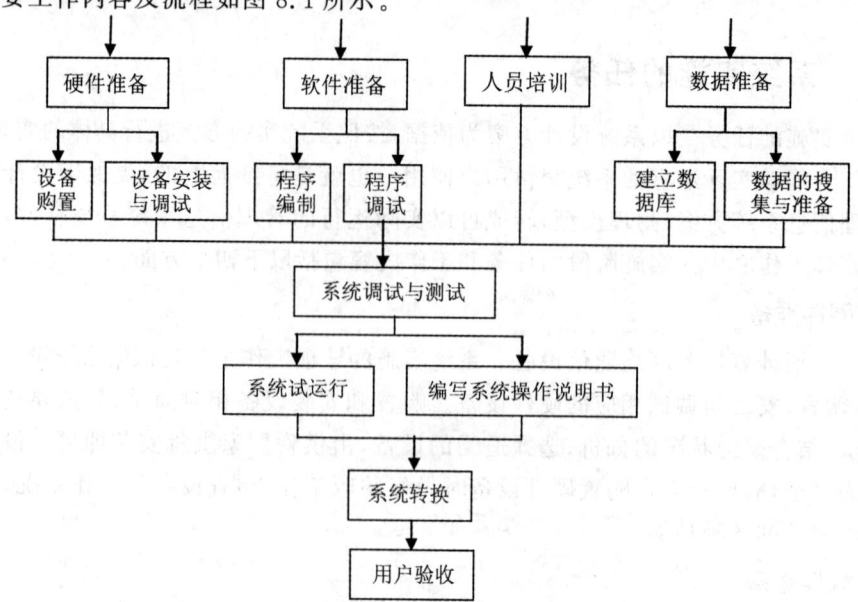

图 8.1 系统实施阶段的主要工作内容及流程

8.1.2 系统实施的特点

系统实施是管理信息系统开发工作的后期阶段,是一项涉及各级管理人员、系统开发技术人员、系统测试人员、系统操作和维护人员的组织协调,以及系统应用场地、设备和资金的调配管理,持续时间长且十分复杂的系统工程。与系统分析、系统设计阶段相比,其主要特点是:

① 工作量大;
② 投入的人力、物力多;
③ 组织管理工作复杂。

8.2 硬件准备

系统实施的硬件准备工作主要是依据系统设计报告,购置、安装与调试相应的硬件设备。具体地说是计算机和网络通信设备的购置、机房的准备及设备的安装与调试等一系列活动。

8.2.1 计算机和网络通信设备的购置

需要的计算机系统和网络通信设备的种类、数量等已在前几个阶段中确定,在实施时首先要进行购置设备。购置设备的基本原则是能够满足管理信息系统的设计要求。随着信息产业的发展,计算机和网络通信产品越来越丰富,有时,不同厂家、不同型号的产品均能基本满足某一管理信息系统的设计要求,这就给系统的实施带来了一定的复杂性。因此,必须从这些计算机和网络通信产品中选择最适合应用需要的品牌,应当考虑以下问题:

① 设备是否具有合理的性能价格比;
② 系统是否具有良好的可扩充性;
③ 能否得到来自供应商的售后服务和技术支持。

8.2.2 机房的准备

机房是指能够满足各项环境指标、安放计算机和网络通信设备使其充分发挥功能的工作场地。机房的建设应考虑它对环境的要求、机房的面积和机房的总体布局等问题。

作为精密电子设备,计算机和网络通信设备对周围环境相当敏感,尤其在安全性较高的应用场合,对机房的温度、湿度等都有特殊的要求。

① 机房要安装双层玻璃门窗,并且要求无尘;
② 硬件通过电缆线连接至电源,电缆走线要安放在防止静电感应的耐压有脚的活动地板下面;
③ 为了防止由于突然停电造成的事故发生,应安装备用电源设备,如功率足够的UPs。

8.2.3 设备的安装与调试

设备的安装是指在系统的设备购置与机房的建设工作完成以后,按照系统总体设计方案的位置所进行的设备组装工作。这项工作应该按照由里到外、从单机到多机的步骤,循序渐进地进行。设备的调试是指在系统设备安装完毕后对其各项功能的调试,如计算机的运行速度、存储容量、显示器、打印机等的测试与调试。

设备的安装与调试任务主要是由供货方负责完成的。系统运行用的常规诊断校验系统也由供货方提供,并负责操作人员的培训。

8.3 程序设计

程序设计是系统实施阶段的主要工作。程序设计的任务是根据系统设计方案中模块处理过程描述及数据库结构,选择合适的程序设计语言和开发工具,编制出正确、清晰、易理解、易维护、工作效率高的程序源代码。程序设计工作一般由程序设计员来完成。程序设计员在进行程序设计时要遵循一定的标准,并且应在程序设计方法的指导下尽量采用各种开发工具进行编码,以加快开发进程。

8.3.1 程序设计的要求

程序设计的目的是编写出能满足系统设计功能的要求,并能正确运行的系统。程序设计工作完成后,是否达到了最初的目的和要求,需要进行衡量和检查。衡量和检查需要一些标准,当然这些标准随着系统开发技术和计算机技术的发展也不断变化。从目前的技术水平来看,高质量的程序必须满足以下五个方面的要求。

1. 可靠性

对于管理信息系统的应用而言,可靠性是非常重要的。可靠性包括两个方面的内容:一方面是程序或系统的安全可靠性,如数据存取的安全可靠性、通信的安全可靠性、操作权限的安全可靠性,这些工作一般都要靠系统分析和设计时的严格定义;另一方面是程序运行的可靠性,这一方面只能靠测试时严格把关来保证编程工作的质量。

2. 规范性

规范性指的是系统各功能模块及每个功能模块中各子功能模块的划分、各子功能模块程序的书写格式和命名、所有变量的命名等都应该按照整个系统的统一规范进行。这对于今后程序的阅读、修改、维护及功能扩充都是十分必要的。

3. 可读性

程序的可读性是要求程序设计结构清晰、可理解性好,程序中要避免复杂的个人程序设计技巧,使他人也能够很容易地读懂,以利于对程序的修改和维护。可读性对于大规模工程化的开发软件非常重要。因为可读程序是今后维护和修改程序的基础,如果难读懂,则无法修改,而无法修改的程序是没有生命力的。在程序中插入大量的解释语句是增加程序可读性的常用手段。通过解释语句对程序中的变量、功能、特殊处理细节进行解释,能够为他人读懂、修改和维护程序提供方便。

4．可维护性

信息系统需求可能会随着环境的变化而不断变化,当需求发生变化时,就需要对系统功能进行调整和完善,为此,就要对程序进行补充或修改。除此之外,由于计算机软硬件的更新换代,也需要对程序进行相应的升级。可见,在管理信息系统的生命周期中,程序维护的工作量相当大。可维护性要求程序各部分之间相互独立,不和子程序以外的其他数据关联,不会发生"牵一发而动全身"的连锁反应。可维护性是和规范性、可读性等要求密切相关的,通常,一个规范性、可读性较好的程序模块,其可维护性也是比较好的。

5．高效率

效率主要指系统运行速度、存储空间等指标。高效率要求做到程序占用的存储空间尽量少,程序运行完成规定功能的速度尽量快。近年来,随着硬件价格大幅度下降和硬件性能的不断完善、提高,人们对程序是否能有效地利用硬件资源已不像以往那样重视,反而更看重程序设计员的工作效率。提高程序设计员的工作效率,不仅能够降低软件开发成本,而且可明显降低程序的出错率,减轻维护工作的负担。需要指出的是,程序的高效率和可读性、可维护性通常是矛盾的,在实际的程序编制过程中,人们往往宁可牺牲一定的空间和时间,也要尽量提高系统的可读性和可维护性,片面追求程序的运行效率将不利于程序质量的提高。

8.3.2 程序设计方法

目前,采用的程序设计方法主要有结构化程序设计方法、面向对象的程序设计方法及可视化的程序设计方法。

1．结构化程序设计方法

结构化程序设计方法是一种采用特定的方法及句型来组织设计、编写或调试程序的方法,具有易于阅读和理解、易于验证其正确性、便于维护等优点。

（1）结构化程序设计方法的特征

① 限制或消除无条件转移语句。

无条件转移语句的使用给程序设计工作提供一个方便的手段,但在程序较大时,它的出现使得程序难于阅读、理解与控制,使程序运行和调试变得难于检查。它是造成程序复杂化的主因,应当尽量避免使用无条件转移语句。

② 自顶向下的设计原则。

在进行程序设计时,成千上万的程序模块不可能完全同时进行,各任务之间必须有先后顺序之分,最终实现系统设计的整个方案。自顶向下的设计原则是首先设计上层模块,逐步向下,最后设计最下层的具体功能。而实现时,要首先实现下层模块,逐步向上,最后实现上层模块;结构化程序设计方法采用的是自顶向下的设计原则。

（2）结构化程序设计方法的基本结构

结构化程序设计方法采用顺序结构、分支结构和循环结构等基本控制结构。

顺序结构。顺序结构是一种线性有序的结构，由一系列依次执行的语句或模块构成。

分支结构。分支结构是根据条件成立与否选择程序执行的结构，例如，在 FoxPro 中的"IF—END—IF"等。

循环结构。循环结构是由一个或几个模块构成，程序运行时重复执行，直到满足某一条件为止。例如，在 FoxPro 中的"do while —end do"语句。

2. 面向对象的程序设计方法

面向对象的程序设计方法 OOP(Object-Oriented Programming)一般应该与面向对象的系统设计 OOD(Object-Oriented Design)的内容相对应，它是一个简单直接的映射过程，就是把 OOD 中所定义的范式直接用面向对象程序设计语言来取代。例如，用 C++中的对象类型取代 OOD 范式中的类与对象，用 C++中的函数和计算功能来取代 OOD 范式中的处理功能等。与传统的结构化程序设计相比，面向对象的程序设计方法吸取了结构化程序设计的一切优点，如自顶向下、逐步求精的设计原则。而二者之间的最大差别表现在：首先，面向对象的程序设计方法采用数据抽象和信息隐藏技术使组成类的数据和操作是不可分割的，避免了结构化程序设计方法由于数据和过程分离引起的弊病；其次，面向对象的程序设计方案是由类定义、对象（类实例）和对象之间的动态联系组成的。

在面向对象的程序设计方法中，数据和加工该数据的方法（函数）成为一个整体，以实现独立性很强的模块，使得用户只能见到对象的外特性（对象能接受哪些消息，具有那些处理能力），而对象的内特性（保存内部状态的私有数据和实现加工能力的算法）对用户是隐蔽的，这就是对象的封装性。相关对象在进行合并分类后，又可能出现共享某些性质，通过抽象后使多种相关对象表现为一定的组织层次，低层次的对象继承高层次对象的特性，这就是对象的继承性。如果没有继承性机制，则对象中数据、方法就会出现大量重复。继承不仅支持系统的可重用性，而且还促进系统的可扩充性。对象根据所接收的消息而做出动作。同一消息为不同的对象接受时可产生完全不同的行动，这种现象称为多态性。现有的面向对象的编程语言中都不同程度地实现了对象的以上三个性质。

3. 可视化的程序设计方法

面向对象的程序设计方法使用各种面向对象的编程语言提高了程序的可靠性、可重用性、可扩充性和可维护性，但是，应用系统为了适应 Windows 界面环境，使用户界面的开发工作变得越来越复杂，有关这部分代码所占的比例也越来越大，为减轻程序设计人员的编程工作量，微软公司推出了 Visual Basic，即可视化 Basic 语言。Visual Basic 是可视化语言的先驱，有了 Visual Basic，程序设计员不再受 Windows 编程的困扰，能够"所见即所得"地设计标准的 Windows 界面。

可视化(Visual)程序设计是一种全新的程序设计方法，它主要是让程序设计员利用软件本身所提供的各种控件，像搭积木式地构造应用程序的各种界面，其最大的优点是程序设计人员可以不用编写或只需编写很少的程序代码，就能完成应用程序的设计，这样就能极大地提高设计人员的工作效率。可视化程序设计方法的主要思想是用图形工具和可重用部件来交互的编制程序。它把现有的或新建的模块代码封装于标准接口封包中，作为可视化程序设计编辑工具中的一个对象，用图符来表示和控制。可视化程序设计方法中的封包可能由某种语言的一个语句、功能模块或数据库程序组成,由此获得的是高度的平台独立性和可移植性。在可视化程序设计环境中,用户还可以自己构造可视控制部件,或引用其他环境构成的符合封包接口规范的可视控制部件,增加了程序设计的灵活性,提高了效率。

8.3.3 软件工具的选择

随着计算机在信息系统中的广泛应用,对各种软件工具的研究十分迅速,各种各样的软件及程序的自动设计、生成工具日新月异,为信息系统的开发提供了强有力的技术支持和方便的实用手段。利用这些软件生成工具,可以大量减少手工编程环节的工作,避免各种编程错误的出现,极大地提高系统的开发效率。

选择适用的软件工具是使得程序设计工作高效、优良的重要条件之一。选择工具应考虑:用户的要求,语言的结构化机制与数据管理能力,语言的人机交互能力,丰富的软件支持工具,软件的可移植性,以及开发人员的以往经验与熟练程度等。目前市场能够提供的工具很多,比较流行的有:一般编程语言工具、数据库系统工具、程序生成工具、专用系统生成工具、客户/服务器型工具及面向对象编程工具等。

1. 一般编程语言工具

一般编程语言工具主要指各种常用的程序设计语言,如 C、C++、COBOL、LISP、PROLOG 等,利用这类工具进行程序设计的基本形式是手工编程。

2. 数据库系统工具

数据库系统工具指流行的数据库软件产品,可分为两类,一类是微机上的小型 DBMS,如 XBASE 系列、VFP、Access 等。另一类是大型数据库系统工具,如 ORACLE 系统、SYBASE 系统、IMFORMIX 系统、DB2 系统、SQL Server 系统等。前者适用于小型系统(EDP/TPS)的开发,后者则可以支持基于局域网、Intranet 和 Internet 的大型管理信息系统的开发。

3. 程序生成工具

程序生成工具主要指基于常用数据处理功能与程序相对应的自动编程工具,一般称为第四代程序生成语言(4GL)工具,大多结合在流行软件产品中,构成其中的一部分,它能实现系统中的某些模块程序代码的自动生成。如应用系统建造工具(AB,application builder)、屏幕生成工具、报表生成工具、以及综合程序生成工具等。

4. 专用系统生成工具

专用系统生成工具指在程序生成工具基础上发展的、具有 4GL 的各种功能、更大和综合化程度更高的、具有图形化及其他功能的集成工具。一般可归为两类:一类是专用功能开发工具,如各类套装软件、专用图表生成工具等;另一类是综合系统生成工具,如 CASE、Jasmine、Team Enterprise Developer 等。

5. 客户/服务器型工具

客户/服务器型工具指可进行基于网络环境的系统开发工具,它是完全符合管理信息系统发展趋势和要求的新型系统开发工具。如 Delphi、PowerBuilder、Java、Visual C++等。

6. 面向对象编程工具

面向对象编程工具指与面向对象开发方法相对应的各类 OOP 工具，主要代表性产品如 Java、Visual C++、PowerBuilder、Delphi、Smalltalk 等。这类工具针对性强，必须与面向对象开发方法相结合，很可能成为今后的主流系统开发工具。

8.4 系统测试与调试

任何软件，尤其是管理信息系统，不可能没有任何错误，这些错误可能来自程序员的疏忽，也可能在系统分析和设计时就已产生。软件存在的这些问题，只有通过测试与调试才能发现。测试的目的是发现系统程序中存在的错误，一般由专门的测试人员来进行。调试（排错或者纠错）是在测试发现问题后，诊断错误和改正错误的过程，往往由程序设计人员来承担，它是一种主动性的工作。因此，测试和调试的概念有所不同。然而，系统测试的意义不仅在于发现系统的错误，通过测试还可以了解系统的响应时间、事务的吞吐量、载荷能力、失效恢复能力等指标，以对整个系统做出综合评价。所以，系统测试与调试的作用与重要性体现在它是保证系统质量与可靠性的最后关口，是对在整个系统开发过程包括系统分析、系统设计和系统实现的最终审查。

8.4.1 系统测试的方法

在当今的系统测试活动中，人们使用着不同的测试，每种测试的思路和出发点不同，所具有的方法和手段也有所不同。一般情况下，程序通过编译以后，先要进行人工测试，然后再进行机器测试。图 8.2 表示系统测试的主要方法。

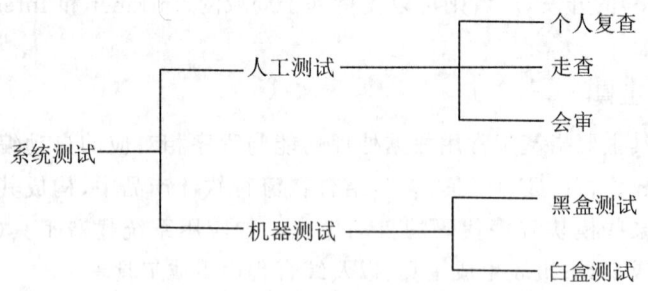

图 8.2 系统测试的方法

1. 人工测试

人工测试又称为代码复审，是通过人工阅读程序的方法来查找错误。经验表明，组织良好的人工测试可以发现程序中 30%～70% 的代码和逻辑设计错误，从而可以减少机器测试的负担，提高整个测试工作的效率。人工测试的内容包括：检查代码和设计是否一致；检查代码逻辑表达是否正确和完整；检查代码结构是否合理，等等。主要有以下三种方法：

(1) 个人复查

源代码编完以后,直接由程序员本人对程序进行检查,发现程序中的错误。

(2) 走查

一般由 3~5 人组成测试小组,测试小组应是从未介入过该软件的设计工作的有经验的程序设计人员。测试在预先阅读过该软件资料和源程序的前提下,由测试人员充当计算机的角色,用人工方法将测试数据输入被测程序,并在纸上跟踪监视程序的执行情况,让人代替机器沿着程序的逻辑走一遍,发现程序中的错误。

(3) 会审

测试小组人员的构成与走查类似,要求测试人员在会审之前应充分阅读软件有关的资料(如系统分析、系统设计说明书、程序设计说明书、源程序等),根据经验列出尽可能多的典型错误,然后制成错误清单(也叫检测表)。会审时,由程序设计人员逐个讲解程序,测试人员根据讲解和错误清单,逐个审查、提问及讨论可能产生的错误。会审对程序的功能、结构、风格等都要进行审定。

2. 机器测试

机器测试是指在计算机上直接用测试用例运行被测程序,从而发现程序中的错误。机器测试主要有黑盒测试和白盒测试两种。

(1) 黑盒测试

黑盒测试也称为功能测试,它是在已知程序具有的功能的情况下,通过测试来检测每个功能是否都能正常使用。在测试时,把程序看作是一个不能打开的黑盒子。在完全不考虑程序内部结构和内部特性的情况下,测试人员在程序接口进行测试。它只检查程序功能是否按照需求规格说明书的规定正常使用,程序能否适当地接收输入数据而产生正确的输出信息,并且保持外部信息(如数据库或文件)的完整性。进行黑盒测试主要是为了发现以下几类错误:①是否有错误的功能或遗漏的功能? ②界面是否有误? 输入是否能够正确接受? 输出是否正确? ③是否有数据结构或外部数据库访问错误? ④性能是否能够接受? ⑤是否有初始化或终止性错误?

(2) 白盒测试

白盒测试也称为结构测试,它知道程序的内部结构和处理逻辑,通过检测来检验内部动作是否按照规格说明书的规定正常进行。在测试时,将软件看作一个透明的白盒子。在不考虑程序功能的情况下,测试人员按照程序的内部结构和处理逻辑来选定测试用例,对软件的逻辑路径及过程进行测试,检查它与设计是否相符。白盒测试主要对程序模块进行如下检查。

① 程序模块中的所有独立路径至少执行一次;
② 在所有的逻辑判断中,取"真"和"假"的两种情况至少都能执行一次;
③ 每个循环都应在边界条件和一般条件下各执行一次;
④ 测试程序内部数据结构的有效性,等等。

看起来,不论采用上述哪一种测试方法,只要对每一种可能的情况都进行测试,就可以得到完全正确的程序。测试中的穷举测试是指对被测对象进行包含所有可能情况的测试。如果能进行穷举测试,则通过穷举测试的软件就能保证完全正确。但这现实吗?事实上,穷举测试是不可能做到的,所以,测试并不能发现程序中的所有错误,也就是说,通过测试不能证明程序是完全正确的。

8.4.2 系统测试的步骤

根据 MIS 的开发周期,系统测试可分为四个步骤:单元测试、组装测试、确认测试和系统测试,它们按顺序进行。

单元测试(unit testing),对源程序中的每一个程序单元进行测试,验证每个模块是否满足系统设计说明书的要求;组装测试(integration testing)是将已测试过的模块组合成子系统,重点测试各模块之间的接口和联系;确认测试(validation testing)是对整个软件进行验收,根据系统分析说明书来考察软件是否满足要求;系统测试(system testing)是将软件、硬件、网络等系统的各个部分连接起来,对整个系统进行总的功能、性能等方面的测试。系统测试的步骤如图 8.3 所示。

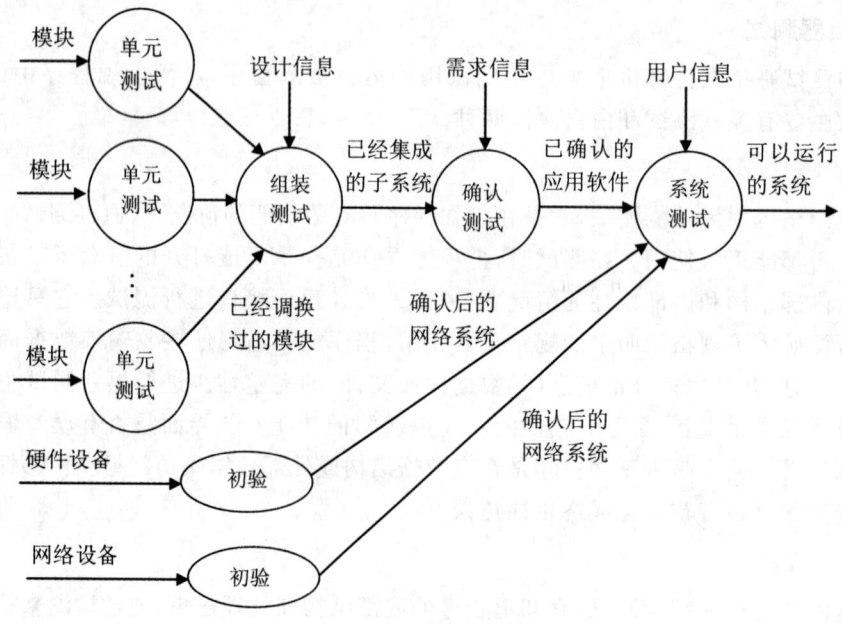

图 8.3 系统测试的步骤

1. 单元测试

所谓单元是指程序中一个模块或一个子程序,单元测试也称为模块测试,一般采用白盒测试法,从程序内部结构出发设计测试用例,多个模块可独立、同时进行。单元测试主要从五个方面去检验模块:

(1) 模块接口,测试信息能否正确无误地流入、流出模块。

(2) 模块内部数据结构,测试内部数据的完整性,包括内部数据的内容、形式和相互关系是否正确。

(3) 逻辑路径,测试应覆盖模块中关键的逻辑路径,由于不能进行穷举测试,需要精心设计测试用例来发现是否有计算、比较或控制流等方面的错误。

(4) 出错处理：测试模块中对错误及产生错误的条件的预见能力，并且检验其出错处理是否适当。好的设计应该能预测到出错的条件并且有对出错处理的路径。

(5) 边界条件：软件往往容易在边界条件上发生问题，利用边界值分析方法，检查这类错误。要仔细选择测试用例，重点考察数据流、控制流在刚好等于、大于或小于最大值或最小值的情况。

2. 组装测试

即使所有模块都通过了测试，但在组装之后，仍可能会出现问题，比如，穿过模块的数据被丢失；一个模块的功能对其他模块造成有害的影响；各个模块组合起来后没有达到预期功能；全局数据结构出现问题；另外单个模块的误差可以接受，但模块组合后可能会出现误差累积，最后到不能接受的程度等，所以需要组装测试。组装测试需要按照设计时确定的结构图，将它们连接起来进行测试，测试的主要内容包括：

(1) 各模块是否无错误地连接；

(2) 能否保证数据有效传输及数据的完整性和一致性；

(3) 人机界面及各种通信接口能否满足设计要求；

(4) 能否与硬件系统的所有设备正确地连接。

组装测试有两种方法：一种是分别测试各个模块，再把这些模块组合起来进行整体测试，这种方法称为非增量式组装。另一种是把下一个要测试的模块组合到已测试好的模块中，测试完后再将下一个需测试的模块组合进来测试，逐步把所有模块组合在一起，并完成测试，这一方法称为增量式组装。增量式组装技术有自顶向下的增量方式和自底向上的增量方式两种方法，在此我们只介绍自顶向下增量方式的组装方法。

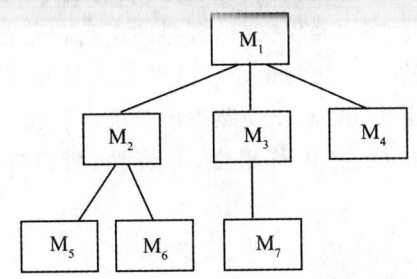

图 8.4 自顶向下的增量方式

自顶向下的增量方式是模块按程序的控制结构，从上到下的组合方式。再增加测试模块时有先深度后宽度和先宽度后深度两种次序。如图 8.4 所示的自顶向下的增量方式中，先深度后宽度的方法是把程序结构中的一条主路径上的模块相组合，测试顺序可以是 $M_1 \to M_2 \to M_5 \to M_6 \to M_3 \to M_7 \to M_4$。先宽度后深度的方法是把模块按层进行组合，测试顺序是 $M_1 \to M_2 \to M_3 \to M_4 \to M_5 \to M_6 \to M_7$。

自顶向下的增量方式其步骤可以概括为：

(1) 用主模块作为驱动模块，与之直接相连的模块用桩模块代替。

(2) 根据所选的测试次序，用下一个模块替换所用的桩模块；而新引入模块的直接下属模块用桩模块代替，构成新的测试对象。

(3) 结合一个模块,测试一个。为了避免引入新模块,产生新问题,需要进行回归测试,即重复部分或全部已经进行过的测试。

(4) 模块是否已经组合到系统中,并完成测试,如果没有,则返回到(2),重复进行;如果是,则停止测试。

自顶向下的增量方式可以较早地验证控制和判断点,如果出现问题能够及时纠正。在测试时不需要编写驱动模块,但需要桩模块。另外,如果高层模块对下层模块依赖性很大,需要返回大量信息,在用桩模块代替时,桩模块的编写就复杂,必然会增加开销。这时可以用自底向上的增量方式。

3. 确认测试

经过组装测试之后,接口方面的问题已排除,还需要进行确认测试。确认测试的任务是进一步检查软件的功能和性能是否与用户的要求一样。系统分析说明书描述了用户对软件的要求,所以是软件有效性验证的标准,确认测试采用黑盒测试的方法,主要包括以下几部分。

(1) 有效性测试:在模拟环境下,通过黑盒测试检验所开发的软件是否与需求规格说明一致。设计测试用例,除了检测软件的功能和性能,还需要对软件的容错性、维护性等其他方面进行检测。功能方面应测试系统输入、处理、输出是否满足要求。性能方面应测试系统的数据精确度、时间特性(如响应时间、更新处理时间、数据转换及传输时间、运行时间等)、实用性(在操作方式、运行环境及其他软件的接口发生变化时,应具备的适应能力)是否满足设计要求。其他限制条件的测试,如可使用性、安全保密性、可维护性、可移植性、故障处理能力等。

(2) 软件配置审查:主要是检查软件(源程序、目标程序)和文档(包括面向开发和用户)是否齐全以及分类是否有序。确保文档、资料的正确和完善,以便维护阶段使用。

(3) 验收测试:是以用户为主的测试。软件开发人员和质量保证人员也应参加。在验收测试之前,需要对用户进行培训,以便熟悉该系统。验收测试的测试用例由用户参与设计,主要验证软件的功能、性能、可移植性、兼容性、容错性等,测试时一般采用实际数据。

4. 系统测试

系统测试是将已经确认的软件、计算机硬件、外设、网络等其他元素结合在一起,进行信息系统的各种联合测试。其目的是通过与系统的需求相比较,发现所开发的系统与用户需求不符或矛盾的地方。系统测试是根据系统分析说明书来设计测试用例的,常见的系统测试主要有以下内容:

(1) 恢复测试(recovery testing):检测系统的容错能力。检测方法是采用各种方法让系统出现故障。检验系统是否按照要求能从故障中恢复过来,并在预定的时间内开始事务处理,而且不对系统造成任何损害。如果系统的恢复是自动的(由系统自动完成),需要验证重新初始化、检查点、数据恢复等是否正确。如果恢复需要人工干预。就要对恢复的平均时间进行评估并判断它是否在允许的范围内。

(2) 安全性测试(security testing):检测系统的安全机制、保密措施是否完善且没有漏洞,主要是为了验证系统的防范能力。测试的方法是测试人员模拟非法入侵者,采用各种方法冲破防线。例如,以系统的输入作为突破口,利用输入的容错性进行正面攻击;故意使系统出错,利用系统恢复的过程窃取口令或其他有用的信息;想法设法截取或破译口令;利用浏览非保密数据,获取所需信息,等等。从理论上说,只要时间和资源允许,没有进入不了的系统。所以,系统安全性设计准则是使非法入侵者所花费的代价比进入系统后所得到的好处要大,此时非法入侵已无利可图。

(3) 强度测试(stress testing):是对系统在异常情况下的承受能力的测试,是检查系统在极限状态下运行,性能下降的幅度是否在允许的范围内。因此,强度测试要求系统在非正常数量、频率或容量的情况下运行,例如,运行使系统处理超过设计能力的最大允许值的测试用例;设计测试用例,使系统传输超过设计最大能力的数据,包括内存的写入和读出,外部设备等;对磁盘保留的数据,设计产生过渡搜索的测试用例;等等。强度测试主要是为了发现在有效的输入数据中可能引起不稳定或不正确的数据组合。

(4) 性能测试(performance testing):性能测试是检查系统是否满足系统分析说明书对性能的要求。特别是实时系统或嵌入式系统,即使软件的功能满足需求,但性能达不到要求也是不行的。性能测试覆盖了软件测试的各阶段,而不是等到系统的各部分都组装之后,才确定系统的真正性能。通常与强度测试结合起来进行,并同时对软件、硬件进行测试。软件方面主要从响应时间、处理速度、吞吐量、处理精度等方面来检测。

(5) 可靠性测试(reliability testing):对于系统分析说明书中提出了可靠性要求时,要对系统的可靠性进行测试。通常使用以下几个指标来衡量系统的可靠性:平均失效间隔时间 MTBF(mean time between failures)是否超过了规定的时限;因故障而停机时间 MTTR(mean time to repairs)在一年中应不超过多少时间。

(6) 安装测试(installation testing):检测在安装过程中是否有误、是否易操作等。主要检测:系统的每一个部分是否齐全;硬件的配置是否合理;安装中需要产生的文件和数据库是否已产生,其内容是否正确;等等。

信息系统的开发过程通常为系统分析、设计、编码实现等阶段,而每个阶段都有可能出现错误,测试过程正好与开发过程相反,其开发和测试的关系如图 8.5 所示。单元测试主要是发现编码阶段的错误,组装测试主要发现系统设计阶段产生的错误,以此类推。如果在确认测试中发现系统分析有错误,这就需要重新修改系统分析、设计和编码。这说明越早犯的错误要到最后才能发现,因此要重视开发的前期工作。

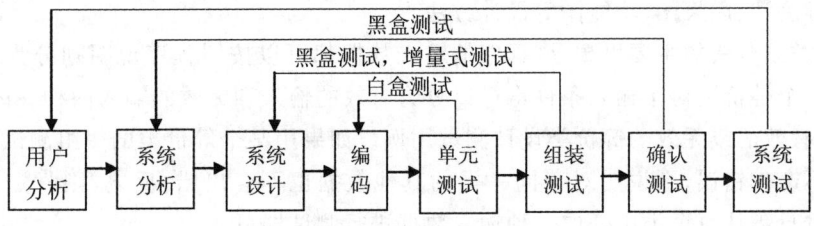

图 8.5 测试及其对应的阶段与方法

8.4.3 测试用例的设计

测试工作不可能采用穷举测试方法,无论是路径上的穷举测试,还是输入量的穷举测试,在实际的测试过程中都是不可行的。因此,只能通过精心选择有代表性的一些测试用例尽可能多地发现错误。也就是说,测试不能证明所开发的系统没有错误,只能通过测试来提高系统的可靠性和开发质量。这就要求我们在设计测试方案时,能够用较少的测试用例发现尽量多的问题,以提高测试效率。下面就白盒测试与黑盒测试中的测试用例设计问题分别进行讨论。

1. 白盒测试的测试用例设计

白盒测试是对软件的过程性细节进行检查,因此,可以通过对程序内部结构和逻辑的分析来设计测试用例。主要的设计方法有逻辑覆盖法等。

逻辑覆盖法,就是以程序内部的逻辑结构为基础的测试技术,其主要思路就是,通过程序执行测试数据,反映出数据覆盖其内部的逻辑程度。一般,总希望覆盖程度越高越好。这样,就可以测试到对应程序内部的大部分乃至全部。根据具体的覆盖情况的不同,可以划分为语句覆盖、判定覆盖、条件覆盖、判定/条件覆盖、多重覆盖、路径覆盖。

语句覆盖是通过设计若干测试用例,使程序中的每条语句至少被执行一次;判定覆盖使程序中的每个判断的取真和取假分支均至少被执行一次;条件覆盖指利用若干测试用例,使被测试的程序中,对应每个判断中每个条件的所有可能情形均至少执行一次;判定/条件覆盖指设计的若干测试用例,可以使程序中每个判断的取真和取假分支至少被执行一次,且每个条件的所有可能情况均至少被执行一次;多重覆盖指设计多个测试用例,使每个判断表达式中条件的各种组合均至少被执行一次;路径覆盖指设计足够多的测试用例,使程序中的所有可能路径均至少被执行一次。

上述方法仅讨论了语句、分支、条件以及它们的组合,而对于程序或算法而言,循环也是重要的基本结构之一,因此,也应该进行测试。对循环的测试,主要检查其结构的有效性。一般,可将循环分为简单循环、串联循环、嵌套循环和非结构循环等类型,测试时可以根据不同的结构,设计不同的测试用例进行。

2. 黑盒测试的测试用例设计

黑盒测试测试用例的设计,应针对程序功能进行。通常有等价类划分法、边界值分析法、错误推测法、因果图、功能图等设计方法。

等价类划分法的主要思想是,程序的输入数据都可以按照程序说明划分为若干个等价类,每一个等价类对于输入条件也可以分为有效的输入和无效的输入两种。因此,可以对每一个有效的或无效的等价类设计测试用例。如果用某个等价类的一组测试数据进行测试时,不产生错误,则说明对于同一类的其他数据也不会出错;反之,则肯定出错。因而,测试时只需从每个类中任取一种输入数据进行测试即可。

边界值分析法是等价类划分的一种补充。通常,程序在处理边界时容易发生错误,而等价类划分技术是在某一等价类中任取一组数据进行测试,不一定代表边界状态。因此,边界值分析指对每个等价类的各边界做考察,使测试数据等于、刚刚小于及刚刚大于边界值。

错误推测法主要是依靠测试人员的经验直觉来推测软件中可能存在的各种错误,并针对这些可能的错误设计测试用例子。其基本思想是列举出程序中可能有的错误和容易发生错误的特殊情况,并据此选择测试用例。

不同的测试方案设计的方法各有所长,用某种方法设计出的测试方案可能最容易检测出某种类型的错误,但对于其他类型的错误则可能无法检测出来。因此,在对信息系统进行测试时,应该联合使用各种设计测试方案的方法,形成一种综合策略。通常的做法是,先用黑盒测试设计出基本的测试用例,然后再用白盒测试补充一些必要的测试用例。具体步骤如下:

(1) 用边界值分析法设计出一组测试用例,考虑输入输出数据的边界情况;
(2) 必要时用等价类划分法补充测试方案;
(3) 用错误推测法补充一些测试用例;
(4) 检查上面测试用例对程序逻辑的覆盖程度,并根据系统的可靠性要求采用不同的逻辑覆盖标准,然后再补充测试用例。

具体采用什么方法结束测试要以测试达到最佳效果为标准。而最佳效果是指通过较小的测试成本把未暴露的错误降到最低。

8.5 系统的切换

新系统通过测试与调试后,并不能马上投入运行,还存在一个新旧系统如何切换的问题。系统切换,也称系统转换,就是指以新系统替换旧系统的过程,即旧系统停止使用,新系统开始运行。系统切换的任务就是保证新系统进行平稳而可靠的交换,最后使整个系统正式交付使用。为确保系统有条不紊地切换,切换前要仔细拟定方案和措施,做好准备工作,包括数据准备、系统初始化、系统切换的方式和步骤等。

8.5.1 数据准备

系统切换的前期工作中,工作量最大的是数据准备工作。数据准备是从原系统中整理出新系统运行所必需的基础数据和资料,即把原系统中的数据加工处理为符合新系统所要求的格式,输入到新系统中。新系统的数据准备包括数据的整理和数据的录入。

1. 数据的整理

数据的整理,是指把旧系统中的数据进行整理,并将整理好的数据按照数据库的要求转换为新系统所要求的数据格式的过程。如果旧系统是手工处理的管理系统,常常会出现原始数据不全、冗余或者与实际不相符的情况,这就需要数据整理人员进行补充和修改;而数据的转换必须由了解数据库具体设计的专业人员协作完成。数据的整理工作具体包括数据的分类和编码、数据的标准化和规范化、历史数据的格式转换、数据统计方法和统计口径的统一等。

2. 数据的录入

数据的录入,是指将已经整理并按照一定格式转换好的数据录入到计算机中。这项工作必须由熟悉计算机操作的人员完成,以确保数据录入的正确性。

8.5.2 系统初始化

系统初始化是新系统投入运行之前必须完成的另一个工作。系统初始化,是指对系统的运行环境和资源进行设置、系统运行和控制参数设定、数据加载,以及系统与业务工作的同步调整等内容。

8.5.3 系统切换方式

系统切换的过程实际上是新旧系统的交替过程,这种交替过程根据实际需要可以选择不同的方式进行。系统切换通常有三种方式,即直接切换方式、并行切换方式和分段切换方式。三种切换方式如图8.6所示。

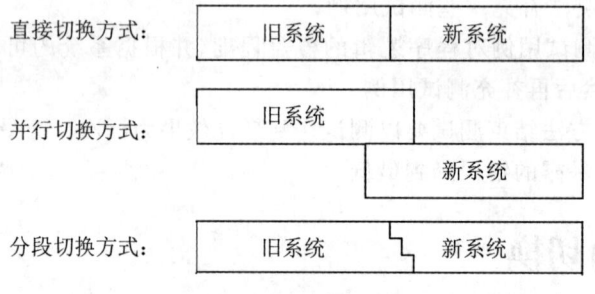

图8.6 系统切换的方式

1. 直接切换方式

直接切换方式采用的是一刀切的方法,在完成系统测试后且确认新系统没有问题的情况下,选定某一时刻终止旧系统的使用并启用新系统。

采用直接切换方式,一般可以节省时间,并能减少经费支出。但是,这种切换方式具有一定的危险性,一旦新系统出现了预想不到的问题,就会影响系统的正常工作。所以该方法一般只适用于处理过程比较简单、初始数据量不大的系统。

2. 并行切换方式

并行切换方式是在旧系统停止使用之前就开始新系统的使用,新系统和旧系统并行工作一段时间,在确认新系统正常工作一段时间之后再终止旧系统的使用。

采用并行切换方式不会因系统交付使用而引起系统工作的中断。另外,新旧系统同时工作,可以随时进行比较,对新系统运行的正确性和效率给出恰当的评价。但是,该方法需要投入的经费比较高,而且工作量也比较大,适用于非常重要的核心型系统的切换。

3. 分段切换方式

分段切换方式,也称为逐步切换方式,它是直接切换方式和并行切换方式两种方法的结合,其特点是新系统分阶段、逐步交付使用。

分段切换方法避开了直接切换方式和并行切换方式两种方法的不足,既能顺利地将新系统交付使用,也不会发生过高的切换费用。但是,采用这种方式切换时,一部分新系统和另一部分旧系统同时工作,这样就增加了新旧功能、数据的衔接问题,这些问题在进行系统设计和实施切换时就应充分考虑。分段切换方式一般在大型系统交付使用时采用，可以保证新旧系统的顺利切换，并降低切换的费用。

【知识总结】

系统实施是将系统分析和设计的结果转换为能够在计算机上实际运行的系统的过程。实施阶段的主要任务包括：硬件准备，软件准备，人员培训，数据准备以及程序、系统的测试和调试，系统的切换、运行和维护等。

硬件准备工作主要是依据系统设计报告，购置、安装和调试相应的硬件设备。具体的说是计算机和网络通信设备的购置、机房的准备及设备的安装与调试等一系列活动。

软件准备主要是程序的设计工作。在程序设计中，可采用结构化程序设计方法、面向对象的程序设计方法和可视化的程序设计方法，提高程序的可靠性、规范性、可读性、可维护性和开发效率。

系统测试是保证系统质量与可靠性的最后关口，是对整个系统开发过程包括系统分析、系统设计和系统实施的最终审查。测试的目的是发现系统程序中的错误；一般由专门的测试人员来进行。

新系统通过测试后，并不能马上投入运行，还存在一个新旧系统如何切换的问题，切换一般有直接切换、并行切换、分段切换等方式，在系统实施中应根据具体情况灵活运用。

【思考题】

1. 什么是系统实施？系统实施阶段的任务有哪些？
2. 程序设计的要求是什么？
3. 系统测试的目的是什么？
4. 系统测试的方法是什么？系统测试中发现的错误可分为哪几类？
5. 测试和调试的区别和联系是什么？
6. 请简述系统转换的三种方式及其优缺点。

第 9 章 管理信息系统的运行与维护

【知识导航】

系统运行的管理组织及管理制度；
日常运行管理的内容；
系统运行的安全威胁及应对措施；
系统维护的内容；
软件维护的类型；
系统评价的指标。

新旧系统切换成功后，系统投入日常运行。这个阶段需要对管理信息系统进行日常运行管理与维护，以保证系统能长期有效地正常运转。并需要对系统做出评价，系统评价的目的是评估系统的技术能力、工作性能和系统的利用率等，度量系统当前的性能，并为系统未来改善提供依据。

9.1 管理信息系统的运行管理

管理信息系统的运行管理是为了使信息系统在一个预期的时间内正常地发挥作用，产生应有的效益。管理信息系统的运行必须遵守相关的国家法律和法规，除此之外，系统的运行管理需要建立相应的组织和制度作为保障。

9.1.1 系统运行的管理组织

1. 管理机构

系统运行的一个首要问题是运行的组织建设。目前我国各企业、各组织中系统运行大多是由信息中心、计算中心、信息处等信息管理职能部门来负责，从信息系统在企业中的地位来看，目前常用的有以下几种形式，如图 9.1 所示。

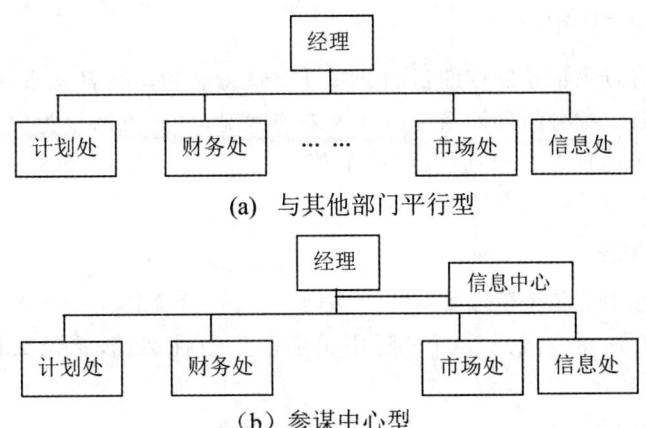

图 9.1 信息系统在组织中的地位

如图 9.1(a)所示,信息处与组织中的其他职能部门处于同等级别,享有相同级别的权力,这种方式可以使信息资源被整个组织所共享,但信息系统部门的决策能力较弱,不利于系统运行中开展有关的协调和决策工作。

如图 9.1(b)所示,信息中心的级别高于其他职能部门,这种方式有利于资源共享,能充分发挥组织领导的指挥和协调作用,以及系统对领导的决策支持作用,但该方式容易造成脱离业务部门或服务较差的现象。

随着目前网络通信技术的快速发展和组织结构向扁平化转变,信息系统在组织中的地位可以将上述两种方式结合在一起,取长补短。信息中心主任一般由组织中的副总经理兼任,这样有利于信息资源的管理。

2. 人员配置

信息管理部门内部人员大致可以分为三类:管理人员、系统维护人员和系统操作人员,其中管理人员包括培训人员、机房值班人员、资料管理员和其他行政人员;系统维护人员包括硬件维护人员、软件维护人员、网络维护人员、数据库维护人员;系统操作人员的数量最多,除少数在信息管理部门外,绝大部分在具体的业务部门。

9.1.2 系统运行的管理制度

1. 机房管理制度

机房是系统运行的场所,为保证机房设备能够正常运行,需要制定一套严格的管理制度。例如机房的温度、湿度、空气净化程度,非机房管理人员不准擅自进入,任何人不准擅自关、启计算机和网络设备等。

2. 数据备份制度

数据是系统发挥作用的基础,为了保证数据的真实性并以防丢失,企业必须建立数据备份制度。该制度应该明确禁止任何人私自修改或删除系统中的数据,哪个职位负责数据运行的备份、备份的介质及备份的周期等内容。

3. 运行日志记录制度

制定系统运行日志记录制度的目的是通过记录每天的运行日志来保存历史资料,一方面可以通过对日志的分析预测系统运行未来的状况,另一方面也为发现系统故障提供线索。该制度应明确日志所包括的内容,如值班人员、记录时间、记录内容、系统运行状况、故障发生原因、故障解除方法等内容。

4. 文档管理制度

系统开发过程中的各个阶段都有相应文档产生,这些文档记录了系统从无到有整个过程的资料;系统开发完成后运行过程中也会产生各种文档,系统文档分类如表 9.1 所示。

表 9.1 系统文档分类

文档类别	文档内容	产生阶段
技术文档	系统可行性报告	系统规划
	系统整体规划报告	系统规划
	系统设计说明书	系统设计
	代码设计说明书	系统设计
	程序设计说明书	系统设计
	系统测试计划	系统设计
	系统使用手册	系统实施
	系统测试说明书	系统实施
	系统维护手册	系统实施
管理文档	系统需求报告	系统开发前
	系统开发计划	系统规划
	系统开发合同	委托或合作开发时
	系统运行报告	系统实施
	系统分析审批意见	系统分析
记录文档	会议记录	各阶段会议
	系统运行情况记录	系统运行与维护
	调查记录	各阶段调查
	系统维护记录	系统运行与维护

这些文档是对系统进行维护和管理的重要依据,因此文档的管理对管理信息系统至关重要,需要制定相关的制度规范。该制度要明确规定文档管理的范围、安全级别和保存方式和时效,制定保证文档管理规范化和标准化的具体措施,强调文档的一致性和可追溯性,包括文档标准和规范的制定;文档的收存保管和借用手续的办理等。

5．突发事件应急制度

系统在使用过程中可能来自自然灾害、停电、设备的突然故障、病毒及网络攻击等的威胁，必须制定相应的应急措施，以减少企业的损失。

9.1.3 系统日常运行管理的内容

1．数据的搜集

系统在运行过程中会产生大量数据，同时也需要输入一些数据，这些数据是系统运行的基础。要明确不同岗位职责的人员需要收集哪方面的数据、如何收集、判定标准和采集口径等，以保证数据收集的完整、及时和准确。

2．例行信息的处理和服务

在系统运行过程中，信息系统的处理工作主要包括：数据的更新、数据的统计与分析、数据报表的生成、数据的保存与备份等，这些工作一般由专人负责，或运行已编制好的程序，或按照事先制定好的规程完成。

3．系统运行情况的记录

从每天计算机的打开、应用系统的启动进入、功能项的选择与执行，到下班前的数据备份、存档、关机等，按严格要求来说都要对系统软硬件及数据等的运行情况做记录；在系统中设置自动记录功能；对不正常的情况做详细记录。

4．审核应急措施的落实情况

为了减少意外事件引起的对信息系统的损害，每日需根据突发事件应急制度，审查应急措施的落实情况。

5．审计踪迹

审计踪迹指系统中设置了自动记录功能，能通过自己记录的信息发现或判明系统的问题和原因。这里的审计有两个特点，一是每日都进行，二是属于主要技术方面的审查。

9.2 管理信息系统的安全

在管理信息系统开发过程中，企业需投入大量的人力与资金，系统的各种软硬件是企业的重要资产；在管理信息系统运行过程中会产生和积累大量的信息，这些信息是企业的重要资源。系统软硬件的损坏或信息的泄露会给企业带来不可估量的经济损失，甚至危害企业的生存和发展。因此，管理信息系统的安全与保密是一项必不可少的极其重要的信息系统的管理工作。

在另一方面，管理信息系统几乎被企业内部每一位管理人员接触与享用，随着企业信息化建设的深入，企业与外界的信息交往日益广泛与频繁。由于信息的易扩散性，使得管理信息系统的安全管理工作难度更大。

9.2.1 系统安全的含义及影响安全的因素

信息系统安全是指采取技术和非技术的各种手段，通过对信息系统建设中的安全设计和运行中的安全管理，使运行在计算机网络中的信息系统有保护，没有危险，即组成信息系统的硬件、软件和数据资源受到妥善的保护，不因自然和人为因素而遭到破坏、更改或者泄露系统中的信息资源，信息系统能连续正常运行。

信息系统尽管功能强大，技术先进，但由于受到它自身的体系结构、设计思路以及运行机制等的限制，也隐含着许多不安全的因素，主要的不安全因素有以下几种。

① 自然和不可抗拒因素，如地震、火灾、水灾等。

② 硬件和物理因素，如硬件本身破坏、盗窃，设备故障；电磁波的干扰与辐射、电力故障等。

③ 软件因素，如计算机病毒的入侵，软件程序被修改或破坏，操作系统遭到攻击等。

④ 数据因素，如数据在存储和传输过程中的丢失等。

⑤ 人为和管理因素，包括工作人员的素质和责任心、管理制度、法律、法规等。

除了上述的一些因素，可能还存在一些其他因素。但不可否认的是，系统安全的概念本身是一个系统化的概念，其防范也必须采取系统的手段，统一协调全局，关注每一个环节，才能真正做好系统的安全防范工作。

9.2.2　系统的安全措施

系统的安全措施是发布、管理和保护敏感的信息资源而制定的一些法律、法规和措施的总和，是对信息资源使用、管理规则的正式描述，是企业内所有成员都必须遵守的规则。其所采取的安全措施主要有以下几个方面。

1. 法律保护

系统的法律法规包括社会规范和技术规范。社会规范是调整信息活动中人与人之间的行为准则，不正当的信息活动要受到民法和刑法的限制或惩罚。明确用户和系统人员应履行的权利和义务，包括保密法、数据保护法、计算机安全法、计算机犯罪法等；技术规范包括各种技术标准和规程。例如，网络安全标准、操作系统安全标准、数据和信息安全标准等，这些法律和法规是保证信息安全的依据和主要的保障。

2. 安全管理制度

① 机房设备的物理安全。包含两个方面，一方面是配备齐全的安全设备；另一方面是制定损害恢复规程，明确在信息系统遇到自然或者人为的破坏而遭受损害时应采取的各种恢复方案和具体步骤。

② 管理制度。明确的岗位职责；完备的信息系统使用规则；软硬件管理制度；网络运行管理制度；软硬件维护制度；定期安全检查和教育制度；入网行为规范和安全协议。

3. 安全技术措施

安全技术措施是实施安全技术保证，包括计算机和外部设备及其通信和网络等实体的安全，还包括数据安全、软件安全、运行安全等。常用的安全技术措施有以下几种。

① 杀毒软件。用于消除电脑病毒、特洛伊木马和恶意软件等计算机威胁，是计算机防御系统的重要组成部分。

② 防火墙。防火墙是一种位于内部网络与外部网络之间的网络安全系统，依照特定

的规则,允许或是限制传输的数据通过。

③ 加密技术。常用于数据传输中的安全保障,它利用技术手段把重要的数据变为乱码传送,到达目的地后再用相同或不同的手段还原。

④ 身份验证。主要用于对用户身份的确认,防止非法使用。

⑤ 安全协议。主要在网络环境中提供各种安全服务,是建立在密码体制基础上的一种交互通信协议。

⑥ 存取控制。对数据存取方式和权限进行控制,为了防止非法用户以不正当的方式存取信息,还对用户存取数据资格和权限进行检查。

9.3 管理信息系统的维护

维护是系统生命周期的最后一个阶段,其成本是开发成本的四倍。维护是指保证系统正常工作,应付系统内外环境和其他因素的变化而采取的有关活动,包括纠正错误和改进功能。管理信息系统是复杂的大系统,调试和转换过程中,改正了大多数的错误,但仍有一些问题可能在系统转换完成后的较长时间内才会出现,因此系统仍需修改;再者,系统的建立依赖于当时的内外环境,随着时间的推移,环境条件可能会发生一些变化,用户对系统的要求将随之而改变,为满足用户新的要求,就必须完善系统。

从人力资源的分布看,现在世界上 90% 的软件人员在从事系统的维护工作,开发新系统的人员仅占 10%。这些统计数字说明系统维护任务是十分繁重的。重开发、轻维护是造成我国管理信息系统低水平重复开发的原因之一。

9.3.1 系统维护的内容

1. 代码维护

代码维护专由代码管理部门组织进行,主要是当代码不满足系统应用环境、应用范围的扩大的需求,需要对其进行新设、添加、更正和删除。

2. 数据维护

一般由数据管理员来完成,主要保证数据库的完整性、安全性以及正确性,避免不合法使用造成的数据的破坏、泄露等,还要做好数据库的维护、备份等工作。

3. 硬件设备维护

硬件设备维护主要包括设备保养和设备维修。设备维护一般配备专人负责,在完成设备维护后还需要详细记录设备检修情况以及设备故障维修情况,来保持系统的良好运行。

4. 应用软件维护

应用软件维护主要指在系统运行时出现错误、业务处理流程发生改变、程序处理速度低等问题时进行的相应处理。在修改完程序后需要进行相应的记录。

9.3.2 系统维护的类型

在系统维护的内容中,应用软件维护是系统维护的重中之重,对其维护具体有以下四种类型。

1. 纠正性维护

在系统调试阶段不可能发现系统中所有潜伏的错误,有的错误可能会在系统运行过程中出现。人们把诊断和改正这类错误的过程称为纠正性维护。这种错误的出现通常是由于遇到了调试阶段从未使用过的输入数据的某种组合或判断条件的某种组合而造成的。在系统交付使用后遇到的错误,有些不太重要或者很容易回避,但有的错误可能很严重,甚至会使系统运行被迫停止。但无论错误的严重程度如何,都要设法改正。修改工作要制定计划,提出要求,经领导审查批准后,在严密的管理和控制下实施修改,大约占维护工作量20%左右。

2. 适应性维护

当系统的外部环境发生变化和管理需求变化而进行适应性的维护。随着计算机技术的飞速发展,计算机硬件系统的不断更新,新的操作系统或操作系统版本的出现,将软件移植到新的机种上运行,软件使用对象的变更等。管理需求的变化使得管理人员不断提出新的信息需求,都要求对系统做出相应的改动。另外,数据环境的变化(如数据库和数据存储介质的变动,新的数据存取方式的添加等)也要求系统进行适应性维护,大约占工作量25%左右。

3. 完善性维护

当系统投入使用并成功运行以后,由于种种原因,用户可能会提出完善某些功能、增加新的功能等要求。为改善和加强系统的功能,满足日益增长的对系统的需要,有必要对系统进行完善性维护。此外,完善性维护还包括处理效率的改进、程序的精简以及易维护性的改善等方面的工作。因此,完善性维护在整个系统维护工作中所占的比重较大,大约占工作量50%左右。

4. 预防性维护

预防性维护是指为改善系统的可维护性和可靠性,适应未来的软硬件环境的变化,主动增加预防性的新功能,以使应用系统适应各类变化而不被淘汰。相对前三类维护而言,这类维护活动比较少,大约占工作量5%左右。

9.3.3 系统维护的过程

在系统维护过程中,还需要建立一套适用于具体维护过程的文档及管理措施,以及验收维护结果的标准。图9.2是系统维护过程的一般流程。

1. 提出维护申请

系统操作人员或管理人员以书面形式向系统维护的主管人员提出申请。申请内容要写明维护对象、原因和维护目标等。

2. 评价维护申请

系统维护主管人员对维护申请的内容进行实际情况调查，根据调查结果对维护申请进行评价。

3. 撰写维护报告

系统维护主管人员将维护申请的评价结果形成报告，报告要对所提出问题的原因、严重程度、维护的必要性和可行性、维护方法和时间等做出评估。

4. 管理部门审批

维护报告提交管理部门进行审查，若审查通过，则制订维护方案，否则撤销维护申请。

5. 制订维护方案

维护方案的内容应该包括维护工作的范围、所需资源、维护费用、进度安排等。

6. 实施维护

系统主管人员按照维护方案向有关维护人员下达任务，说明维护的内容、要求和期限等。维护人员在仔细了解原系统的设计和开发思路后对系统进行修改。

7. 测试和验收

维护任务完成后，系统主管人员组织技术人员对系统修改后的部分进行测试和验收，若验收不通过则重新制订维护方案，再次实施维护。

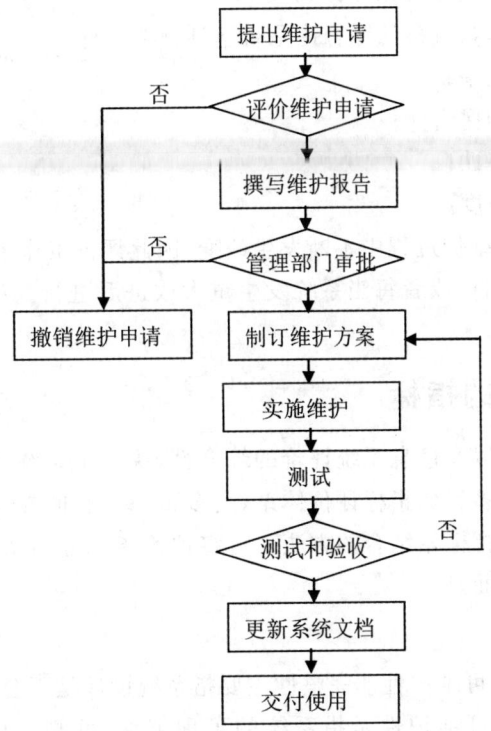

图 9.2 系统维护过程的一般流程

8. 更新系统文档并交付使用

验收通过后,更新相关文档并保存,将系统修改部分嵌入系统交付使用。

9.4 管理信息系统的评价

系统评价的目的是检查系统的技术能力、工作性能是否达到了设计要求,系统的资源是否得到充分的利用,经济效益是否理想,为进一步改善未来的工作提供了依据。因此评价报告的内容不仅应着眼于现有系统的优点和缺点,而且还应提出改进建议。当评价目的不同时,可以按不同的方式,以不同的标准对系统进行评价。系统评价是在系统连续运行的过程中,不断地进行的。系统评价工作由系统分析员或专门的审计小组会同输入/输出业务操作人员、计算机系统设计人员、业务部门经理以及高级决策管理人员共同参与。

9.4.1 系统评价的内容

系统评价的内容主要有系统技术性能、系统经济效益、系统运用的适应性、安全性和保密性、用户对系统的满意程度等。具体从以下几个方面考察:
① 信息系统的规模与先进性;
② 系统的功能是否具有实用性、有效性、完备性;
③ 运行结果的有效性和可靠性;
④ 系统的性能、成本、效益的综合比是否达到预期目标;
⑤ 信息资源的利用率;
⑥ 系统的安全性和保密性;
⑦ 系统文档的完备性;
⑧ 用户对系统的态度。

信息系统在运行与维护过程中不断发生改变,因此评价工作不是一项一次性的工作,系统评价需要定期地进行,或者每当系统发生重大改进后进行。第一次的系统评价将作为系统验收的主要依据。

9.4.2 系统评价的指标

信息系统的复杂性以及信息系统评价的综合性,决定了系统评价是一项非常困难的工作。系统评价是一个多目标指标评价体系,大多属于一个非结构化的问题,目前主要采用定性指标与少量定量指标相结合的方法。可将评价指标分为系统性能指标、经济效益指标和管理指标三个方面。

1. 系统性能指标

① 系统的完整性与可维护性。完整性主要指系统设计是否合理、具备的功能是否达到设计任务书的要求。可维护性是指系统的可理解性、可测试性、可修改性以及维护工具。

② 系统的可靠性与适应性。可靠性主要包括平均无故障时间、输出信息的正确性与

精确度等,适应性主要指运行环境发生变化时系统的适应能力。

③ 人机交互的灵活性与方便性。

④ 系统响应时间、系统吞吐量以及信息处理速度满足管理业务需求的程度。

⑤ 系统故障诊断、排除、恢复的难易程度。

⑥ 系统安全性与保密性。

⑦ 系统文档资料的规范、完备与正确程度。

⑧ 系统利用率。

2．经济效益指标

主要指信息系统的运行结果所产生的直接经济效益和间接经济效益的评价。

(1) 直接经济效益指标

直接经济效益又被称为可见效益,一般是可以被度量的,主要取决于以下指标。

① 系统投资额。

包括硬件、软件的购置、安装,应用系统的开发或购置所投入的资金。另外企业内部投入的人力、物力等也应计入。较精确的计算还应考虑资金投入的时间及占用时间等因素。对验收评价后所做的阶段评价还要包括系统维护所投入的资金。

② 系统运行费用。

包括通信和消耗性材料费用、系统投资折旧费及硬件日常维护费等。由于信息系统的技术成分较高、更新换代快,一般折旧年限取 5 至 8 年。另外,系统管理人员费用等也应计入系统运行费用。

③ 系统运行新增加的效益。

主要反映在成本降低、库存积压减少、流动资金周转加快与占用额减少、销售利润增加及人力的减少等方面。新增效益可采用总括性的在同等产出或服务水平下有无信息系统所致的年生产经营费用节约额来表示,也可分别计算上述各方面的效益,然后求和表示。由于引起企业效益增减的因素相互关联复杂,新增效益很难精确地计算。

④ 投资回收期。

投资回收期为通过新增效益,逐步收回投入的资金所需的时间,它也是反映信息系统经济效益好坏的重要指标。

(2) 间接经济效益指标

间接经济效益又被称为不可见效益,只能做定性分析,主要有以下几个方面:

① 管理体制是否进一步合理化;

② 管理方法是否进一步科学化;

③ 是否进一步提高企业对市场的适应能力。

3．管理指标

① 领导、管理人员、业务人员对系统的态度;

② 管理业务的覆盖面,对生产过程的管理深度;

③ 对企业领导的决策起参考作用;

④ 外部环境对系统的评价。

【知识总结】

信息系统的运行管理与维护是新系统投入运行后为发挥预期作用与产生效益所开展的各项工作，包括建设系统运行管理的组织机构、制订系统运行管理度相关的规章制度、明确日常运行管理的内容；还要采取一定措施确保系统运行的安全，防范意外或者人为破坏信息系统；定期或不定期对系统进行代码维护、数据维护、硬件设备维护、应用软件维护，其中应用软件的维护类型有纠正性维护、适应性维护、完善性维护、预防性维护；对信息系统的运行情况做出评价，确定评级内容及评价指标体系。

【思考题】

1. 管理信息系统的日常运行管理主要包括哪些内容？
2. 什么是信息系统安全？影响信息安全的主要因素有哪些？
3. 系统维护的内容主要包含哪些方面？
4. 如何对信息系统进行评价？

第10章 决策支持系统

【知识导航】

决策支持系统的产生和发展；
决策支持系统的定义、特征；
决策支持系统的系统结构；
智能决策支持系统的概念和结构；
群体决策支持系统的概念、类型；
群体决策支持系统的结构。

决策是管理的核心内容，所以西蒙称管理就是决策。传统的决策主要依靠决策者的经验、智慧、洞察力，决策的结果往往会偏离预期。为了提高决策的水平，取得尽可能好的决策效果，就产生了利用信息技术帮助决策的系统，即决策支持系统。

10.1 决策支持系统概述

10.1.1 决策支持系统的产生与发展

20世纪60年代末70年代初出现的MIS使企业的信息获得了系统的开发与利用，将企业的管理水平提到了一个新的层次。然而当时的管理信息系统只能解决结构化的问题，对非结构化或半结构化的问题无能为力。在此背景下，人们寻求着能较有效地解决这些问题的新方法，而用以支持决策的各种系统正呼应着这种需求。

20世纪70年代中期，美国麻省理工学院的彼得·基恩(Peter Keen)和迈克尔·莫顿(Michael Morton)教授首次提出了"决策支持系统"(Decision Support System, DSS)一词，标志着利用计算机与信息支持决策的研究与应用进入了一个新的阶段，并形成了决策支持系统新学科。在随后的几年时间里，人们研究开发出了许多有代表性的DSS，如用于产品推销、定价和广告决策的Brandaid和适用于大型卡车生产企业生产计划决策的Capacity Information System等。

1980年，美国夏威夷大学的拉夫尔·斯普拉格(Ralph Sprague)教授提出了决策支持系统三部件结构(模型库、数据库及人机交互部件)，明确了决策支持系统的基本结构，极大地推动了决策支持系统的发展。在三部件结构基础上，又发展产生了增加方法库、知识库的三库系统和四库系统。

20世纪80年代后期,人工神经元网络及机器学习等技术的研究与应用为知识的学习与获取开辟了新的途径。DSS与专家系统相结合,充分利用DSS定量分析与专家系统定性分析的优点,形成了智能决策支持系统(Intelligent Decision Support System,IDSS),提高了DSS支持非结构化决策问题的能力。

近年来,DSS与计算机网络技术结合构成了新型的能供异地决策者共同参与进行决策的群体决策支持系统(Group Decision Support System,GDSS)。GDSS利用便捷的网络通信技术在多位决策者之间沟通信息,以支持集体做出决策。

在GDSS的基础上,为了支持范围更广的群体,包括个人与组织共同参与大规模复杂决策,人们又将分布式的数据库、模型库与知识库等决策资源有机地集成,构建分布式决策支持系统(Distributed Decision Support System,DDSS)。DDSS研究内容广泛,难度很大,目前尚不成熟。

10.1.2 决策支持系统的功能及定义

1. 决策支持系统的目标

DSS的目标就是要在人的分析与判断能力的基础上借助计算机与科学方法支持决策者对半结构化和非结构化问题进行有序的决策,以获得尽可能令人满意的客观的解或方案。

DSS的目标通过所提供的功能来实现,系统的功能由系统结构决定,不同结构的DSS功能不尽相同。

2. 决策支持系统的功能

(1) 提供与决策相关的内部信息

DSS能够收集、存储并随时提供与决策问题有关的组织内部信息,例如,订单要求、库存状况、生产能力与财务报表等。

(2) 提供与决策相关的外部信息

DSS能及时收集、管理并提供与决策问题有关的组织外部信息,例如,政策法规、经济统计、市场行情、同行动态与科技进展等。

(3) 提供决策方案的反馈信息

DSS能够收集、管理并提供各项决策方案执行情况的反馈信息,例如,订单或合同执行进程、物料供应计划落实情况、生产计划完成情况等。

(4) 提供与决策相关的数据模型

DSS能以一定的方式存储和管理与决策问题有关的各种数学模型,例如,定价模型、库存控制模型与生产调度模型等。

(5) 提供数学方法

DSS能够存储并提供常用的数学方法及算法,例如,回归分析方法、线性规划、最短路径算法等。

(6) 管理数据、模型和方法

DSS 能对管理数据、模型与方法进行方便地修改和添加，例如，数据模式的变更、模型的连接与修改、各种方法的修改等。

(7) 提供综合信息与预测信息

DSS 能灵活地运用模型、方法对数据进行加工、汇总、分析、预测，得出所需的综合信息与预测信息。

(8) 提供方便的人机对话功能

DSS 具有方便的人机对话和图像输出功能，能满足随机的数据查询要求，回答"如果……则……"之类的问题。

(9) 提供良好的数据通信功能

DSS 能提供良好的数据通信功能，保证及时收集所需数据并将加工结果传送给使用者。

(10) 响应迅速

DSS 具有使用者能忍受的加工速度与响应时间，不影响使用者的情绪，用户体验好。

3. 决策支持系统的定义

DSS 是以信息技术为手段，应用决策科学及有关学科的理论与方法，以人机交互方式辅助决策者解决半结构化和非结构化的决策问题的信息系统。

比如，某一制造厂为决定它的生产规模和合适的库存量，建立一个 DSS。它的模型库由生产计划、库存模拟模型（如预测、库存控制模型）等组成。在数据库中存有历年销售量、资金流动情况、成本等原始数据。决策者通过计算机终端屏幕，根据 DSS 提供最佳订货量、重新订货时间以及相应的生产成本、库存成本等信息，进行"如果……将会怎样"的询问，对所提方案进行灵敏度分析，或者以新的参数进行模拟而得到新的方案。DSS 并不强调寻找最优解，也不意味着提供最后结果，而是为决策者做出自己的判断提供支持，由决策者在一系列选择过程中，综合其他不适宜或难以进入模型的因素，得出最后的合理的决策方案。

10.1.3 决策支持系统的特征

1. 面向决策者

DSS 的分析与设计必须考虑决策者在系统中的主导作用，决策者的偏好、技能、知识不同，决策过程可能不同，从而对 DSS 的要求也就不同。

2. 主要解决半结构化和部分非结构化决策问题

3. 强调只能支持而不是代替决策

人是决策的主体，DSS 只能支持和辅助决策者，为决策者扩展决策能力，而不能代替决策者的思维和最终判断，决策者的主动和能动作用、经验、智慧、判断在决策中起主导作用。DSS 的开发应以充分发挥决策者的智慧和创造性为目标，过分强调计算机的作用是不适当的。

4．模型驱动

DSS利用数据库、方法库和模型库辅助决策,追求的是决策的有效性。

5．强调交互式的处理方式

决策者通过系统对决策行为进行调查、分析和研究,系统及时地回答决策者所提出的问题,输入不同的信息(数据、偏好、价值准则等)将会产生不同的方案。这样即充分发挥了决策者的经验、智慧和观察能力,也充分利用了系统本身所拥有的大量的信息及基于对模型计算比较的分析能力。

10.2 决策支持系统的组成

10.2.1 决策支持系统的系统结构

系统的功能主要由系统结构决定,具有不同功能特色的DSS,其系统结构也不同。目前DSS的系统结构大致有两大类:一类是以数据库、模型库、方法库、知识库及人机对话等子系统为基本部件构成的多库系统结构;另一类是以自然语言、问题处理、知识库等子系统为基本部件构成的系统结构。本节介绍第一类多库系统结构。

多库系统结构是由数据库、模型库等子系统与人机对话子系统成三角形分布的结构,它是DSS最基本的结构,如图10.1所示。

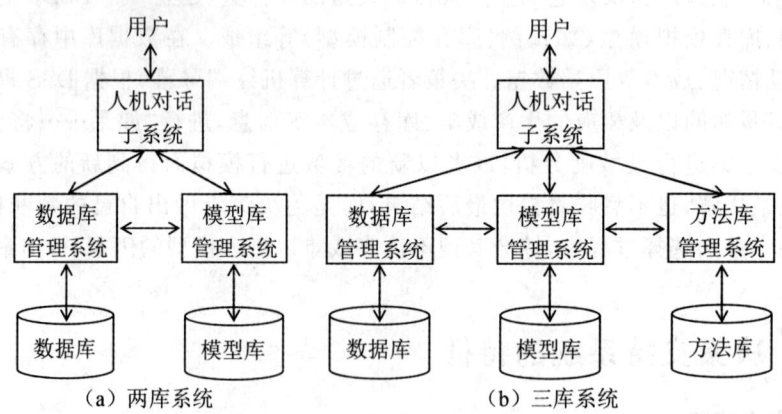

图10.1 DSS的多库系统结构

人机对话子系统是DSS的人机接口界面,决策者作为DSS的用户通过该子系统提出信息查询的请求或决策支持的请求。人机对话子系统对接受到的请求做检验,形成命令,为信息查询的请求进行数据库操作,提取信息并传送给用户;对决策支持的请求经过识别问题与构建模型,从方法库中选择算法,从数据库读取数据,运行模型库中的模型,运行结果通过人机对话子系统传送给用户或暂存数据库待用。

10.2.2 人机对话子系统

人机对话子系统是 DSS 中用户和计算机的接口,是系统与用户之间的纽带。一方面用户向系统提供信息,提出任务要求;另一方面系统向用户提供解答方案和各种辅助决策信息,也可能向用户索取为完成任务所需要的补充信息。

用户求解问题时,要通过人机接口将问题及环境的描述、解题的要求进行识别和定义,再交由其他子系统处理。同时,解题过程中需要与用户交换的信息以及最后处理的结果,也要通过人机接口送给用户。

良好的人机接口可以有效地促进推理、分析、识别和求解,其功能如下:①能使用户了解系统所能提供的数据、模型及方法的情况,如数据模式与范围,模型种类、数量、用途及运行要求等;②能提供多种对话方式,用户可以按照自己的愿望选择其工作方式;③能使用多种输入设备,以适应用户的不同要求;④具有以多种格式和输出设备表示数据的能力;⑤能与数据库管理系统、模型库管理系统、方法库管理系统友好交互;⑥对输入请求有足够的检验与容错能力,给用户某些必须的提示与帮助;⑦通过运行模型使用户取得或选择某种分析结果或预测结果;⑧在决策过程结束之后,能把反馈结果送入系统,对现有模型提出评价及修正意见。

10.2.3 数据库子系统

DSS 的数据库不同于 MIS 的数据库,DSS 是面向高层管理决策的,它所需要的数据面广且具有概括性,除了组织内部的数据,更多的是组织外部数据,例如政策法规、经济统计数据、市场行情、科技情报等。除此之外,DSS 的数据大都是经过加工、浓缩或汇总以后的数据,如历月销售额、利润增长率、市场占有率等。DSS 的数据库子系统由数据库、数据析取模块、数据字典、数据库管理系统(DBMS)及数据查询模块等部件组成,其逻辑框架如图 10.2 所示。

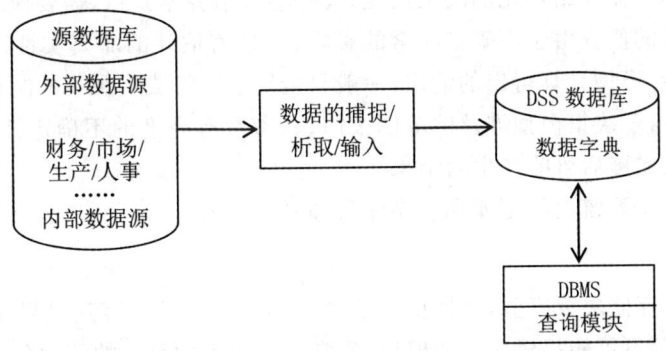

图 10.2 DSS 数据库子系统逻辑框架

1. DSS 数据库

DSS 数据库中存放的数据是经过加工后的数据,基本上能直接供决策所使用。这些数据主要来源于 MIS 的数据库和外部数据库,MIS 数据库和外部数据库是 DSS 的源数据库。

2. 数据析取模块

数据析取模块负责从源数据库中提取能用于决策支持的数据。析取过程是将源数据库中的数据加工成 DSS 数据库中的数据，是选择、浓缩与转换数据的过程。

3. 数据字典

数据字典描述与维护各数据项的属性、来龙去脉及相互关系。数据字典也可被看作是 DSS 数据库的一部分。

4. 数据库管理系统

数据库管理系统管理、提供与维护数据库中的数据，它也是数据库子系统与其他子系统的接口。

5. 查询模块

查询模块用来解释来自人机对话子系统、模型库子系统等的数据请求。它通过查阅数据字典确定如何满足这些请求，并详细阐述向 DBMS 的数据请求，最后将结果返回人机对话子系统或直接用于模型的构建与计算。

10.2.4 模型库子系统

模型是人们对客观事物及运行环境的客观描述，是人们研究客观事物的一种手段。在 DSS 中，客观事物就是所要解决的问题，决策模型就是对问题状态及其变化规律的描述。

模型库子系统是 DSS 的核心，也是 DSS 中最复杂与最难实现的部分。DSS 用户是依靠模型库中的模型进行决策的，因此 DSS 是由模型驱动的。应用模型获得的结果可以分别起以下三种作用：直接用于决策制订，对决策的制订提出建议，用来估计决策实施后产生的结果。结构化程度高的决策问题，其处理算法是明确规定了的，表现在模型上，其参数值是已知的。而非结构化的决策问题，有些参数值并不知道，需要使用数理统计等方法估计这些参数的值。由于不确定因素的影响、参数值估计的非真实性以及变量之间的制约关系，用这些模型计算得出的输出，一般只能辅助决策或对决策的制订提出建议。对于战略性决策，由于决策模型涉及的范围很广，其参数有高度的不确定性，模型的输出一般用于估计决策实施后可能产生的结果。

DSS 模型库子系统由模型库和模型库管理系统构成。

1. 模型库

模型库用于存储决策模型，是模型库子系统的核心部件。客观世界中的问题千差万别，对每一个问题不可能都建立一个模型，通常把一个大的复杂的问题分解成多个结构化的问题，然后进行复合和还原。

实际上，模型库中主要存储的是能让各种决策问题共享或专门用于某特定决策问题的模型基本模块或单元模型。使用 DSS 支持决策时，根据具体问题构造或生成决策支持模型，这些决策支持模型如有再用的可能性则也可存储于模型库。如果将模型库比作一个仓库的话，则该仓库中存放的是成品的零部件、成品组装说明、某些已组装好的半成品或成品。从理论上讲,利用模型库中的"元件"可以构造出任意形式且无穷多的模型,以解决任何所能表述的问题。

决策支持模型可分为模拟方法类、规划方法类、计量经济方法类、投入产出方法类等,其中每一类又可分为若干子类。

2. 模型库管理系统

模型库管理系统的主要功能是模型的利用与维护。模型的利用包括决策问题的定义和概念模型化,从模型库中选择恰当的模型或单元模型构造具体问题的决策支持模型以及运行模型;模型的维护包括模型的联结、修改与增删等。

模型库子系统是在与 DSS 其他部件的交互过程中发挥作用的。与数据库子系统的交互可获得各种模型所需的数据,实现模型输入、输出和中间结果存取自动化;与方法库子系统的交互可实现目标搜索、灵敏度分析和仿真运行自动化等;模型的利用与维护实质上是用户通过人机对话子系统予以控制和操作的。

10.2.5 方法库子系统

方法库子系统是存储、管理、调用及维护 DSS 各部件要用到的通用算法、标准函数等方法的部件。方法库中的方法一般用程序方式存储,方法库子系统通过描述外部接口的程序向 DSS 提供合适的环境,使计算过程实现交互式的数据存取。DSS 从数据库选择数据,从方法库选择算法,然后将数据和算法结合起来进行计算,并以直观清晰的方式输出结果,供决策者使用。方法库子系统包括方法库和方法库管理系统。

1. 方法库

方法库中是以程序方式存储的各种常用的算法,如排序算法、分类算法、最小生成树算法、最短路径算法、计划评审技术、线性规划、整数规划、动态规划、各种统计方法、各种组合算法等。如图 10.3 所示是某种方法库中方法的集合。

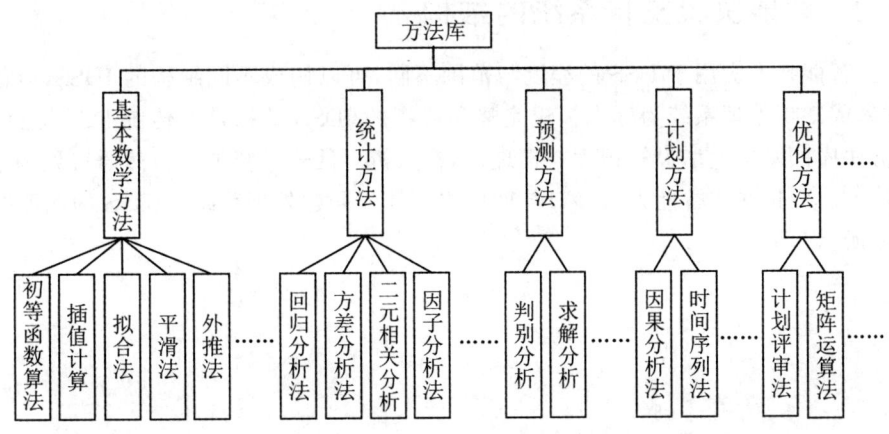

图 10.3 某种方法库中方法的集合

2. 方法库管理系统

方法库管理系统是方法库子系统的核心部分,是方法库的控制机构。与数据库管理系统功能类似，方法库管理系统具有对各种方法进行增删、调用、显示及打印等功能。同时，方法库管理系统还具有推荐功能，能够根据输入的所要预测或决策的问题的性质与特征，给出建议使用的方法，这给不太熟悉方法库使用条件和范围的用户带来很大方便。另外，方法库管理系统往往还具有作图和制表功能。

10.3 智能决策支持系统

10.3.1 智能决策支持系统的基本概念

智能决策支持系统（Intelligent Decision Support System，IDSS）的概念最早由美国学者罗伯特·波恩切克（Robert Bonczek）等人于 20 世纪 80 年代提出，它是在传统 DSS 的基础上结合人工智能技术而形成的，使 DSS 具有人工智能的功能。IDSS 既能处理定量问题，又能处理定性问题。由于 IDSS 能充分利用人类已有的知识，所以在用户决策问题的输入、机器对决策问题的描述、决策过程的推理、问题的求取与输出等方面都有了显著的改进。

人工智能应用的两大分支分别是专家系统与人工神经网络。与专家系统集成的 IDSS 可以采取定量分析与定性分析相结合的方式完成决策的支持功能。但是专家知识获取的复杂性与困难性使 IDSS 难以适用于复杂的、动态的系统。人工神经网络有良好的自组织、自学习、自适应能力，可以用于知识的获取，但是它对于自己的结论不能给予合理的解释。因此，将人工神经网络技术与专家系统集成，取长补短，是 IDSS 发展的一个有利方向。

IDSS 配备了知识库子系统。知识库子系统可以由一个或者多个专家系统构成。同数据库子系统、模型库子系统等一样，知识库子系统提供了必需的运行控制和集成功能。

10.3.2 智能决策支持系统的结构

人工智能技术应用于 DSS 的程度与范围不同，可以构成不同结构的 IDSS，但都以含有知识库或知识处理系统为标志。较完整和典型的 IDSS 结构是在传统 DSS 数据库、模型库、方法库的基础上增设知识库与推理机，在人机对话子系统加入自然语言处理系统形成智能人机接口，并在智能人机接口与四库之间插入问题处理系统。IDSS 的四库结构如图 10.4 所示。

第 10 章 决策支持系统

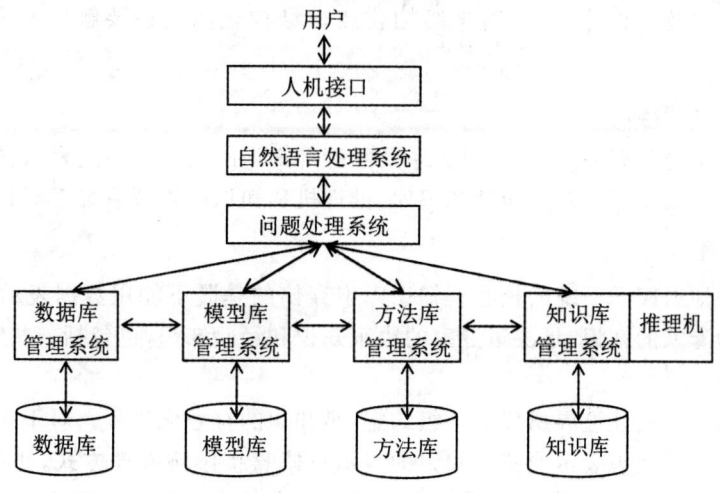

图 10.4　IDSS 的四库结构

1. 智能人机接口

四库系统的智能人机接口接受用自然语言或接近自然语言的方式表达的决策问题及决策目标,这较大程度地改变了人机界面的性能。决策者可以使用自然语言来提出决策问题,由自然语言处理功能通过语法、语义结构分析等方法转换成系统能理解的形式。在人机交互过程中和运行后,系统则以决策者能清晰理解的或指定的方式输出求解进程与结果。

2. 问题处理系统

问题处理系统是 IDSS 的核心,是联系人与机器及所存储的求解资源的桥梁。问题处理系统主要由问题分析器与问题求解器两部分组成,其工作流程如图 10.5 所示。

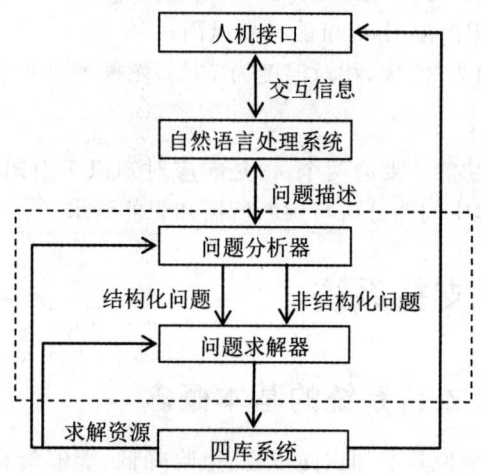

图 10.5　问题处理系统的工作流程

问题分析器接受自然语言处理系统对决策问题的描述,判断问题的结构化程度。对结构化问题选择或构造模型,采用传统的模型计算求解;对半结构化或非结构化问题则由规则模型与推理机制求解。问题求解器构造问题的求解方案,为问题求解调用四库中的数据、模型、方法及知识等资源,对半结构化或非结构化问题还要触发推理机进行知识推理。

3. 知识库子系统

知识库子系统是有关规则、因果关系及经验等知识的获取、解释、表示、推理以及管理与维护的系统。知识库子系统包括知识库、推理机和知识库管理系统三部分。

(1) 知识库

知识库是知识库子系统的核心。知识库中存储的是既不能用数据表示、也不能用模型方法描述的专家的知识,是决策专家的决策知识和经验知识,也包括一些特定问题领域的专门知识。

知识表示是为描述世界所作的一组约定,是知识的符号化过程。对于同一知识,在知识库中可有不同的知识表示形式。知识的表示形式直接影响推理方式,并在很大程度上决定着一个系统的能力和通用性,是知识库系统研究的一个重要课题。

知识库包含事实库和规则库两部分。事实库中存放了"任务 A 是紧急订货""任务 B 是出口任务"类似的事实;规则库中存放着"if 任务 i 是紧急订货,and 任务 i 是出口任务,then 任务 i 按最优先安排计划""if 任务 i 是紧急订货,then 任务 i 按优先安排计划"类似的规则。

(2) 推理机

推理是指从已知事实推出新事实(结论)的过程。推理机是一组程序,它针对用户问题去处理知识库(规则和事实)。推理机的推理过程大致是:若事实 m 为真,且有一规则"if m then n"存在,则 n 为真。例如:

if 气温超过 28 度 then 天气很热;

if 对湿度大于 65% then 天气很潮湿;

if 天气很热且大气很潮湿 then 可能有暴风雨;

现有如下事实:气温为 32 度,相对温度为 70%,则推理出新事实:可能有暴风雨。

(3) 知识库管理系统

知识库管理系统的功能主要有两个,一是响应对知识库中知识的增、删、改等维护的请求,二是响应决策过程中问题分析与判断所需知识的请求。

10.4 群体决策支持系统

10.4.1 群体决策支持系统的基本概念

群体决策相对个人来说具有知识面丰富、风险降低、能够集思广义的特征,因此很多企业的重大决策都是最高管理层群体共同决策的结果。群体决策支持系统(Group Decision Support System,GDSS)属于决策支持系统领域的一个分支,是以各种通信手段支持决策为核心的信息系统。

GDSS 是在 DSS 基础上利用计算机网络与通信技术,供多个决策者为了一个共同的目标,通过某种规程相互协作的探寻半结构化或非结构化决策问题解决方案的信息系统。

与传统的会议决策或传递式群体决策相比,GDSS 的优点体现在:不受时间与空间的限制;能让决策者相互之间便捷地交流信息与共享信息,减少片面性;能让决策者克服消极的心理影响,无保留地发表自己的意见;利用决策模型,集思广益,激发决策者思路,使问题的方案尽可能趋于完美;可防止小集体主义及个性对决策结果的影响;可提高决策群体成员对决策结果的满意程度和置信度;可满足大量决策者共同决策的需求,且群体越大效果越显著。

从理论上讲,GDSS 对群体决策而言是非常有益的工具,但群体决策要面对不同风格与偏好的个人,要综合决策科学、人工智能、计算机网络、运筹学、数据库、心理学及行为科学等众多领域的理论、方法与技术,所以 GDSS 研究与开发的难度非常大,目前国内外能投入实际运行的 GDSS 很少见。

10.4.2　群体决策支持系统的类型

1. 决策室

决策室类似于传统的电子会议室,决策者在同一时间集中在一起通过特殊的终端或节点参与决策过程。根据每次会议所做的安排,群体中一个成员向另一个成员输入的信息能在大屏幕上显示出来,让整个群体看到,其他与讨论有关的资料也可能通过媒介显示出来,是一种通过互联的计算机站点相互合作完成决策事务的方式。

2. 局域决策网

当多位决策者在近距离内的不同房间(一般是自己的办公室)里定时或不定时做群体决策时,可建立计算机局域网,形成局域决策网。决策者通过联网的计算机站点进行通信,相互交流,并共享存储于网络服务器或中央处理机的公共决策资源,共同在某种规程的控制下进行群体决策。局域决策网的主要优点是可克服定时决策的限制,决策者可在决策周期内时间分散地参与决策。

3. 虚拟会议

虚拟会议在实质上与决策室相同,但它能够克服空间距离的限制。虚拟会议利用计算机网络通信技术,使分散在各地的决策者在某一时间内以不见面的方式进行集中决策。

4. 远程决策网

远程决策网充分利用广域网等信息技术来支持群体决策,它综合了局域决策网与虚拟会议的优点,可使决策参与者异时异地共同对同一问题做出决策。

10.4.3　群体决策支持系统的结构

GDSS 由人机接口、私有 DSS、规程库子系统、通信库子系统、公共显示设备、共享的三库(数据库、模型库、方法库)等部件组成。

与 DSS 的人机对话子系统一样,人机接口接收决策群体的各种请求,这些请求有主持人关于会议要求与安排的发布请求,也有与会者对数据、模型、方法等决策资源的请求等。

与私有 DSS 相比，GDSS 必须建立在一个局域网或广域网上，三库公有，同时在构件上增设规程库子系统、通信库子系统、公共显示设备。

规程库子系统在 GDSS 中发挥重要作用，群体决策一般以一定的规程展开，就像传统的会议要有一个主持人及多个与会者，围绕一个称为"主题"的决策问题，按照某种会议流程展开一样。规程库子系统存储与管理群体决策支持的运作规则及会议事件流程规则等，例如决策者请求的优先级别规则、决策意见发送优先级别规则及各种协调规则等。

通信库子系统相当于会议的秘书处，是系统的核心，它存储与管理主题信息、会议进程信息及与会者的往来信息，负责这些信息的收发，沟通与会者之间、与会者与公共数据库、模型库与方法库之间的通信。同时，公共显示设备信息也由通信库子系统传送至各与会者的站点。

GDSS 的结构比 DSS 要复杂得多，功能也要强得多，GDSS 可以支持群体决策，也可支持个人决策，DSS 可看作是 GDSS 的一个特例。典型的 GDSS 结构如图 10.6 所示。

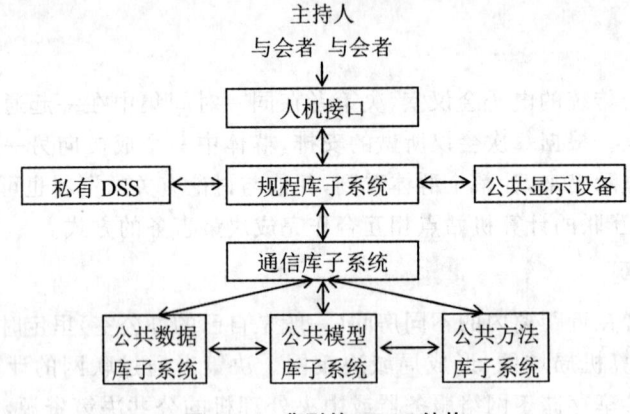

图 10.6　典型的 GDSS 结构

【知识总结】

决策支持系统是以信息技术为手段，应用决策科学及有关学科的理论与方法，以人机交互方式辅助决策者解决半结构化和非结构化的决策问题的信息系统。具有不同功能特色的 DSS，其系统结构也不同，传统的 DSS 是由数据库、模型库等子系统与人机对话子系统组成的三角形结构系统。

将人工智能领域的专家系统、人工神经网络等技术与 DSS 相结合形成了智能决策支持系统。IDSS 充分利用专家系统定性分析与 DSS 定量分析的优点，提高了 DSS 支持非结构化决策问题的能力。人工智能技术应用于 DSS 的程度与范围不同，可以构成不同结构的 IDSS，但都以含有知识库或知识处理系统为标志。

DSS 与计算机网络技术结合构成了新型的能供异地决策者共同参与进行决策的群体决策支持系统。GDSS 在 DSS 基础上利用计算机网络与通信技术，供多个决策者为了一个共同的目标，通过某种规程，相互协作地探寻半结构化或非结构化决策问题的解决方案。典型的 GDSS 由人机接口、私有 DSS、规程库子系统、通信库子系统、公共显示设备、共享的三库(数据库、模型库、方法库)等部件组成。

【思考题】

1. DSS 有哪些特征？
2. 简述 DSS 的组成以及各部件的作用。
3. 智能决策支持系统在 DSS 基础上增设了知识库，请简述知识库的作用。
4. 群体决策支持系统在 DSS 中增加了规则库及通信库，请简述这两个部件的作用。
5. DSS 的发展得益于相关技术的产生和应用，请思考这些技术的新进展将如何影响 DSS 的发展趋势。

第 11 章　管理信息系统应用

【知识导航】

企业资源计划系统的发展历程；
MRP 和 MRPII 系统的逻辑流程；
ERP 定义的三个层次；
供应链结构模型及供应链管理；
基于 EDI 和 Internet/Intranet 的供应链信息组织与集成模式；
供应链管理信息系统的结构；
电子政务系统的定义、目标与发展阶段；
电子政务系统的结构；
电子政务系统的应用模式。

管理信息系统是信息技术与现代管理方法和手段相结合的产物,要使管理信息系统在管理中有效地发挥作用,不仅仅是应用计算机对数据进行处理,更重要的是要把先进的现代管理思想和方法融入系统中。在管理科学发展的过程中,产生了许多管理方法,任何一种管理方法都离不开数据的处理,很多先进的管理方法需要有相应的技术手段支持。现代管理方法与信息技术的结合产生了许多实际的应用系统,本章介绍企业资源计划系统、供应链管理系统以及电子政务系统。

11.1　企业资源计划系统

企业生产经营活动的最终目的是获取利润,为了达到这一目的,企业必须合理地组织和有效地利用设备、人员、物料等各种资源,以最低的成本、最短的制造周期、最高的质量生产出满足客户需要的产品。企业资源计划就是一种"合理地组织和有效地利用各种资源"的科学的管理思想与处理逻辑。随着生产发展和管理水平的不断提高,在信息技术的支持下,企业资源计划系统经历了物料需求计划（Material Requirements Planning, MRP）、制造资源计划（Manufacturing Resource Planning, MRPII）到企业资源计划（Enterprise Resource Planning, ERP）的发展过程。图 11.1 为企业资源计划系统的发展历程。

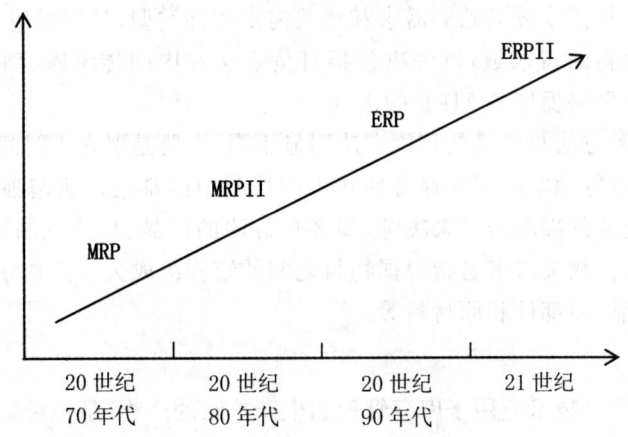

图 11.1　企业资源计划系统的发展历程

11.1.1　物料需求计划

1. MRP 产生的背景

从 20 世纪 50 年代后期，美国一些企业在计算机的支持下，开始实行库存 ABC 分类管理，根据经济批量和订货点的原则，对企业所需的各种原材料进行采购管理，达到降低库存、加快资金周转速度的目的。订货点法依靠对库存补充周期内的需求量的预测，保持一定的安全库存储备，确定订货点。订货点＝单位时段的需求量×订货提前期＋安全库存量，其基本思想如图 11.2 所示。

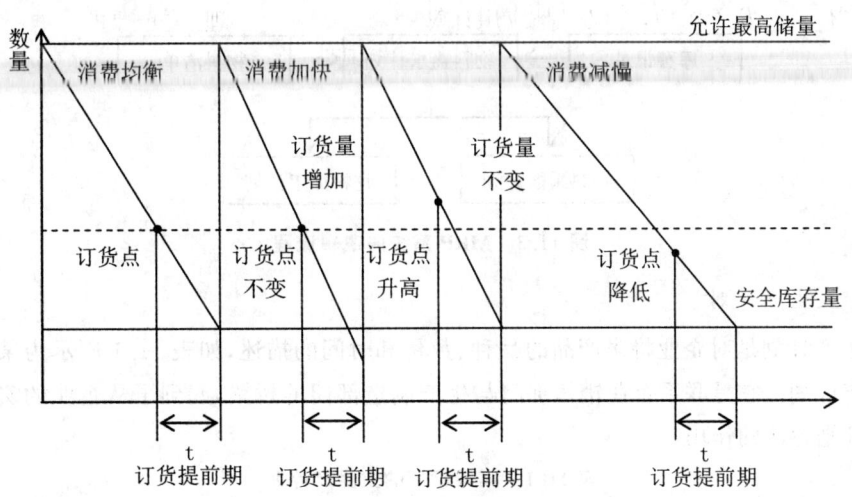

图 11.2　订货点法基本思想

订货点法的应用必须基于三个条件，一是各种物料的需求是相互独立的，二是物料需求是连续的，三是库存消耗之后能及时补充库存，也就是物料的供应是稳定的。但在实际的企业生产中，这些前提条件不一定能够很好地得到满足。

20 世纪 60 年代中期，美国 IBM 公司的约瑟夫·奥列基博士(Dr. Joseph A. Orlicky)提出把企业生产中涉及的所有产品、零部件、原材料、中间件等，在逻辑上统一视为"物料",并进一步把物料需求分成独立需求和相关需求两种类型,其按时间和优先级的先后,分时段确定各个物料的需求量,以解决包括订货点法在内的传统库存管理方法的缺点。奥列基博士的这一思路促使了 MRP 的出现。

MRP 的理论和方法与传统的订货点法明显不同,主要是引入了时间分段和反映产品结构的物料清单,较好地解决了库存管理和生产控制中的难题。所谓独立需求是指需求量和需求时间由企业外部的需求来决定,如客户订购的产品、科研试制需要的样品、维修需要的备品备件等。相关需求是指根据物料之间的结构组成关系由独立需求的物料所引致的需求,如半成品、零部件和原材料等。

2. MRP 系统

MRP 系统是信息技术应用于库存管理和生产控制的产物,是一种以计算机为基础的生产计划与控制系统,它是计算物料需求和制定生产计划的有效工具。MRP 最主要的组成部分是主生产计划(Master Production Schedules,MPS)、物料清单(Bill Of Materials,BOM)和库存记录(Inventory Records)。MRP 从主生产计划和其他需求出发,根据物料的需求时间和加工与订货周期,依据产品结构中父件与子件的依赖关系,逐层向下计算出各级物料的需求量和需求时间,包括加工时间、加工量和采购时间、采购量。MRP 系统逻辑流程如图 11.3 所示。

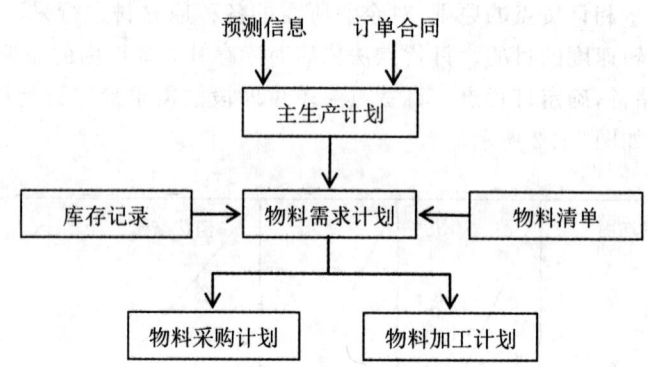

图 11.3 MRP 系统的逻辑流程

(1) 主生产计划

主生产计划是对企业将来产品的品种、数量和时间的描述,如表 11.1 所示为某眼镜厂的主生产计划。它是联系企业销售部门与生产制造部门的桥梁,起到了从企业的宏观计划向微观计划过渡的作用。

表 11.1 某眼镜厂的主生产计划

周次 产品	1	2	3	4	5	6	7	8	9	10	11
眼镜 15#	200		400		300			600		500	
眼镜 25#	1 000		900			120			800		600
眼镜 35#		2 000		2 200			2 400			1 800	

主生产计划的主要功能是识别生产品种、安排生产时间、确定生产数量,如图 11.4 所示。

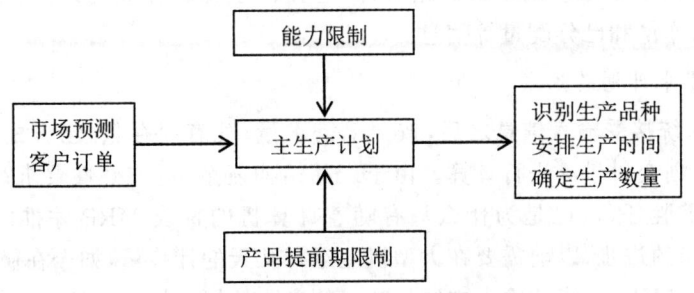

图 11.4　主生产计划的主要功能

(2) 物料清单

物料清单详细说明产品的组成结构以及产品制造的过程,它是一个企业的核心技术文件。物料清单的数据由产品结构决定,图 11.5 是眼镜的产品结构图,为了便于计算机识别,必须把产品结构图转换成规范的数据格式,这就是物料清单,如表 11.2 所示。

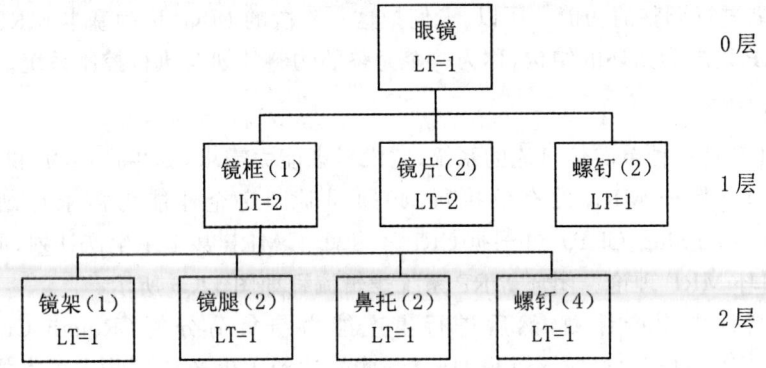

图 11.5　眼镜的产品结构图

表 11.2　眼镜的物料清单(BOM)

产品物料号:20000		产品名称:眼镜		层次:0	提前期:1
物料号	物料名称	数量	计量单位	层次	提前期
20100	镜框	1	副	1	2
.20110	镜架	1	个	2	1
.20120	镜腿	2	支	2	1
.20130	鼻托	2	个	2	1
.20099	螺钉	4	个	2	1
20300	镜片	2	片	1	2
20099	螺钉	2	个	1	1

(3) 库存记录

库存记录是 MRP 系统的重要数据文件，它提供了物料存放的地点、现有余额、安全库存量、预计入库量和已分配量等信息。

(4) 物料需求计划的生成

当 MRP 系统接受输入信息之后，按照毛需求量、现有库存量、已分配量、净需求量、计划收到量、计划交付量等进行计算。由于产品结构复杂，对准确性要求高，这个工作只有计算机才能够胜任，这也是为什么只有随着计算机的普及 MRP 才推广开来的原因。随着计算机技术的进步，以前需要在大型机上运行几天的计算量，如今在微机上十几分钟就可计算完毕。MRP 系统的输出主要是物料的采购计划和物料的生产计划，称为主要报告，还有一些辅助报告，包括紧急缺件报告和效益控制报告等。

MRP 与订货点法相比有了质的进步，但 MRP 系统的建立是在已有了可行的主生产计划条件下的，这就意味着已经假定了生产能力是可实现的，而实际是否能实现，MRP 并不能确定。更重要的是，MRP 只是一个库存订货的计划方法，只说明了需求的优先顺序，没有考虑企业现有的加工能力和采购的有关条件的约束，也没有依据计划实施情况的反馈信息对计划进行调整的功能。所以，人们把这一阶段的 MRP 称为基本 MRP。20 世纪 70 年代，MRP 发展为闭环的结构，称为一个完整的物料计划及执行控制系统。

3. 闭环 MRP

基本 MRP 是一种单向信息流的系统，它没考虑能力需求，如生产能力、供货能力、运输能力等。为了保证 MRP 的有效执行，必须同时制定企业能力需求计划（Capacity Requirements Planning，CRP），并根据 CRP 不断修正 MRP 甚至主生产计划，形成信息回流，这就是闭环 MRP 理论。闭环 MRP 系统逻辑流程如图 11.6 所示。

它首先制订主生产计划，然后进行生产能力与负荷分析（Rough Cut Capacity Planning，RCCP），只有通过对该过程的分析，才能达到主生产计划基本可靠的要求。在此基础上制订物料需求计划，将企业自身的生产能力与物料需求计划所要求的生产能力进行比较和平衡，形成能力需求计划。能力需求计划的计算过程是根据物料需求计划的时间和数量换算成能力需求数量，生成能力需求报表。如果能力需求计划的输出报表显示超过生产负荷，就需要重新安排能力需求计划；如果依然无法解决问题，就需要将信息反馈到物料需求计划阶段，调整物料需求计划，使之适应能力需求计划的要求；如果物料需求计划的调整也存在困难，就需要将信息进一步向上反馈到主生产计划，调整主生产计划以求达到平衡。

闭环 MRP 系统体现了一个完整的计划与控制系统，它把需要与可能结合起来，把需求与供给结合起来。闭环 MRP 系统的实质是实现有效控制，只有闭环系统才能把计划的稳定性、灵活性和适应性统一起来。

第11章 管理信息系统应用

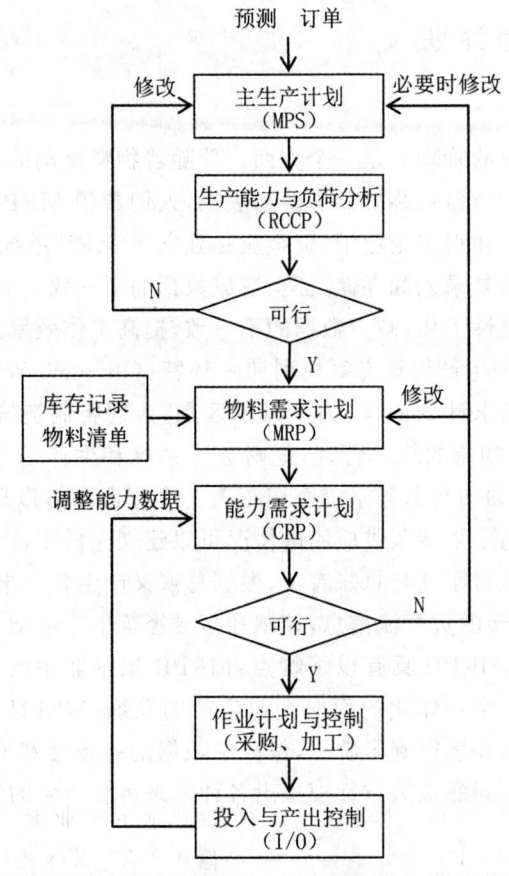

图 11.6 闭环 MRP 系统逻辑流程

通常把 RCCP 称为粗能力计划，把 CRP 称为细能力计划，二者都是为了平衡工作中心的能力负荷，从而保证计划的可行性与可靠性，但又有区别，这些区别如表 11.3 所示。

表 11.3 RCCP 与 CRP 的比较

对比项	粗能力需求计划	细能力需求计划
计划阶段	MPS	MRP
能力计划对象	关键工作中心	MRP 涉及的所有工作中心
负荷计算对象	最终产品和独立需求物料	相关需求物料
计划的订单类型	计划及确认的订单 （不包含已下达的计划订单）	所有订单 （含已下达的订单）
使用的工作日历	工厂工作日历或工作中心日历	工作中心日历
计划提前期考虑	周或日	天或小时

11.1.2 制造资源计划

1. MRPII 的特点

在企业管理中,物料的管理只是一个方面。伴随着物料流动的每一个过程,资金也在流动,企业的经营状况和效益最终要靠资金来表现,人们希望 MRP 能够在管理物料的同时,同步处理财务信息。在很多企业中,资金流是独立于 MRP 系统由财会人员专门管理的,这就造成了数据的重复录入和存储,甚至造成数据的不一致。应该有一个整合的信息系统,避免不必要的重复性工作,减少数据的不一致,提高工作效率。

1977 年,美国著名的生产管理专家奥列弗·怀特(Olive W. Wight)提出了制造资源计划,因其缩写与物料需求计划一样,为了以示区别,人们将制造资源计划记作 MRPII。MRPII 实现了资金流与物流的统一管理,把财务子系统和生产子系统结合到一起,使采购、生产、销售等一切活动均与财务系统密切相关。库存记录可以反映资金占用情况,物料清单可以用作成本核算,采购及供应商的情况可以建立应付账,产品销售的情况可以建立应收账等,应收账和应付账又与总账有关,根据总账又产生各种报表……这样财务系统可以从生产系统获得同步的资金流信息,控制和指导经营生产活动。

与闭环 MRP 相比,MRPII 具有以下特点:MRPII 把企业中与生产相关的各子系统有机地结合起来,形成一个一体化的面向企业生产的系统;MRPII 的所有数据来自中央数据库,各子系统的数据环境得到了统一,保证了数据的一致性和准确性;MRPII 具有一定的模拟功能,能根据不同的决策方针模拟出各种未来将会产生的结果,是辅助决策的重要工具。

2. MRPII 系统的逻辑流程

MRPII 系统的逻辑流程如图 11.7 所示,其主要技术环节涉及经营规划、销售与运作规划、主生产计划、物料需求计划与物料清单、加工作业、采购与库存记录、能力需求计划、产品成本管理、财务管理等。

MRPII 从经营规划获得企业的总体目标,如产品品种、市场定位、市场占有率、年销售额和利润、员工队伍建设等,在此基础上产生销售与运作规划。销售与运作规划将经营规划中用货币表达的目标转换为用产品系列的产量来表达的形式,作为主生产计划制定的依据。主生产计划按时段计划出企业应生产的最终产品的数量,它承上启下,连接了市场与生产。物料需求计划根据主生产计划、物料清单、库存记录等推出每一种物料的采购、加工时间和数量。车间和采购管理根据物料需求计划和库存情况编制生产计划和采购计划。MRPII 的每一个计划层次都包括能力需求计划,以进行不同深度的供需平衡,并根据反馈的信息调整和修订各层计划。产品成本管理、财务管理实现了资金流与物流、信息流在企业管理方面的集成。

MRPII 基于企业经营目标制订生产计划,围绕物料转化组织制造资源,实现按需要按时生产。MRPII 系统能为企业生产经营提供一个完整而详尽的计划,使企业内各部门的活动协调一致,形成一个整体,提高企业的整体效率和效益。MRPII 系统已为当今世界各类企业普遍采用,是信息时代企业提高竞争力不可缺少的手段。

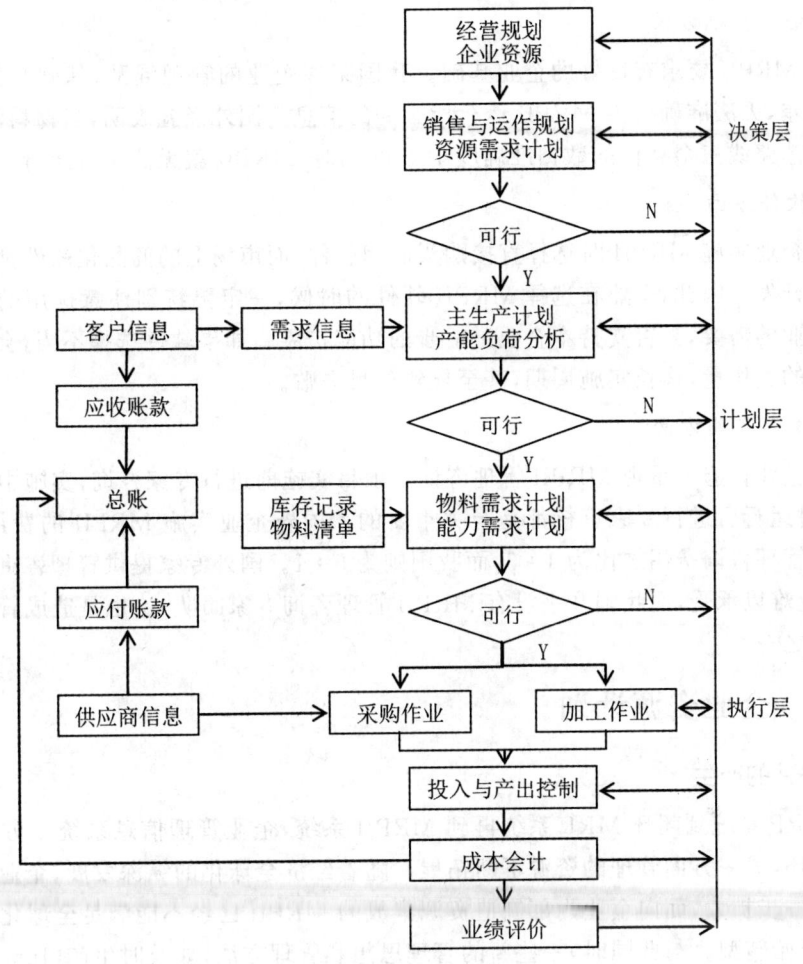

图 11.7　MRPII 系统的逻辑流程

3. MRPII 在中国的实施情况

1979 年,沈阳鼓风机厂引进 IBM 公司的 COPICS 系统,成为我国制造业率先引进 MRPII 的企业。自 20 世纪 80 年代开始,国家科委和机械部开始推广应用 MRPII,主要在机械制造业领域。之后的 20 年,我国约有 1 000 家企业实施了 MRPII 项目,领域由制造业拓展到航天航空、电子、家电、制药、化工等行业,总投资 80 亿元左右,其中 70% 以上是合资企业,所使用的软件大部分为国外软件。虽然经过多年的消化和吸收,MRPII 已经开始发挥作用,涌现出了一批运用 MRPII 提高企业经济效益和整体素质的企业,特别是一些国有企业和合资企业,但是这些实施成功的企业只是极少数,绝大多数企业都失败了。我国在 MRPII 实施过程中存在的问题主要有以下几方面。

(1) 组织方面

MRPII 的实施是一项投资大、风险大、难度大的系统工程,也是企业管理模式、管理思想和管理方式的一场变革。因此,企业的"一把手"要对项目实施的必要性有深刻、充分的认识,支持并精心组织、直接参与这一巨大的工程。否则,MRPII 没有成功的可能。

(2) 企业基础方面

实施 MRPII 要求有良好的企业基础。我国某些企业的管理混乱,基础数据不全,标准化程度差,无法准确提供 MRPII 运行所必需的信息。国外经验表明,当物料清单、库存记录和工艺路线三个文件的数据准确度小于 90% 时,MRPII 就无法正常运行。

(3) 软件方面

很多企业实施 MRPII 时选择直接购买商用软件,而市场上的商品化软件都或多或少需要二次开发。因此,企业在选择 MRPII 软件的时候,一定要特别注意选用的软件是否符合本企业的需要,是否支持本企业进一步的功能扩展。如果软件选择不当,会大大增加二次开发的工作量,拖长实施周期,甚至导致项目失败。

(4) 管理咨询方面

我国企业普遍不重视 MRPII 管理咨询。项目实施前进行专家咨询,实施中进行专家监理,交付运行后进行专家审核都是至关重要的。国外企业实施 MRPII 的费用中,软硬件费用与管理咨询费用之比为 1∶3,而我国则为 5∶1。国外专家提供管理咨询的费用极高,令企业难以承受,而我国几乎没有 MRPII 管理咨询专家团队,这也是造成管理咨询缺乏的原因之一。

11.1.3 企业资源计划

1. ERP 的产生

从 MRP 系统到闭环 MRP 系统再到 MRPII 系统,企业管理信息系统一方面实现了计划的闭环,另一方面管理的资源不断拓展。随着经济全球化的纵深发展,企业竞争空间和范围进一步扩大,面向企业内部制造资源集成的 MRPII 已经不能满足全球化竞争的需要,逐渐开始转型。与此同时,一些新的管理思想和管理方法,如及时生产(Just In Time,JIT)、全面质量管理(Total Quality Control,TQC)、精益生产(Lean Product,LP)、敏捷制造(Agile Manufacturing System,AMS)以及计算机集成制造系统(Computer Integration Manufacturing System,CIMS)等被 MRPII 吸收和融合。20 世纪末,功能更完善、技术更先进的企业管理信息系统 ERP 诞生了。ERP 是 MRPII 的进一步发展,它从对物料、资金等制造资源的管理扩展到企业全面质量管理、分销资源管理、人力资源以及服务资源管理等方面;从关注企业内部资源扩展到关注企业的外部资源,包括客户、供应商、合作伙伴等资源,将信息管理范围扩大到了整个供应链。

从管理思想的角度看,MRP 是 ERP 的核心,MRPII 是 ERP 的重要组成部分,它们是一脉相承的;从信息集成的角度看,MRP 到 MRPII 再到 ERP 的演变,是管理信息集成的不断扩展和深化,与信息技术有着密不可分的关系。信息技术作为一种现代化的工具,使得管理思想得以实现,技术与思想的融合与互动成就了 ERP 系统。图 11.8 反映了企业管理信息系统的扩展关系。

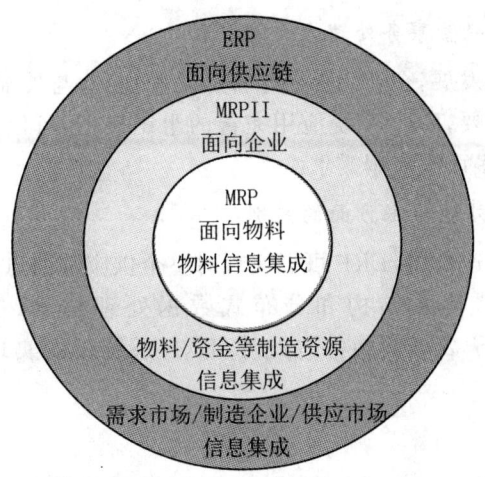

图 11.8　MRP 到 MRPII 到 ERP 的扩展

2. ERP 与 MRPII 的区别

ERP 是在 MRPII 基础上进一步发展起来的企业管理信息系统,为了进一步理解 ERP 的概念及其主要功能,需要弄清 ERP 与 MRPII 之间的区别。

(1) 在资源管理范围方面的差别

MRPII 主要侧重对企业内部资源的管理,而 ERP 在 MRPII 的基础上扩展了管理范围,它把客户需求和企业内部的制造活动以及供应商的制造资源整合在一起,形成一个完整的供应链,并对供应链上所有环节,如订单、采购、库存、计划、生产制造、质量控制、运输、分销、服务与维护、财务管理、人事管理、实验室管理、项目管理、配方管理等进行有效管理。

(2) 在生产方式管理方面的差别

MRPII 系统把企业归类为几种典型的生产方式进行管理,如重复制造、批量生产、按订单生产、按订单装配、按库存生产等,对每一种类型都有一套管理标准。而企业为了紧跟市场的变化,多品种、小批量生产以及看板式生产成为主要生产方式,即单一生产方式向混合型生产发展。ERP 能很好地支持和管理混合型制造环境,满足了企业的多元化经营需求。

(3) 在管理功能方面的差别

ERP 除了 MRPII 系统的制造、分销、财务管理功能,还增加了支持供应链各个环节之间的运输管理和仓库管理;支持生产保障体系的质量管理、实验室管理、设备维修和备品备件管理;支持工作流的业务处理流程管理。

(4) 在事务处理控制方面的差别

MRPII 是通过计划的及时滚动来控制整个生产过程的,它的实时性较差,一般只能实现事中控制。而 ERP 系统支持在线分析处理、售后服务及质量反馈,强调企业的事前控制能力,它可以将设计、制造、销售、运输等通过集成来并行的进行各种相关的作业,为企业提供了对质量、适应变化、客户满意、绩效等关键问题的实时分析能力。

(5) 在跨国跨地区经营事务处理方面的差别

随着企业的全球化发展，企业内部各个部门之间、企业与外部合作伙伴之间的协调变得越来越多和越来越重要，ERP 系统应用完善的组织架构，可以支持全球经营的多国家地区、多工厂、多语种、多币制应用需求。

(6) 在计算机信息处理技术方面的差别

随着信息技术的飞速发展，ERP 可以实现对整个供应链信息进行集成管理。ERP 系统采用客户机/服务器体系结构和分布式数据处理技术，支持 Internet/Intranet/Extranet、电子商务、电子数据交换等。此外，ERP 系统还能实现在不同平台上的交互操作。

3. ERP 的定义

按照 ERP 的提出者——美国著名的 IT 研究与顾问咨询公司高德纳（Gartner）对 ERP 的原始定义，ERP 的目标和宗旨是"打破企业四面墙、实现企业内外集成、管理整个供应链"，它超越了 MRPII 的范围和集成功能，支持混合方式的制造环境，支持动态的监控能力，并且支持开放的客户机/服务器计算环境。现在普遍认为，ERP 是基于系统化的管理思想，建立在信息技术基础上，为企业提供决策运行手段的现代化企业管理信息系统。ERP 系统反映时代对企业合理调配资源、最大化地创造社会财富的要求，是现代企业的运行模式，是企业在信息时代生存、发展的基石。

我们可以从管理思想、软件产品、信息系统三个层次给出 ERP 的定义，如图 11.9 所示。ERP 是由高德纳公司提出的一整套企业管理体系标准，其实质是在 MRPII 基础上进一步发展而成的面向供应链的管理思想；ERP 是综合应用了客户机/服务器体系结构、关系数据库、面向对象技术、图形用户界面、第四代语言、网络通信以及云计算等信息技术，以 ERP 管理思想为核心的软件产品；ERP 是建立在信息技术基础上，整合了企业管理理念、业务流程、基础数据、人力物力、计算机硬件和软件于一体的企业管理信息系统。

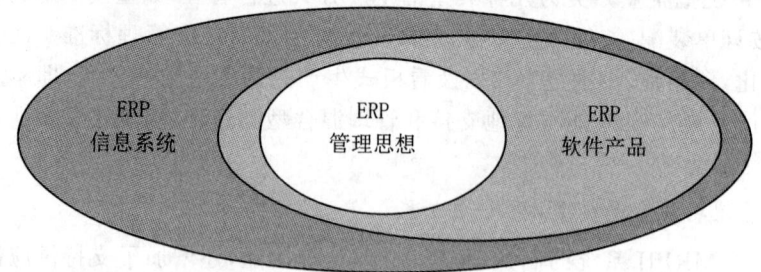

图 11.9 ERP 定义的三个层次

4. ERP 的主要功能模块

虽然都是基于 ERP 的管理思想，但不同的 ERP 软件由于设计思路和设计方法不同，功能划分也有所不同。目前，没有统一的标准规定 ERP 应有哪些功能模块，通常按照企业经营流程，主要包括销售与采购、生产计划与控制、财务以及人力资源等几部分。销售与采购涉及销售管理、采购管理、库存管理、运输管理、客户关系管理等模块；生产计划与控制涉及主生产计划、物料需求计划、能力需求计划、车间控制、工作流管理、产品数据管理、分销需求计划、质量管理、设备管理等模块;财务涉及财务管理、成本管理、应收账管理、应付账管理、工资管理、固定资产管理、现金管理、多币值管理等模块;人力资源涉及绩效管理、招聘管理、薪资与福利管理、考勤管理等模块。

ERP 系统的基本逻辑是以 MRPII 为基础的,其核心仍是生产制造过程,但在资源的内涵上,分别向企业内和企业外两个维度延伸,向内主张以及时生产、精益生产改造生产管理系统,向外提升供应链管理和战略决策能力。图 11.10 是 ERP 系统的主要模块及流程。

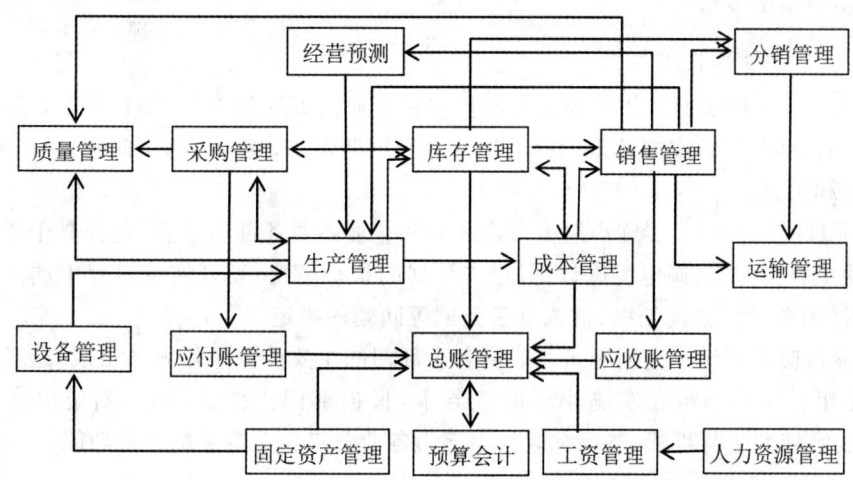

图 11.10　ERP 系统的主要模块及流程

11.1.4　ERP 系统的实施

1. 项目实施前的准备

(1) 成立筹备小组

筹备小组人员包括企业决策层成员,相关业务部门主管。筹备小组的主要任务和作用有:组织 ERP 基本原理知识的培训,对企业实施 ERP 项目进行可行性研究,调查同行业企业 ERP 系统的应用状况,明确企业对新系统的需求,提交需求分析报告,同软件商接触并评价、推选软件。

(2) ERP 原理的培训

培训对象是企业所有工作人员,培训的内容是 ERP 的基本原理及基本思想。通过培训使企业各个层级的工作人员认识到 ERP 系统的重要性、ERP 能带来的好处,同时,也使他们清楚了解 ERP 可能带来的变化。

(3) 企业诊断

企业诊断就是了解企业的实际需求。要对企业现行的业务流程和存在的问题进行评议和诊断,找出问题,寻找解决方案,并规定实现目标的标准,为成功实施 ERP 打下坚实的基础。

(4) 需求分析

通过需求分析了解企业通过 ERP 项目的建设想要达到的目标。如果需求分析不准确，很有可能导致 ERP 项目建设的结果与企业的期望相去甚远。企业必须明确给出这些问题的答案：企业是不是到了亟需应用 ERP 系统的阶段？企业当前最迫切需要解决的问题是什么？ERP 系统是否能够解决？在财务上企业是否能支持 ERP 项目的实施？实施 ERP 的目的是什么？ERP 系统到底能解决哪些问题和达到哪些目标？企业的基础管理工作是否符合实施 ERP 的要求？

2. 项目实施步骤

(1) 成立三级项目组织

① 项目指导委员会。指导委员会成员包括企业负责人和专职 ERP 实施负责人。指导委员会对 ERP 系统实施计划的执行情况进行定期审查，及时地解决问题、协调矛盾，确保实施顺利进行。

② 项目实施小组。实施小组由咨询顾问和企业各业务部门主管、业务骨干组成。实施小组的主要工作有：制定实施计划，报告计划的执行情况，发现实施过程中的问题和障碍，适时做出关于任务优先级、资源重新分配等问题的决定。

③ 项目应用小组。应用小组一般由各个部门的主要业务操作人员组成，是具体业务的执行小组。应用小组在实施小组的领导下，根据部门工作的特点，制定出本部门的 ERP 系统实施方法与步骤，熟练掌握与本部门各业务工作点有关的软件功能。

(2) 制定项目实施计划

ERP 项目的实施计划一般是在经验丰富的咨询公司指导下制定的。ERP 项目实施小组根据企业的具体情况讨论、制定、修改计划，并由指导委员会批准。实施计划一般分为项目进度计划与业务改革计划两类。

(3) 调研、咨询与业务流程重组

对企业的 ERP 业务管理需求进行全面调研，并根据企业的管理情况提出管理改革方案，决定业务流程重组的规模、深度。管理改革方案要经实施小组与指导委员会的讨论并通过，内容通常包括企业现状描述、ERP 管理方式、业务实现与改革、达到的效果等。

(4) 软件安装

(5) 培训与业务改革

培训包括理论培训、实施方法培训、项目管理培训、系统操作应用培训、计算机系统维护培训等。经过培训，指导委员会、实施小组可以对业务改革提出更为详细的执行计划。

(6) 准备测试数据

测试数据用于实际操作培训和检验软件的处理结果。数据主要分为初始静态数据、业务输入数据和业务输出数据三类。

(7) 原型测试

原型测试的目的是深入理解 ERP 系统，分析它与现行系统的差异；熟悉系统提供的各项功能,掌握 ERP 系统业务处理的方法和流程;检验数据处理结果的正确性,理解各项数据定义、规范的重要性与作用,弄清各种数据之间的关系,学会查询、分析业务数据。

根据原型测试中发现的问题,提出二次开发的需求,为进行最终用户培训做好准备。

(8) 二次开发

二次开发的重点是报表与特殊业务的需求。二次开发会增加企业的实施成本、延长实施周期,所以应慎重。当二次开发完成后,要组织人员进行实际数据的模拟运行,通过处理过程及输出结果的检验来确认成果。

(9) 建立工作点

工作点是 ERP 的业务处理点、电脑用户端及网络用户端。建立工作点时要考虑 ERP 的各个模块的业务处理功能、企业的硬件分布和企业的管理状况。建立工作点后,要对各个工作点的作业规范做出规定,即确定 ERP 的工作准则,形成企业的标准管理文档。

(10) 系统切换与正式运行

系统切换的方式往往是新旧系统并行一段时间后,再用新系统代替老系统。新旧系统并行是指新的 ERP 系统与原有的手工系统或旧的计算机系统同步运行,保留两个系统的账目资料与输出信息。新旧系统并行的主要目的是检验新旧系统的运行结果是否一致。经过一段时间的并行,确定新系统能正确处理业务数据、能输出满意的结果、新的业务流程进行顺利后,新系统就可以开始独立正式运行了。

3. 项目实施成功的标志

(1) 系统运行集成化

这是 ERP 实施成功在技术解决方案方面最基本的表现。ERP 系统是对企业物流、资金流、信息流进行一体化管理的信息系统,其核心管理思想就是实现对供应链的管理。系统的实施跨越多个部门甚至多个企业,为了达到预期设定的应用目标,最基本的要求是系统能够运行起来,实现集成化,建立企业决策完善的数据体系和信息共享机制。

一般来说,如果 ERP 系统仅在财务部门应用,只能实现财务管理规范化、改善应收账款等;仅在销售部门应用,只能加强和改善营销管理;仅在库存管理部门应用,只能帮助掌握存货信息;仅在生产部门应用,只能辅助制定生产计划和物料需求计划。只有集成一体化运行起来,才有可能降低库存,提高资金利用率和控制经营风险;控制产品生产成本,缩短产品生产周期;提高产品质量和合格率;减少财务坏账、呆账金额等。当然,这些目标能否真正达到,还要取决于企业业务流程重组的实施效果。

(2) 业务流程合理化

业务流程合理化是 ERP 实施成功在改善管理效率方面的体现。ERP 实施成功的前提是必须对企业实施业务流程重组,因此,ERP 成功也即意味着企业业务处理流程趋于合理化,实现了企业竞争力大幅度提升、企业面对市场的响应速度大大加快、客户满意度显著改善等目标。

(3) 绩效监控动态化

ERP 的实施将为企业提供丰富的管理信息。是否能够利用好这些信息，使其在企业管理和决策过程中真正起到作用，是衡量 ERP 实施成功与否的另一个标志。在 ERP 系统完全投入实际运行后，企业应根据管理需要，利用 ERP 系统提供的信息资源设计出一套动态监控管理绩效变化的报表体系，以期即时反馈和纠正管理中存在的问题。这项工作，一般是在 ERP 系统实施完成后由企业设计完成的。企业如未能利用 ERP 系统提供的信息资源建立起自己的绩效监控系统，将意味着 ERP 系统实施没有完全成功。

(4) 管理改善持续化

ERP 系统的应用和企业业务流程的合理化将使企业管理水平明显提高。为了衡量企业管理水平的改善程度，可以依据管理咨询公司提供的企业管理评价指标体系对企业管理水平进行综合评价。评价过程本身并不是目的，为企业建立一个可以不断进行自我评价和不断改善管理的机制，才是真正目的。管理持续改善是 ERP 实施成功的一个经常不被人们重视的标志。

11.2 供应链管理信息系统

长期以来，企业出于对生产资源管理和控制的目的，对为其提供原材料、半成品或零部件的工厂一直采取投资自建、投资控股或兼并的"纵向一体化"管理模式。实行纵向一体化的目的在于加强核心企业对原材料供应、产品制造、分销和销售全过程的控制，使企业能够在市场竞争中掌握主动，从而达到增加各个业务活动阶段的利润。这种模式在传统市场竞争环境中有其存在的合理性，然而在科技迅速发展、市场竞争日益激烈、顾客需求不断变化的今天，纵向一体化模式已逐渐显示出其无法快速敏捷的响应市场机会的薄弱之处。因此越来越多的企业对传统管理模式进行改革或改造，将原来由企业自己生产的零部件外包出去，充分利用外部资源，并与外包企业形成一种被称为"横向一体化"的水平关系，供应链管理就体现了横向一体化的基本思想。

11.2.1 供应链与供应链管理

1. 供应链

(1) 供应链的定义

供应链这一名词是英文"supply chain"的直译，也有学者将其翻译成"供需链"。供应链是一个系统，是人类生产活动和整个经济活动的客观存在。人类生产生活的必需品，都要经历从最初的原材料生产、零部件加工、产品装配、分销、零售到最终消费，甚至还包括废弃物回收和退货（即逆向物流）这一过程。其中既有物质材料的生产和消费，也有非物质形态产品（如服务）的生产和消费。各个生产、流通、交易、消费环节就形成了一个完整的供应链系统。

早期的观点认为供应链是制造企业的一个内部过程，局限于企业的内部操作层面，而且供应链中的各企业独立运作，忽略了与外部供应链成员企业的联系，往往造成企业间的目标冲突。其后发展起来的供应链管理概念关注了与其他企业的联系，注意了供应链企业的外部环境，认为它是一个"通过链中不同企业的制造、组装、分销、零售等过程将原材料转换成产品，再到最终用户的转换过程"，这是更大范围、更为系统的概念。近年来，供应链的概念又有了新扩展，更加注重围绕核心企业的战略联盟关系，如核心企业与供应商、供应商的供应商乃至一切前向的关系，核心企业与用户、用户的用户及一切后向的关系。此时对供应链的认识形成了一个网链的概念，像丰田、耐克、苹果等公司的供应链管理都从网链的角度来理解和实施。

供应链是围绕核心企业，通过对信息流、物流、资金流的协调与控制，从采购原材料开始，制成中间半成品以及最终产品，最后由销售网络把产品送到消费者手中的，将供应商、制造商、分销商、零售商，直到最终用户连成一个整体的功能网链结构。它是一个范围更广的企业结构模式，包含了所有加盟的节点企业，从原材料的供应开始，经过链中不同企业的制造加工、组装、分销等过程直到最终用户。

(2) 供应链的结构

按照供应链的定义，产品从生产到消费的全过程覆盖了从原材料供应商、零部件供应商、产品制造商、分销商、零售商直至最终用户的整个过程。同时，根据供应链的实际运行情况，在一个供应链系统中，有一个企业处于核心地位，该企业起着对供应链上的信息流、资金流和物流的调度和协调的作用。供应链的结构模型如图11.11所示。如果定义C为供应链的核心企业——生产制造商，从其上游企业来看，那么就可以相应地认为B为一级供应商，A为二级供应商，依次地可递推定义三级供应商、四级供应商……同样地，从核心企业的下游企业来看，可以认为D为一级分销商，E为二级分销商，依次地定义三级分销商、四级分销商……直至最终用户。一般来说，一个企业如果要从整体上了解其所在行业供应链的运行状态，应尽可能深入地考虑多级供应商或分销商。

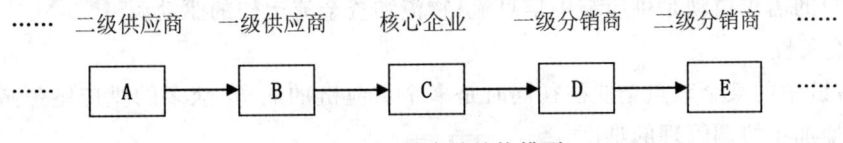

图11.11 供应链结构模型

在现实社会生活中的供应链上，核心企业C的供应商可能不只一家，而是有$B_1, B_2, \cdots, B_n$等n家，分销商也可能有$D_1, D_2, \cdots, D_m$等m家。进一步考虑，如果是一个含有多个企业的集团公司，那么C也可能有$C_1, C_2, \cdots, C_k$等k家。这样，如图11.11所示供应链模型就转变为如图11.12所示的网链结构模型。网链结构的供应链模型更能说明现实社会中企业间复杂的供应关系。从广义的角度看，网链结构模型理论上可以涵盖世界上所有的企业组织，每一个企业都可看作是它上面的一个节点，同时可以认为这些节点之间存在着供需联系。当然，这些联系有强有弱，并且在不断地变化着。从狭义的角度看，通常一个企业仅与有限的企业发生联系，但这丝毫不影响我们对供应链模型的理论设定。网链结构的供应链模型对企业供应关系的描述很直观，适合宏观把握企业间的供应关系。

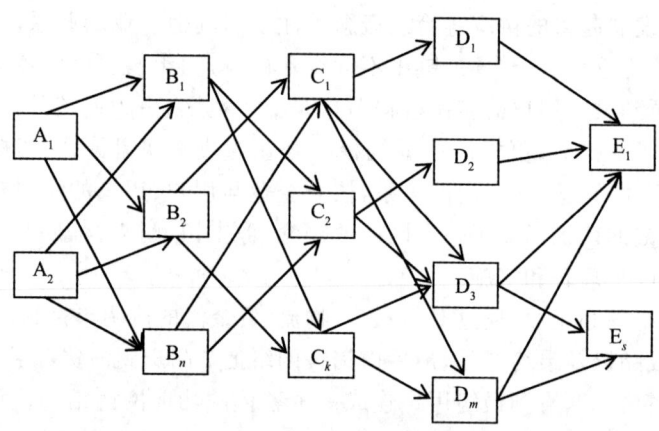

图 11.12 供应链网链结构模型

(3) 供应链的特征

① 复杂性

因为供应链节点企业组成的跨度和层次问题，供应链往往由多个、多类型甚至多国企业构成，所以供应链结构模式比一般单个企业的结构模式更为复杂，需要依靠先进的信息技术的支持，并通过信息系统来控制其信息流、物流和资金流。

② 动态性

虽然供应链中节点企业之间的关系是相对固定的，但它又要随着市场需求的变化和企业战略的变更而做动态的更新。

③ 面向用户需求

供应链的形成、存在、重构，都是基于一定的市场需求而发生，并且在供应链的运作过程中，用户的需求拉动是供应链中信息流、物流和资金流运作的驱动源。

④ 交叉性

供应链中的某个节点企业往往同时是多个供应链的成员，众多的供应链形成网链交叉结构，增加了协调管理的难度。

2. 供应链管理

(1) 供应链管理的概念

供应链管理超越传统的企业管理理念，突破单个企业的限制去研究如何对处于供应链中的不同企业进行管理的问题，是一种新型的管理理念和管理模式。它以现代信息技术为支撑，依附电子数据交换(EDI)、电子资金转账(EFT)等现代管理技术，采用包括制造资源计划及精益生产等新的生产手段，实现了供应链管理的信息集成、技术集成、组织集成等，从而使整个供应链形成了一个扩展企业，包括供应商、制造商和分销商。供应链各节点企业之间表现为一种"共赢"(Win-Win)关系，同时也使企业之间的竞争转化为供应链与供应链之间的竞争。

对供应链管理目前还没有一个统一的定义，人们对供应链管理的理解各不相同。但总的来说，大都认为供应链管理指的是围绕核心企业，对供应链中的信息流、物流和资金流以及贸易伙伴关系等进行组织、计划、协调、控制和优化的一系列现代化管理活动。供应链管理的目的是在供应链上从原材料到最终产品销售的过程中,以正确的数量、正确的时间进行产品制造和分销,提高系统效率,促进系统成本最小化,提高服务水平。

(2) 供应链管理的特征

① 以用户为中心

供应链管理本质上是为了更好地满足顾客需求,即通过采取降低供应链成本的战略,实现对用户的快速反应,以此提高用户满意度,获取竞争优势。

② 跨企业的密切合作

供应链管理中,供应链中的所有节点企业成为一个整体,因此供应链中的企业已经超越了组织机构的界限。供应链管理思想使企业意识到不能仅靠自己的资源来参与市场竞争,要提高经营效率,就要与供应链参与各方进行跨部门、跨职能和跨企业的合作,建立共享利益和共担风险的稳定、良好、共存共荣的合作伙伴关系。

③ 集成化管理

应用网络技术和信息技术,重新组织和安排业务流程,以整合集成化管理。离开信息网络技术的支撑,供应链管理就会丧失应有的价值。信息已经成为供应链管理的核心要素。通过应用现代信息技术,如条码技术、射频识别技术、电子订货系统、销售时点系统等,使供应链成员不仅能及时有效地获得客户的需求信息,而且能对信息做出及时响应,以更好地满足客户的需求。信息技术能缩短从订货到交货的时间间隔,提高企业的服务水平。

④ 全过程战略管理

供应链管理把从供应商开始到最终消费者的信息流、物流、资金流作为一个整体进行战略管理,始终从整体和全局上把握各项活动。供应链管理只有运用战略的思想才能有效地实现供应链的管理目标。

11.2.2 供应链管理策略与方法

1. 快速反应(QR)策略

QR(Quick Response)策略是美国零售商、服装制造商以及纺织品供应商开发的整体业务概念,是指在供应链中,为了实现共同的目标,在零售商、制造商和供应商之间进行的紧密合作,其目的是减少原材料到销售点的时间和整个供应链上的库存,最大限度地提高供应链的运作效率。

QR 策略成功实施要求企业改变传统的经营方式、企业经营意识和组织结构。企业不能局限于单打独斗的状态,要树立通过与供应链各方建立合作伙伴关系,努力利用各方资源提高经营效率的现代经营意识;在 QR 系统内部,通过 POS 数据等销售信息和成本信息的相互公开和交换来提高各个企业的经营效率;改变传统的事务作业的方式,通过利用信息技术实现事务作业的无纸化和自动化。

QR 策略的实施要求开发和应用现代信息处理技术,包括商品条形码技术、物流条形码技术、电子订货系统、POS 数据读取系统、EDI 系统、预先发货清单技术、电子资金支付系统、供应商管理库存、连续库存补充计划等。

快速反应策略还需要改变传统的对企业商业信息保密的做法,将销售信息、库存信息、生产信息、成本信息等与合作伙伴交流共享,并在此基础上,要求各方一起发现问题、分析问题和解决问题。

2. 有效客户响应(ECR)策略

ECR(Efficient Customer Response)策略是1992年由美国食品杂货业发起的,一些制造商、经纪人、批发商和零售商组成了有共同目标的联合业务小组,其目标是通过降低和消除供应链上的无谓浪费来提高消费者价值。ECR是一个生产厂家、批发商和零售商等供应链组成各方相互协调和合作,更好、更快并以更低的成本满足消费者需要为目的的供应链管理系统。ECR的优点在于供应链各方为了提高消费者满意这个共同的目标进行合作,分享信息和诀窍。ECR是一种把以前处于分离状态的供应链联系在一起来满足消费者需要的工具。

要实施ECR,首先应联合整个供应链所涉及的供应商、分销商以及零售商,改善供应链中的业务流程,使其最合理有效;然后,再以较低的成本,使这些业务流程自动化,以进一步降低供应链的成本和时间。这就要求必须利用准确、实时的信息以支持有效的市场、生产及后勤决策。这些信息将以EDI的方式在贸易伙伴间自由流动,它将影响以计算机信息为基础的系统信息的有效利用。

ECR的主要目标是降低供应链各环节的成本,这与QR的主要目标是对客户的需求做出快速反应不同。主要是因为食品杂货业经营的产品多数是功能型产品,服装业经营的产品多属创新型产品。所以对于食品杂货行业来说,改革的重点是效率和成本;对于服装业来说,重点是补货和订货的速度。

3. 协同计划、预测与补货(CPFR)策略

CPFR(Collaborative Planning, Forecasting and Replenishment)的形成始于沃尔玛所推动的CFAR,CFAR是利用Internet通过零售企业与生产企业的合作,共同做出商品预测,并在此基础上实行连续补货的系统。后来,在沃尔玛的不断推动之下,基于信息共享的CFAR系统又正在向CPFR发展,CPFR是在共同预测和补货的基础上,进一步推动共同计划的制定,即不仅合作企业实行共同预测和补货,同时将原来属于各企业内部事务的计划工作也由供应链各企业共同参与。

协同计划、预测与补货系统是一整套工作流程,该流程以提高消费者价值为共同目标,通过供应链中企业的相互协作,共享标准化的信息,制订有的放矢的计划,开展精确的市场预测和有效的库存管理,根据需求动态地及时补货,以提高整个供应链的业绩和效率。通过整合供应链中需求和供应两方面的信息,由生产商、零售商等各个企业彼此分享,为供应链中各个企业降低库存成本、减少运营费用、创造更多的业务机会、提高销售额、提升满足消费者的需求、形成多方共赢的环境等提供工作指南。

CPFR任务,分享快速变化的信息的关键是,开发一个信息基础构架,使供应链过程中的伙伴形成协作关系。这个基础构架由四部分组成:可以分享与传输的数据内容和数据格式;支持数据分享的信息传递手段;可确保数据安全性的安全措施;通过信息分享,实

施 CPFR 的业务流程。

4. 准时化(JIT)管理

JIT(Just in Time)技术是由日本丰田汽车公司开发出来的看板管理方式，又称为及时管理方式。它是顺应市场需求多样化的要求，作为一种在多品种、小批量的混合生产条件下高质量、低成本地进行生产的方式在实践中被创造出来的。JIT 的基本思想是库存就是浪费，消除库存就是消除浪费。这就要求企业只在必要的时间、按必要的数量、生产必要的产品，不过多、过早地生产暂时不需要的产品。

JIT 要求在管理的过程中遵循准时原则，能够按照管理的需要，遵照管理规定的要求收集、分析、处理和应用所需的信息和数据，并作为指令来进行生产控制。实现 JIT 的策略之一就是信息技术的支持，利用信息技术，可对客户的个性化需求做出快速及时反应，自动安排生产计划、物料供应计划等。生产企业根据收到的客户订单安排生产，与此同时生成相应的物料计划，通过信息系统将即时的需求计划传递给各个供应商，供应商将经过排序的物料准确及时地送到生产线旁。这样既能保证生产时有充足的供货，又不会产生库存占用资金和仓库。

5. ABC 成本作业法

ABC 成本作业法是一个过程，它超越了传统成本会计制度的界限，将企业的直接成本与间接成本分配到各个主要活动中去，然后将这些活动分配给相关的产品和服务。通过把企业主要活动和特定的产品或服务联系起来，帮助管理者了解耗费资源的真正原因和每项产品与服务的真实成本。

具体而言，ABC 成本作业法能够：把管理费用分配给各项产品或服务；了解企业内部各项活动的实际成本；了解各项产品或服务的实际成本；了解企业产品、服务和顾客的盈利能力；量化、测量、分析和改进企业的业务流程。必须注意的是，ABC 成本作业法不仅仅是一种财务工具，还可以为企业管理提供高水平的战略决策工具，同时帮助生产经理更有效地关注和监测成本。一方面，ABC 成本作业法为管理者提供了企业的内部知识，帮助企业成员更好地了解成本与活动的关系，并将其与企业的业务流程联系起来，从而使高层管理者和生产经理能更好地关注成本，提高效率，加快周转。另一方面，ABC 成本作业法为管理者提供了企业的外部知识。ABC 成本作业法能帮助企业成员了解产品、服务、分销渠道的成本和盈利能力，从而帮助供应链各个环节确定有效的定价、较优的供应链管理模式。

11.2.3 供应链管理信息技术支撑体系

1. 基于 EDI 的供应链信息组织与集成模式

EDI(Electronic Data Interchange)即电子数据交换，是指有关当事人按照协议或规定，对具有一定结构特征的标准信息，经数据通信网络，在各自的电子计算机系统之间进行交换和处理。国际标准化组织将 EDI 定义为"将商业或行政事务处理，按照一个公认的标准，形成结构化的事务处理或信息数据格式，从计算机到计算机的数据传输。"

在供应链管理的应用中，EDI 是供应链企业信息集成的一种重要工具，一种在合作伙伴企业之间交互信息的有效技术手段,特别是在全球进行合作贸易时,它是在供应链中连接节点企业的商业应用系统的媒介。通过 EDI,可以快速获得信息,提供更好的服务,减少纸面作业,更好地沟通与通信,提高生产率,降低成本,并且能为企业提供实质性的、战略性的好处,如改善运作、改善与客户关系、提高对客户的响应、缩短事务处理周期、减少订货周期,减少订货周期中的不确定性,增强企业的国际竞争力等。

供应链中的不确定因素是最终消费者的需求,必须对最终消费者的需求做出尽可能准确的预测,供应链中的需求信息都源于而且依赖于这种需求预测。利用 EDI 相关数据进行预测,可以减少供应链系统的冗余性,通过预测信息的利用,用户和供应商可以一起努力缩短订单周期。将 EDI 和企业的信息系统集成起来能显著提高企业的经营管理水平。如美国的福特公司把 EDI 视为"精细调整 JIT 的关键",DEC 公司也是把 EDI 和 MRP 连接起来,使 MRP 系统实现了电子化,公司库存因而减少 80%,交货时间缩短 50%。通用电气公司通过采用 EDI,提高了采购部门的工作效率,节约了订货费用和人力成本。

基于 EDI 的供应链信息组织与集成模式如图 11.13 所示,其中结算中心是一个连接所有节点的增值网络。包含所有商务信息的 EDI 数据信息发送到结算中心后,结算中心根据不同节点的要求做出处理,处理完毕后,将有关文档输送回相关节点。

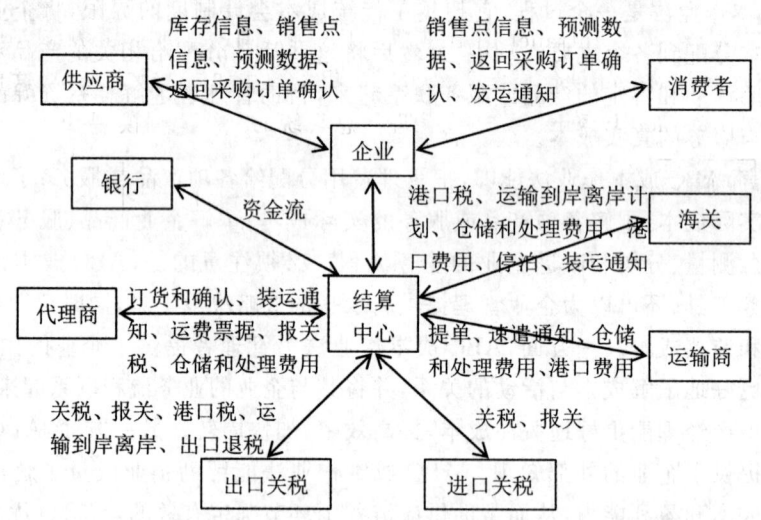

图 11.13 基于 EDI 的供应链信息组织与集成模式

基于 EDI 的信息集成后,供应链节点企业之间与有关商务部门之间也实现了集成,形成一个集成化的供应链,如图 11.14 所示为基于 EDI 信息的企业集成模式。建立基于 EDI 的供应链信息组织和传递模式,各企业都必须遵守统一的商业操作模式,采用标准的报文形式和传输方式,目前广泛采用的是联合国贸易数据交换标准——UN/EDIFACT。

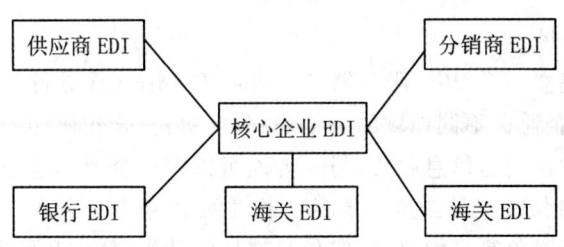

图 11.14　基于 EDI 信息的企业集成模式

2. 基于 Internet/Intranet 的供应链信息组织与集成模式

Internet 在供应链企业中的应用以及与 Intranet 的集成,是不可避免的趋势。Internet 面对的是全球的用户,是企业走向全球市场的"桥梁",而 Intranet 面向企业内部,是企业内部凝聚各个部门、每个职工的"蜘蛛网"。通过 Internet/Intranet 的集成,实现企业全球化的信息资源网络,提高企业网络的整体运行效率和管理效率,实现从传统管理信息系统向 Internet/Intranet 集成模式的转变。一般企业可以通过高速数据专用线连接到 Internet 骨干网中,通过路由器与自己的 Intranet 相连,再由 Intranet 内主机或服务器为其内部各部门提供存取服务。

在供应链企业的管理信息系统中,计算机,包括个人计算机、工作站、服务器,可以既是 Internet 的节点,又是 Intranet 的节点,它们之间范围的界定由服务范围和防火墙限定,基于 Internet/Intranet 的供应链信息组织与集成模式如图 11.15 所示,这也就是基于供应链管理的 Internet/Intranet 集成化管理信息系统的网络结构模型。

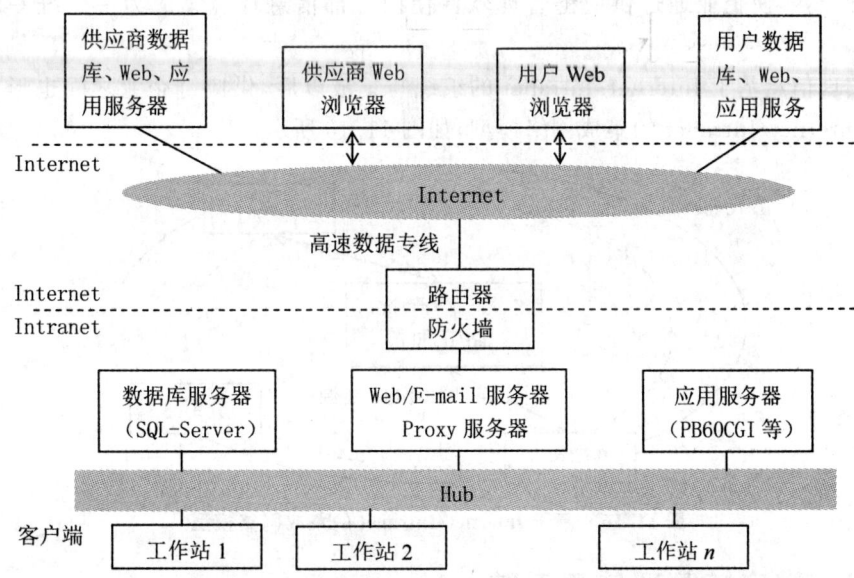

图 11.15　基于 Internet/Intranet 的供应链信息组织与集成模式

根据这一结构,可以在供应链企业中充分利用 Internet 和 Intranet 建立三个层次的管理信息系统。

(1) 外部信息交换

企业首先应当建立一个 Web 服务器(Internet 和 Intranet 软件的主要部分)。通过互联网,一方面完成对企业在不同地域的分销商、分支机构、合作伙伴的信息沟通与控制,实现对重要客户的及时访问与信息收集;另一方面可以实现企业的电子贸易,在网上进行售前、售中、售后服务和金融交易。这一层的工作主要由企业外部的互联网信息交换来完成。企业需要与交换对象签订协议,规定信息交换的种类、格式和标准。

(2) 内部信息交换

管理信息系统的核心是企业的 Intranet,因为企业的事务处理、信息共享、协同计算都是建立在 Intranet 上的,要与外部交换信息也是以 Intranet 组织的信息为基础的。因此,企业建立了硬件框架之后的关键工作就是要决定在 Internet 上共享信息的组织形式。信息处理系统主要完成数据处理、状态统计、趋势分析等任务。它们大部分由以往企业部门内部独立的个人计算机应用系统组成,主要涉及企业内部所有部门的业务流程。它们所处理的信息是企业内部 Intranet 信息共享的主要对象。

(3) 信息系统的集成

集成化供应链管理环境下,要实现企业内部独立的信息处理系统之间的信息交换,就需要设计系统之间信息交换的数据接口。以往企业各部门的信息系统之间往往由于系统结构、网络通信协议、文件标准等环节的不统一而呈现分离的局面,而通过 Internet 的"标准化"技术,Intranet 将以更方便、更低成本的方式来集成各类信息系统,更容易达到数据库的无缝连接,使企业通过供应链管理软件使内外部信息环境集成为一个统一的平台整体。

在实现信息基于 Internet/Intranet 的组织与集成以后,供应链企业之间也形成了一个基于 Internet/Intranet 的集成网络模型,如图 11.16 所示。

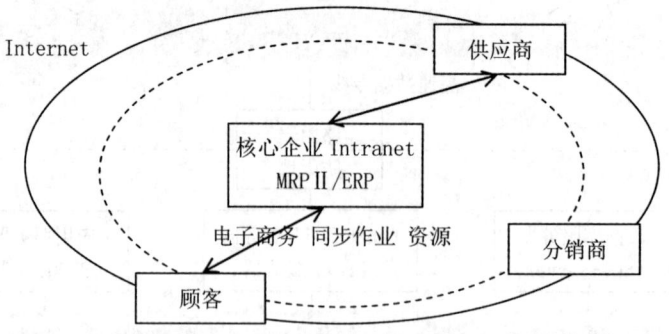

图 11.16 基于 Internet/Intranet 的集成网络模型

11.2.4 供应链管理信息系统

在供应链中,一个企业是一个节点,节点企业之间是一种需求与供应关系,所以,供应链上游企业能否及时、准确地得到下游企业关于市场需求的真实信息,供应链内的信息流能否顺畅地流动,从而实现对物流、资金流的控制,对促进整个供应链的运作绩效、提高企业的用户服务水平以及降低总的交易成本具有重大的意义。加强供应链节点企业的协作,实现供应链中信息的共享与流通,不但会使企业的顾客导向化程度提高,而且使企业在多变的市场中柔性和敏捷性显著增强,在市场中取得可持续的竞争优势。所以,信息流和信息共享已成为供应链管理研究和实践中最重要的内容。供应链信息系统能够跟踪运作过程中的信息,促进企业内部及供应链伙伴之间的信息共享,这些及时、准确的信息对供应链管理者做出决策越来越重要。

1. 供应链管理信息系统的结构

科学地制定供应链管理策略需要管理者对整个供应链的信息了然于心。信息是供应链管理成功的关键,管理者必须清楚要收集哪些信息、如何收集信息、如何分析信息,而这些必须依靠供应链管理信息系统的辅助。根据供应链管理的主要内容,可以把供应链管理系统分为供应链计划系统(Supply Chain Planning,SCP)和供应链执行系统(Supply Chain Execution,SCE),系统涵盖的范围如图 11.17 所示。

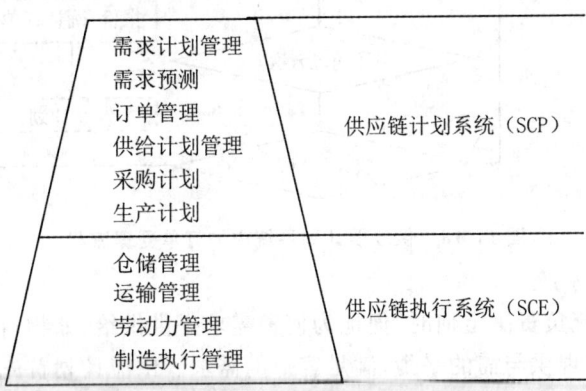

图 11.17 供应链管理系统涵盖的范围

(1) 供应链计划系统(SCP)

SCP 负责组织计划执行和衡量企业全面物流活动,运用数学运算辅助改进供应链的流程和效率,并降低库存。SCP 的精确与否完全依赖于信息。SCP 系统主要辅助企业进行供需平衡管理,分为需求计划子系统与供给计划子系统两个方面。

① 需求计划子系统。

这方面包括需求预测和处理到达的订单。SCP 系统会从 ERP 或者 SCE 系统收集历史数据、分析历史数据、建立预测模型、计算预测值,并根据每个时点的实际需求处理预测结果并修正未来预测值。对于日益流行的按需生产模式,SCP 需求计划管理系统会在销售代表与客户谈判时,根据产能和供应链下游供应商共享信息向客户做出准确可靠的需求承诺,并给出是否接受某个订单以及交货期。供应链计划管理中的订单受理流程如图 11.18 所示。

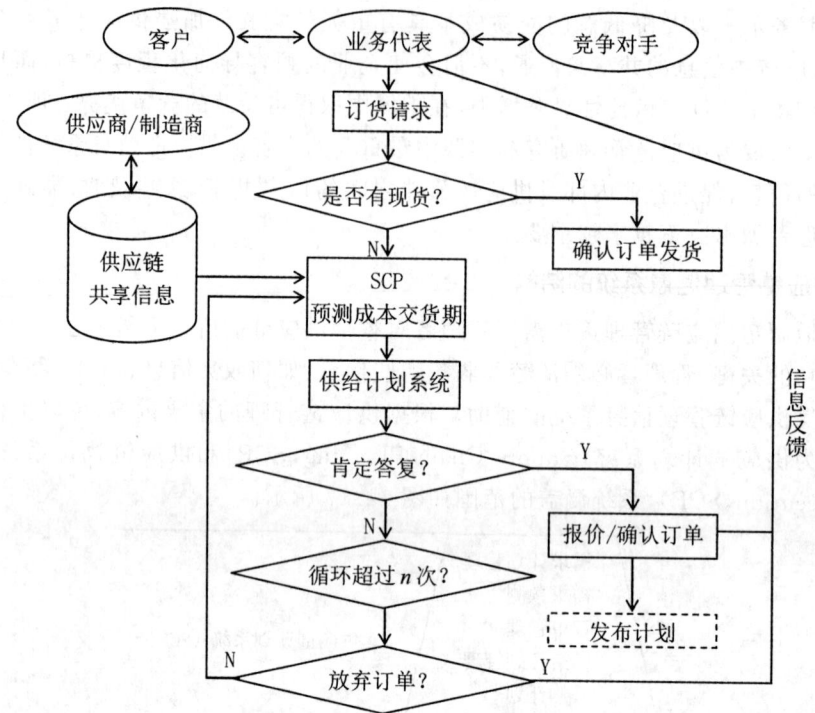

图 11.18　供应链计划系统中的订单受理流程

② 供给计划子系统。

供给计划子系统负责决定何时、何地为何种需求提供供给,如物料、部件、设备、车辆、人工和设施等,以实现供与需的平衡,满足客户的需求。供应计划首先要确定供给的优先级别,为需求做合理和精确的资源分配。然后参照需求计划对资源分配做出详细的安排,所要做的工作有:如何分派物料以满足客户的交货期限？如何在不中断现有交货的期限下支持对新订单做出交货承诺？如何确定优化设备和工序序列以实现最小化的工序、设备转化和设置？如何平衡工厂资源？如何使供应商的交货安排与工程调度同步？等等。配置方案能够使计划人员在解答这些问题的同时,生成供应计划,来解决供应与需求的匹配。

接下来,要对生成的供应计划进行判断和优化,看它是否可行。如果它存在问题,则需要对其进行优化并解决这些问题。需求计划为计划人员提供了 What If 分析和其他优化模型与工具,同时还需要与其他相关业务环节进行协同,借助于高级计划与排程系统(APS)制定出原材料采购计划、生产计划,来改进供应计划。最后编制出经过优化的供应计划,并通过执行这个计划与供给调度配合,高效地处理资源的供给,确保各项资源的优化使用,如图 11.19 所示。

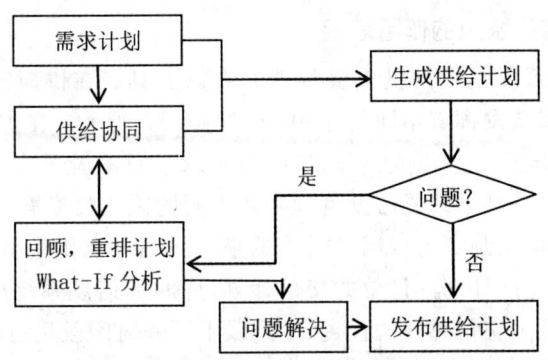

图 11.19 供应链计划系统中的供给计划过程

(2) 供应链执行系统(SCE)

关于供应链执行系统包含哪些内容有很多争议。世界级的供应链执行系统完成的是供应链中物流战略和计划功能。它们提供战术级的工具,帮助企业降低成本,提高服务质量,并且优化资源配置。这些解决方案中一般包括仓储管理系统(WMS)、运输管理系统(TMS)、劳动力管理系统(LMS)和制造执行系统(MES)。管理订单完成、优化货物装运、管理员工绩效和指导存货流动是实现供应链绩效的必要功能。

① 仓储管理系统。

仓储管理系统负责管理在仓库或者配送中心的存货,可以优化一些存货管理事务——接货和存放、补货、循环库存控制和计算、拣选和货物运送。除此之外,仓储管理系统还提供一些工具,随时支持高级循环库存的计算,提醒异常情况,如运输延迟。其中的一些功能也包括在第三方物流管理中,比如开发票。

② 运输管理系统。

运输管理系统使企业可以管理到达和出发的运输量,包括装运优化、发货运单记录、发票审计与收款以及保险与赔偿管理。运输管理系统可以管理运输合同、自动议价和运输线路优化。运输管理系统可以实现评价分析和建议,与承运系统集成,记录车辆启程及到达时间,跟踪运输车辆和管理承运收据。

③ 劳动力管理系统。

劳动力管理系统可以辅助管理仓库中的资源调度,负责跟踪仓储活动和绩效检测。同时自动产生劳动力活动分析报告。根据这些信息,管理者可以更好地分配资源以提高生产力,减少供应链中的劳动力成本。

④ 制造执行系统。

它是位于上层的计划管理系统与底层的工业控制之间的面向车间层的管理信息系统,为操作人员、管理人员提供计划的执行、跟踪以及所有资源(人、设备、物料、客户需求等)的当前状态。制造执行系统能通过信息传递对订单下达到成品的整个生产过程进行优化管理。当工厂发生事件时,制造执行系统能对此及时做出反应、报告,并用当前的准确数据对其进行指导和处理。这种对状态变化的迅速响应使制造执行系统能够减少企业内部的无效劳动,有效地指导工厂的生产活动,从而既能提高工厂及时交货能力,改善物料流通,又能提高生产回报率。

2. 供应链管理信息系统的作用范围

供应链管理信息系统是辅助供应链管理的有效工具。在供应链管理的每一个层次上，供应链管理信息系统发挥着不同的作用，如图 11.20 所示。在供应链战略规划方面，管理者需要的信息比较广泛且不太具体，这时候要求信息系统具有较强的分析能力。在供应链管理控制方面，信息系统要帮助管理者从不同的渠道收集需求信息，并汇总成总需求，根据成本、产能等信息制定可以满足需求的最优计划。在供应链作业控制方面，信息系统辅助制定每周的生产计划和订单的交付计划，此时的信息系统更关注执行和记录事务，如系统跟踪一个已经交付邮递的包裹、生产线上下一时间段里将要生产什么及相应的物料需要什么时间到达。总之，供应链管理信息系统需要辅助战略管理者知道企业将要到哪里去，还需要辅助制定好的规划，并具有很强的执行力，辅助企业到达想去的地方。总之，供应链管理信息系统要在这三个层次上辅助管理。

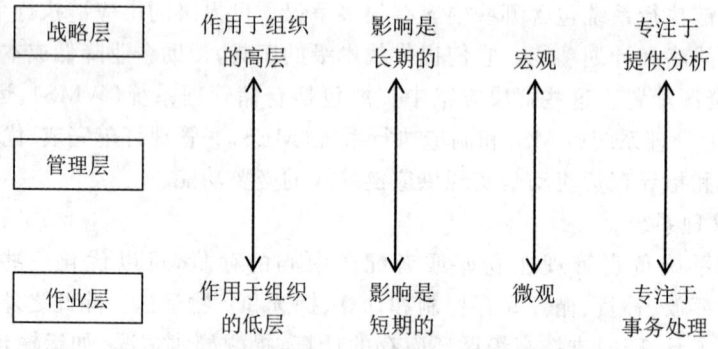

图 11.20 不同层次供应链管理信息系统的作用

供应链管理信息系统的范围很广，也是非常琐碎的，相关的各种管理子系统在供应链中的作用层次、位置如图 11.21 所示。图中，PMS 表示采购管理系统，LMS 表示劳动力管理系统，MES 表示制造管理系统，APS 表示高级计划系统，CRM 表示客户关系管理系统，TPS 表示运输管理系统，SRM 表示供应商关系管理系统，SCM 是供应链管理系统。

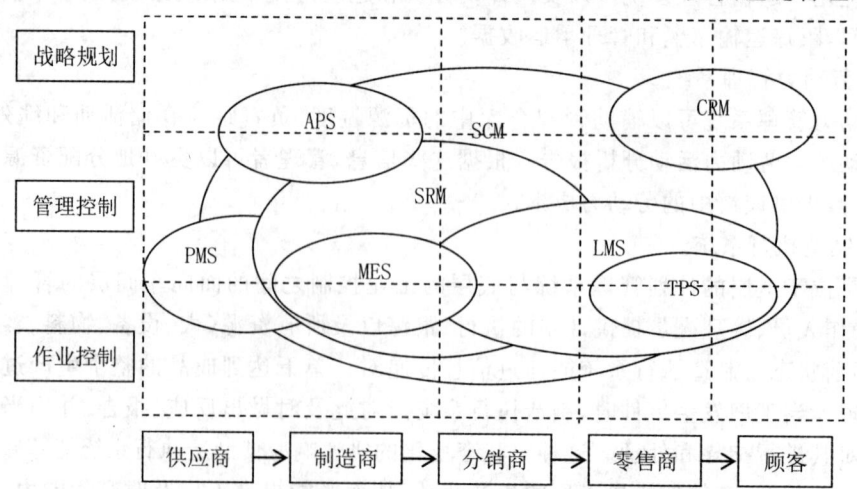

图 11.21 各种管理子系统在供应链中的作用层次、位置

11.3 电子政务系统

从管理信息系统的概念结构来看，电子政务系统是管理信息系统应用发展以来最庞大、最复杂的信息系统。它是面向全社会管理与服务的涉及覆盖各级政府组织职能与活动的管理信息系统，它既具有一般管理信息系统属性特点、符合一般信息系统建设的规律，又有其特殊性。它是现代信息技术与行政管理等多个学科相融合的产物，不仅是计算机和网络技术的新的应用方式，而且是一场划时代的变革，具有深远的历史意义。

11.3.1 电子政务与电子政务系统

1. 电子政务的内涵

几乎所有国家都在不同程度上着手推动电子政务的发展，并将其列为国家级的重要事项。电子政务的发展之所以受到各国政府的重视，一方面是因为政府是全社会中最大的信息拥有者、最大的信息技术的用户，有效地利用信息技术，可以建立一个更加勤政、廉政、精简和有竞争力的政府；另一方面也是因为信息技术能够使公众更好地参与政府决策，从而促进全社会的进步。

电子政务是伴随着互联网、电子商务等出现的概念，国内外有多种多样的提法，如电子政府、政府信息化、数字政府、电子网络政府等。这些提法从不同的视角对电子政务的含义做出概括，它们有着许多相同、近似之处。目前，电子政务的概念还处在不断发展演绎的过程中。基于国内外对电子政务的理解与认识，电子政务的含义至少应该包括这样四个方面的内容：电子政务活动的开展必须借助现代信息技术、通信与网络技术，同时，也离不开信息基础设施和相关的软件技术发展的支撑；电子政务的切入点是政务信息管理，处理的是与行政管理有关的公共事务；电子政务不是将传统的政府管理和运作简单地搬上互联网，而是要对现有的政府组织结构、运行方式、行政流程进行重组和再造，使其在信息技术的支持下，加强对政府业务运作的监管，提高运作效率；电子政务实施的目标是更好地提供公共服务。

2. 电子政务系统的基本概念

（1）电子政务系统的定义

实施电子政务需要各类资源、组织和活动的有机配合。电子政务利用现代信息技术、通信与网络技术，通过政务信息的采集、传输、加工与信息服务来实现政务目标，电子政务系统是为实现政务目标，综合、系统地处理政务信息以支持和协助政府部门各项业务活动的人员、组织、计算机硬件和软件、数据及其存储装置、通信网络以及标准与规范的统一体。电子政务系统是一类特殊的信息系统，现代信息技术、通信与网络技术，特别是互联网技术，是实现电子政务的主要手段，是电子政务系统中的关键技术。某项信息技术在某类信息活动中的简单应用，不构成电子政务系统，现代信息技术、通信与网络技术在政务活动中的综合应用，才形成电子政务系统。

(2) 电子政务系统的目标

① 改善公共服务。

逐步建立以公民和企业为对象、以互联网为基础、中央与地方相配合、多种技术手段相结合的电子政务公共服务体系。重视推动电子政务公共服务延伸到街道、社区和乡村。逐步增加服务内容，扩大服务范围，提高服务质量，推动服务型政府建设。

② 加强社会管理。

整合资源，形成全面覆盖、高效灵敏的社会管理信息网络，增强社会综合治理能力。协同共建，完善社会预警和应对突发事件的网络运行机制，增强对各种突发性事件的监控、决策和应急处置能力，保障国家安全、公共安全，维护社会稳定。

③ 强化综合监管。

满足转变政府职能、提高行政效率、规范监管行为的需求，深化相应业务系统建设。围绕财政、金融、税收、工商、海关、国资监管、质检、食品药品安全等关键业务，统筹规划，分类指导，有序推进相关业务系统之间、中央与地方之间的信息共享，促进部门间业务协同，提高监管能力。建设个人、企业征信系统，规范和维护市场秩序。

④ 完善宏观调控。

完善财政、金融等经济运行信息系统，提升国民经济预测、预警和检测水平，增强宏观调控决策的有效性和科学性。

(3) 电子政务系统的发展阶段

依据电子政务系统建设的实践，从处理方式和对象的角度，可以将电子政务的发展划分为三个阶段。

① 面向数据处理的第一代电子政务。

第一代电子政务主要在 1995 年以前，以政府内部的办公自动化和管理信息系统的建设为主要特征，通过基于文件系统和数据库系统的综合运用，以结构化数据为存储和处理对象，重点强调对数据的计算和处理能力，实现了数据统计和日常文档处理的电子化，完成了办公信息载体从纸介质向电子介质的飞跃，实现了公务员个体工作的自动化。

在这个阶段，局域网和基于网络的管理信息系统也开始得到应用，但主要局限在某一个部门内部。因此，从整体上看，不同部门之间的信息系统很少进行互联互通。这一阶段电子政务发展的最终结果是在提高办公和管理效率的同时，也形成了一系列的"信息孤岛"。

② 面向信息处理的第二代电子政务。

随着电子政务理念的普及，一些发达国家开始将建设重点放到充分运用信息技术，重塑一个具有更高效率、直接面向公众服务的"直接"的电子政务方面，这就拉开了第二个发展阶段的序幕。第二代电子政务一直延续到 2001 年左右，主要是以网络技术构建"虚拟政府"，大力推动政府部门之间的协同工作和信息资源的共享，并面向社会公众提供统一的政务服务。

这一阶段的电子政务以网络为中心建立通信基础平台，并以非结构化数据的信息流为主要的存储和处理对象，应用的领域也逐步延伸到政府职能的各个方面，有效地提高了政府的办公效率和管理质量。

③ 面向知识处理的第三代电子政务。

当前,电子政务已经进入第三个发展阶段,其主要目标是在政府信息支撑环境的基础上,利用知识管理技术提高政府的决策能力,建立基于网络的分布式政府结构,并通过分布式的"一站式"政府服务中心提供跨部门的政府业务服务。这个阶段的电子政务已经不局限于信息管理或事务处理了,而是希望通过信息技术手段来提高政府部门的知识搜集、分析、传递和利用的能力,将知识管理与政务业务流程紧密结合,从而提高政府整体的管理水平和行政效率。

这一阶段发展的必然结果,是政府结构的扁平化,同时通过对政务业务流程中的无序知识进行系统化的管理,实现对知识的充分利用。当然,知识管理也从客观上要求政府部门改变自身的信息管理,并通过不断的学习来提高政府的决策效率。

11.3.2 电子政务系统的结构

电子政务系统是基于计算机网络的信息系统,应用了先进的计算机及网络软硬件技术。在构建电子政务系统时,应对这个复杂系统的结构进行了解。这里分别阐述电子政务系统的网络结构、电子政务系统的技术层次结构和电子政务系统的功能结构。

1. 电子政务系统的网络结构

一个国家的政府系统,从中央到地方,是一个十分庞大的系统。因此,国家整个电子政务系统是建立在遍及全国的信息网络基础上的规模大、结构复杂的系统。根据电子政务系统提供的信息服务内容和服务对象以及安全保密要求,我国的电子政务网络分为政务内网和政务外网两大部分,两网之间物理隔离,政务外网和互联网之间逻辑隔离。政务内网、政务外网均涉及局域网、城域网、广域网等。电子政务系统的内外网的体系框架如图11.22所示。

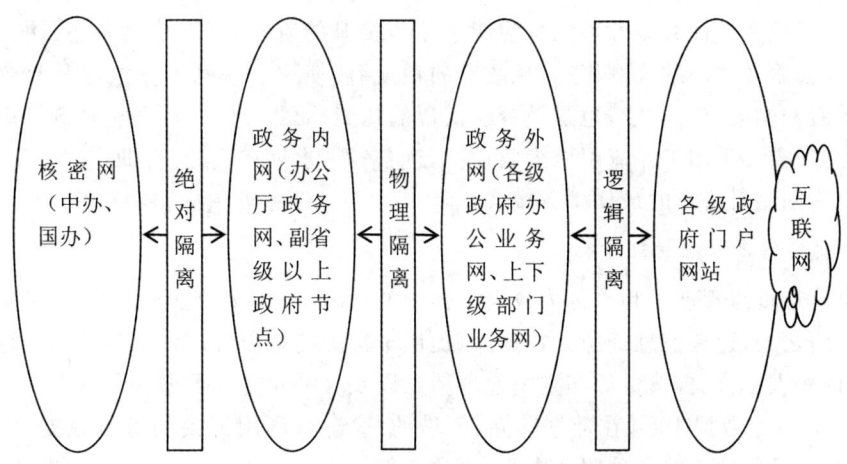

图 11.22 电子政务系统的内外网的体系框架

(1) 政务内网和局域网

政务内网主要是一定级别(副省级)以上政务部门的办公网,它与此级别以下的政务部门办公网实行物理隔离。内网中包括国家涉密信息、高敏感度信息以及核心办公业务数据等，主要解决一定级别的部门内部的办公问题，同时负责政府部门的信息管理，为政府部门提供决策支持等。政务内网通常是在部门原有的局域网基础上，采用互联网技术建立起来的部门内部的网络系统。

内网的基础是局域网。局域网指的是在较小的区域内连接起来的网络。局域网为政府部门提供了一整套建立部门信息系统的完整的、开放的、易于开发和应用的基础。政府部门内网除了具有一般局域网的功能和特点，它还针对政府部门办公自动化的需要，提供了一系列办公和信息管理应用模块，肩负着实现政府部门办公自动化、电子化和信息化的任务。

政务内网可以包括局域网、城域网、广域网等，一般采用 TCP/IP 协议，IP 地址要使用互联网的保留地址。不同部门的内网之间进行层间物理隔离或逻辑隔离，通过专用网络互联。在城域网和局域网上，政务内网数据传输要采用普密级以上的加密，一般采用虚拟专用网络（VPN）技术。

（2）政务外网与互联网

政务外网是政府业务专网，主要运行政府部门面向社会的专业性服务和不需要在内网上运行的业务，以及"行政监管"和"公共服务"等所需要的不涉及办公业务的服务。政务外网也可包括局域网、城域网、广域网等，采用 TCP/IP 协议，IP 地址可以使用内部保留地址或合法地址。城域网或广域网上的数据传输也采用 VPN 技术，可采用商密级加密。政务内网和政务外网之间必须物理隔离。政务外网和互联网之间可以采用防火墙、代理服务器或安全网关进行逻辑隔离。

政府在互联网上建立的门户网站，代表其在互联网上的形象，是公众通过互联网了解政府信息的窗口和获得政府服务的捷径，也是政府部门收集资料和公众反馈信息的一条全新渠道。在门户网站上，政府为社会直接提供"行政监管"和"公共服务"。通过政府门户网站，电子政务的社会服务可以分为四个逐步提升的阶段：网上信息发布、网上信息交换、网上办公服务、"一站式"服务。从政府的角度看，使用互联网发布法规和政令等公告信息是政府网站的重要功能，也是最容易实现的功能，而"一站式"服务则体现了政府部门的系统工作，需要采用工作流引擎来驱动。目前来看，永远在线的"自助式""一站式"服务是政府门户网站对公众的最佳服务模式。

（3）政府信息资源管理中心

政府信息资源管理中心也称为政府数据中心（Government Data Center, GDC），它分布于内外网之上，建有信息资源元数据库，提供丰富的信息资源供各部门访问。这些资源包括人口、法人单位、自然资源和空间地理信息以及公关经济等数据。

GDC 是一个数据中心，在数据存储、备份的基础上，利用汇集的海量数据，可以发展为认证中心、导航中心等各种服务中心，为政府部门以及企业和社会公众提供数据共享、数据交换和决策支持服务。

GDC 采用自上向下的层次结构，可以分为国家级、省市级和地市级 GDC，分别负责本级或本行业的数据服务，因此 GDC 的建设往往可以和网络中心的规划同时进行，统筹建设。

GDC所存储的信息主要分为基础型、公益型和综合型。基础型信息是一些自然资源、空间地理等资源生态信息；公益型信息是一些城市建设和市政管理信息；综合型信息则是与经济和社会发展有关的信息。GDC采用统一的目录服务体系，使用这些信息时要统一通过信息交换中心进行登记，然后再进行数据交换。

2. 电子政务系统的技术层次结构

电子政务系统的技术层次模型自上而下可分为网络系统层、信息管理层、应用服务层、应用业务层四层基本结构。整个系统还包括电子政务标准和规范体系、电子政务的安全体系。这种结构代表了电子政务系统实际应用中的层次模型框架，具有普遍意义。电子政务系统的技术层次模型如图11.23所示。

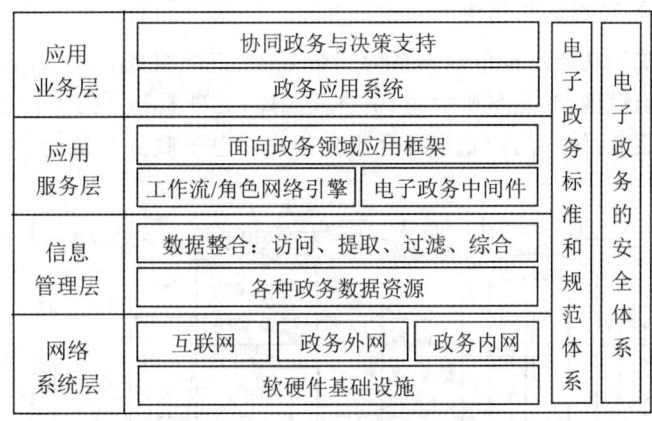

图11.23 电子政务系统的技术层次模型

（1）网络系统层

网络系统层即电子政务平台，它提供电子政务系统网络通信和系统服务。服务器、存储设备等基础硬件设施由网络传输介质和网络设备连接起来，形成了整个网络框架，即网络层；硬件设施配以相应的系统软件，如操作系统、网关软件等构成了网络系统层，此层向信息管理层提供数据存储和管理所必需的基础设施。遵照国家信息安全的有关政策法规，此层要优先采用国内产品和安全系统，网络间要进行相应隔离。

（2）信息管理层

信息管理层又称数据访问层，负责管理存放在政府信息资源中心以及网络系统中的各类数据资源，向应用服务层提供数据整合：访问、提取、过滤、综合服务。

（3）应用服务层

应用服务层即信息交换层，包括工作流引擎/角色网络引擎和电子政务中间件平台。中间件支持跨平台的分布式异构数据访问，从而向应用业务层提供统一的数据服务。工作流系统或角色网络系统驱动数据在应用业务层的各应用之间的流转，以便根据分工，合理、高效和完整地分配信息。通过上层的面向政务领域的应用框架，可以快速地生成各种具体的政务应用，并可以根据需要进行动态扩充。

(4) 应用业务层

应用业务层即电子政务应用平台,它包含 GtoG、GtoB 和 GtoC 等模式下的政务应用系统以及协同工作与决策支持系统。

(5) 电子政务标准和规范体系

电子政务标准和规范体系分为总体标准、网络基础设施标准、应用支撑标准、应用标准、信息安全标准和管理标准六类。这为电子政务的实施提供了标准依据。

(6) 电子政务的安全体系

电子政务安全体系包括安全策略、安全管理、安全技术产品、安全基础设施、安全服务和安全法规等信息安全保证措施,以保障整个电子政务系统安全、可靠地不间断运行。

3. 电子政务系统的功能结构

电子政务系统的功能结构可以概括为三个基础、三项服务和统一门户。三个基础是指网络与系统基础设施、安全基础设施、信息资源库;三项服务是指为管理层服务、为公务员服务和为公众服务;统一门户是指综合服务门户。电子政务系统的功能结构模型如图 11.24 所示。

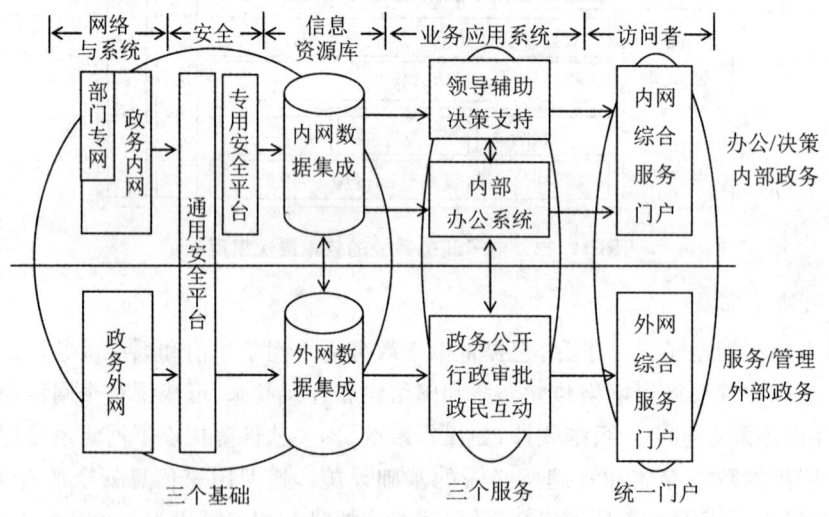

图 11.24 电子政务系统的功能结构模型

(1) 三个基础

① 网络与系统基础设施。

网络与系统基础设施指为电子政务应用系统提供底层支持的设施,包括网络设施(政务内网、政务外网和部门专网)、硬件平台(服务器、计算机、网络设备等)、操作系统、数据库管理系统。这些部分是应用系统运行的基础。

② 安全基础设施。

电子政务系统的建设必须在保证安全的前提下进行。安全系统保护的内容分为网络安全、主机系统安全、信息安全、应用系统安全四大部分。其中,网络安全主要关注与内网在物理隔离的情况下怎样保证数据交换的安全、与互联网连接时的访问安全、网络入侵安全等;主机系统安全主要考虑主机系统的漏洞、操作日志及备份恢复等;信息安全主要考虑信息的存储、传递、校验、审核等;应用系统安全主要考虑外网和专网以及内网各类应用系统的访问、认证、授权等安全管理。

③ 信息资源库。

信息资源库(数据中心)指通过集中或者分布式手段,实现政务信息资源的统一管理和应用,消除信息孤岛,实现信息共享。这主要包括数据资源库的建设、数据备份恢复系统建设等。为了确保数据库数据的可管理性、安全性、完整性及易恢复性,需要对服务器的系统及数据库数据进行备份管理。

(2) 三个服务

① 为管理层服务的电子政务系统。

提供管理层所需要的各类信息查询以及辅助决策支持、应急指挥的服务。常见的为管理层服务的系统有领导办公系统、秘书办公系统、辅助决策支持系统、电视电话会议系统等。

② 为公务员服务的电子政务系统。

将公务员日常工作实现电子化办公,实现办公无纸化,以提高工作效率和服务质量。这些电子政务系统主要包括:公文管理、会议管理、政务接待、电话记录管理、车辆管理、公共服务管理、办公用品管理、设备管理等。

③ 为公众服务的电子政务系统。

公众服务以建设高效、公开、勤政的公众服务系统为目标,以政府部门日常业务处理信息系统以及国家信息安全基础设施为基础,通过先进的互联网技术更好地向社会、企业和公众提供政府部门的服务,以适应信息化社会发展的需要。典型的公众服务业务系统有网上政务公开系统、网上工商系统、网上税收系统、网上政府采购系统、网上社会保障系统、政民互动系统等。

(3) 统一门户

统一门户是指建设一个统一的电子政务入口,将不同部门的不同服务集成,将不同数据来源的各类不同数据集成,将各类政务信息集成,通过综合服务门户统一发布,实现政府与公众通过统一的入口进行服务沟通和互动。综合服务门户作为电子政务业务和信息的出入口,整合政府部门需要提供给社会各方面的服务与信息资源,使用统一的安全认证管理,直接和用户交互,起到政府机构和公众间的桥梁和纽带作用。综合服务门户包括内网综合服务门户和外网综合服务门户。

内网综合服务门户是将分散在政府各个部门的信息资源通过技术手段抽取、整合到综合数据仓库,通过目录集成与交换服务等技术将行政审批、综合查询、统计分析、数据挖掘、决策支持、应急指挥和行业服务等系统整合在一起。用户可通过统一的安全认证,经过严格的授权管理,通过综合服务门户统一登录,使用整合后的信息资源和应用系统。外网综合服务门户是连接企业、公众与政府之间的窗口,是企业、公众与政府间互动的业务平台。

11.3.3 电子政务系统的应用模式

电子政务所包含的内容极为广泛,几乎可以包括传统政务活动的各个方面。根据近年来国际电子政务的发展、我国电子政务的实践以及电子政务概念的演绎,目前,电子政务模式类型可以划分为 GtoG 电子政务(Government to Government),即政府与政府之间通过计算机网络而进行的信息共享和实时通信;GtoB 电子政务(Government to Business),即政府部门与企业之间的电子化和网络化办公;GtoC 电子政务(Government to Citizen),即政府部门通过网络与公民之间进行的双向信息交流。一个完整的电子政务系统,应当是上述三类系统的有机结合。

1. 政府及政府之间的电子政务系统

GtoG 是指政府与政府之间的电子政务,即上下级政府、不同地方政府和不同政府部门之间的电子政务活动,是电子政务的基础性应用。它主要包括以下内容。

(1) 电子法规政策系统

颁布和实施各项政策法规是各级政府部门的一项重要工作。通过电子化方式传递不同政府部门的各项法律、法规、规章、行政命令和政策规范,使所有政府机关和工作人员做到有法可依,有法必依,具有十分明显的速度和管理成本优势,既可做到政务公开,又可实现政府公务人员和老百姓之间的"信息对称"。

公共部门拥有大量的政策文件、法律法规等公文信息,这些信息通常是公众、企业等专业用户所经常查阅的重要资料。为了最大限度地方便用户获取此类信息,关键环节有两个:一是全面收集历年出台的政策法规文件,根据用户使用和查询习惯研究并标识出各种属性,将其整理好形成后台数据库支撑系统;二是要开发一套网站查询页面,与后台数据库进行对接,方便用户在海量信息中快速获取所需要信息。电子法规政策系统模块构成如图 11.25 所示。电子法规政策系统的业务流程一般按照法规政策的维护(录入、修改、删除等)—法规政策的发布—法规政策的查询、检索—法规政策的咨询(交互)的步骤进行。

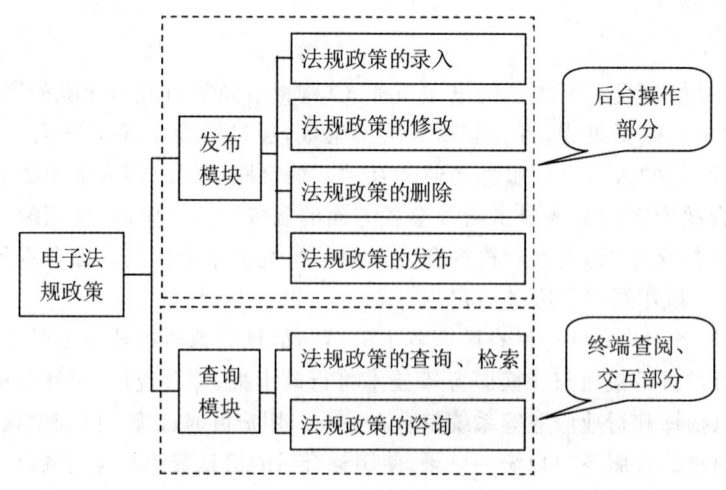

图 11.25 电子法规政策系统模块构成

(2) 电子公文系统

电子公文也称数字化公文,是运用计算机系统和现代信息管理技术制发的全数字化形式的公文。电子公文与相同内容的纸质公文具有同等法定效力。公文处理是政府部门的基本职能,传统的公文处理方式是依靠纸张作为载体,借助盖章、签字等形式实现公文的传递与处理。这种公文处理方式不但浪费资源,而且因为周期长、效率低,常常会出现因公文"长途旅行"而影响政府决策的效率。电子公文系统借助网络技术的应用,是传统的政府间的报告、请示、批复、公告、通知、通报等在保证信息安全的前提下通过数字化的方式在不同的政府部门间实现瞬时传递,大大提高了公文处理的效率,彻底改变了传统的、司空见惯的公文"长途旅行"现象。

在电子公文系统中,公文交换、收文办理、发文办理系统和文档一体化管理系统环环相扣;系统控制、安全防范软件系统和电子板式及电子印章软件系统缺一不可。公文处理人员和相应的工作环节必须配置必要的计算机及打印、扫描、复印等办公设备,并具备键盘、语音、手写、扫描输入和网上直接下载、复制、粘贴等功能。机关内部的OA网和外部的传输网络应当互联互通。

公文流程电子化管理的特点是:公文直接在计算机上生成,通过网络进行传递,在计算机服务器与计算机终端上对文件进行实质性的办理,相应的文件管理功能也主要通过计算机系统完成。电子公文的流转过程如图11.26所示。

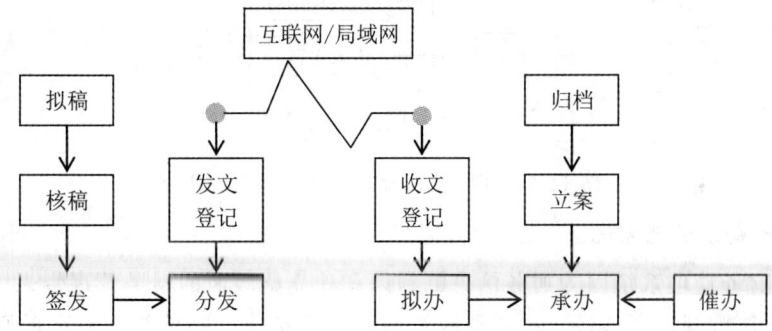

图11.26 电子公文的流转过程

(3) 电子档案管理系统

随着科技的进步、档案事业的不断发展,电子档案应运而生,档案工作管理的方法和模式也从传统走向变革。电子档案是指具有长久保存价值的归档电子文件。在全国建立起统一、完整的档案管理系统,可使政府部门能够根据权限上传、查阅、修改、销毁文档等。电子档案管理系统既可以使不同政府部门共享信息,大大促进政府工作的开展,又可以在改善政府工作效率的同时,提高政府工作人员的能力和水平。

电子档案管理系统应按照档案处理的一般业务流程,即操作设置、归档、查阅和销毁、等功能。电子档案管理系统的模块组成如图11.27所示。

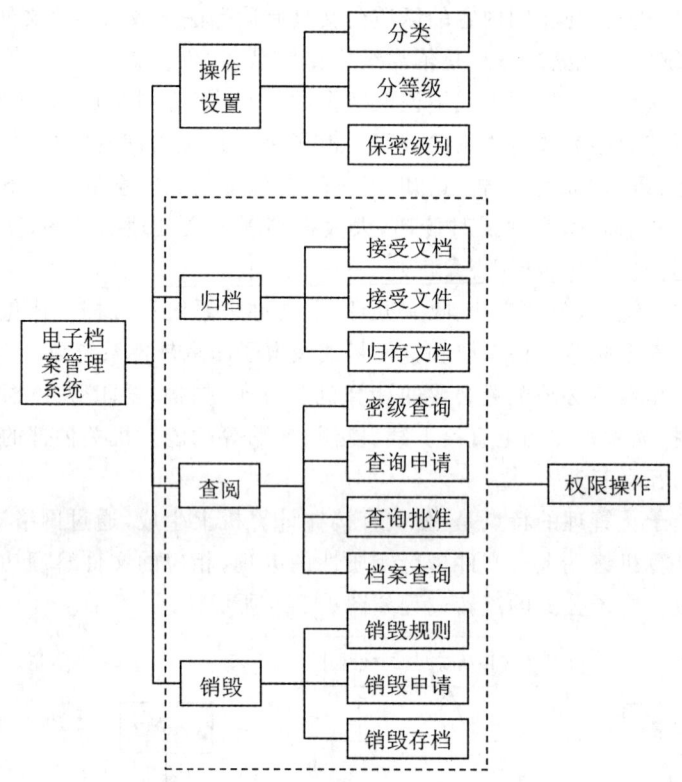

图 11.27 电子档案管理系统的模块组成

(4) 电子财政管理系统

传统的财务管理系统因为财务信息的封闭和独立给政府的财务管理带来了一定的难度,也为滋生腐败提供了条件。电子财政管理系统是指建立在网络基础上的财务管理系统,可实现向政府主管部门、审计部门和相关机构提供分级、分部门、分时段的政府财政预算及其执行情况报告,包括从明细到汇总财政收入、开支、拨付款数据以及相关的文字说明和图表,便于有关领导和部门及时掌握和监控财政状况,使管理水平跃上一个新台阶。

(5) 电子办公系统

电子办公系统是指政府部门内部利用办公自动化系统和 Internet/Intranet 技术完成机关工作人员的许多事务性的工作,实现政府内部部门间办公的自动化和网络化,实现内部资源充分共享的集成化的管理信息系统。利用电子办公系统,能够节约时间和费用,提高工作效率,如工作人员通过网络申请出差、请假、文件复制、使用办公设施和设备、下载政府机关经常使用的各种表格,报销出差费用等。

(6) 电子培训系统

电子培训系统主要对政府工作人员提供各种综合性和专业性的网络教育课程,特别是适应信息时代对政府的要求,加强对员工与信息技术有关的专业培训,使员工可以通过网络随时随地注册参加培训课程、接受培训、参加考试等。

(7) 业绩评价系统

业绩评价系统能够按照设定的任务目标、工作标准和完成情况对政府各部门业绩进行科学的测量和评估。

2. 政府对企业服务的电子政务系统

GtoB 模式主要运用于电子采购与招标、电子化报税、电子证照办理与审批、公布相关政策、提供咨询服务等。GtoB 电子政务实质上是政府对企业提供的各种监督管理和公共服务,包括以下三个层面的内容。

(1) 政府对企业开放信息

政府对企业开放各种信息,如政府向企事业单位发布从事合法业务活动所需遵循的各种方针、政策、法规和行政规定,包括产业政策、经贸政策。

以公用信息发布系统为例,管理员可以自定义信息种类,随时新增、查询、删除、修改发布的信息,其他人员可以以各种方式查询已发布的信息。公用信息发布系统一般包含电子公告牌、办事指南及网上论坛三大功能模块。电子公告牌提供了在电子政务系统内发布电子公告的功能,公告中可以包括字符、图片,可以编辑成美观大方的格式。电子政务系统具有发布公告流程的审核设置功能,只有被审核通过后的文件才可以发布。办公办事指南系统可为企业的工作人员提供单位简介、领导分工、机构分布等信息。网上论坛为电子政务系统联网用户提供了相互交流的场所,使他们可以讨论技术问题、社会热点问题,可以发起话题,也可以针对其他用户发起的话题发表自己的意见、看法。

(2) 政府对企业的电子化服务

政府对企业的电子化服务,包括政府采购电子化、政府税收服务电子化、政府审批服务电子化、政府对中小企业服务电子化等各种与企业业务有关的电子化服务活动。

以电子采购系统为例,一般来说,它具有这样几个功能模块:采购项目管理模块,管理采购项目的项目信息、采购信息、采购产品规格要求等;采购信息发布模块,公布需要公开招标的采购项目的信息,同时,企业也可以在网上发布自己的产品,方便采购单位网上询价;政府采购订单管理模块,对采购过程的文档资料,如采购申请、合同文档资料、验收报告生成、支付申请等进行管理;政府采购审计监督模块,对采购的各个环节进行审计,保证采购的公平、公正、公开。

(3) 政府对企业的监督管理

政府对企业的监督管理,包括政府对企业的工商管理、对外贸易管理、环保卫生管理,如政府向企业颁发的各种营业执照、许可证、合格证、质量认证等。

以电子税务系统为例。税收是国家财政收入的主要来源,税务部门的职责就是降低征税成本、防止税源流失、方便企业纳税。电子税务在很多国家都被视为电子政务应用的优先项目。通过政府电子税务系统,公众可以足不出户地完成税务登记、税务申报、税款划拨等业务,并可查询税收公报、税收政策法规等事宜。既方便了公众,也减少了政府的开支。

3. 政府对公民服务的电子政务系统

GtoC 指政府通过电子网络系统、信息渠道及在线服务,为公民提供从出生到死亡,包括入学、就业、社会保障等整个人生阶段的、内容多样化的配套服务,将政府职能部门为人民大众的办公服务和信息服务公开化。根据服务对象侧重点不同,政府对公民的服务分为以下三类。

(1) 电子化社会保障服务系统

电子化社会保障服务是电子政务的重要应用。政府可通过网络把各种社会服务,如困难家庭补助、军烈属抚恤和社会捐助等,运用电子资料交换、磁卡、智能卡等技术,直接支付给受益人。电子化社会保障系统,一方面可以增加社保工作的透明度,另一方面可以加快社会保障体系普及的进度。电子化社会保障服务系统的模块组成如图 11.28 所示。

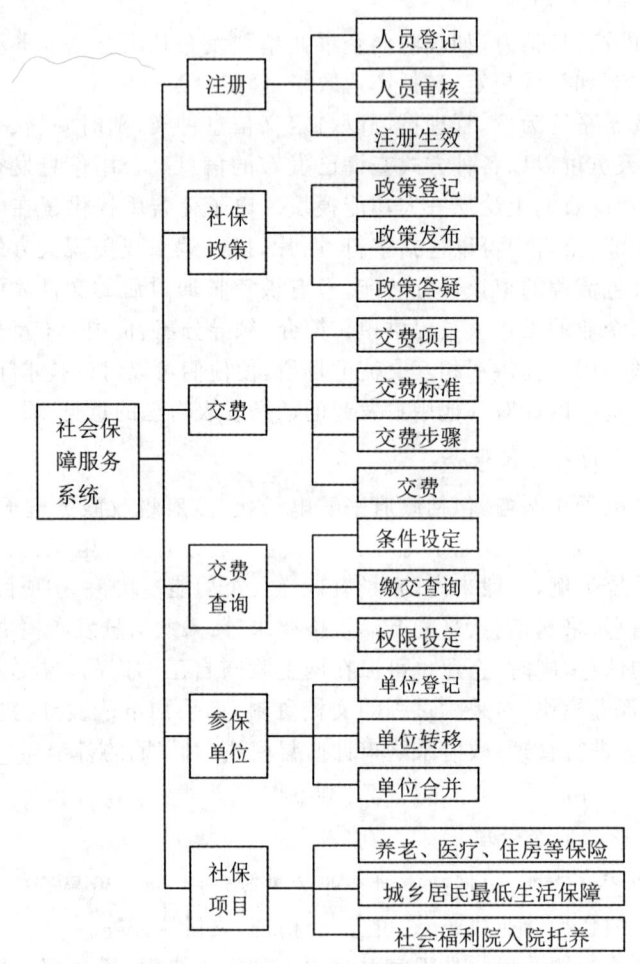

图 11.28　电子化社会保障服务系统的模块组成

(2) 电子化个性服务系统

电子化个性服务是指政府根据公民个人的个性化需求,通过电子化方式为其提供的相关服务。例如,政府通过公民关系管理系统为公民提供个性化的教育、医疗、就业服务等。

以电子化就业服务系统为例,它使政府利用信息技术这一手段在求职者和用人单位之间架起一座服务的桥梁,使传统的、在特定时间和地点举行的人才和劳动力的交流突破时间和空间的限制,做到随时随地都可使用人单位发布用人信息、调用相关资料,使应聘者可以通过网络发送个人资料,接受用人单位的相关信息,并可直接通过网络办妥相关手续。该系统开设网上人才市场或劳动力市场,提供与就业有关的工作职位缺口数据库和求职数据库信息;在就业管理的劳动部门所在地或其他公共场所建立网站入口,为没有计算机的求职者提供接入互联网寻找工作职位的机会;为求职者提供网上就业培训,就业形势分析,就业方向指导。电子化就业服务系统的模块组成如图 11.29 所示。

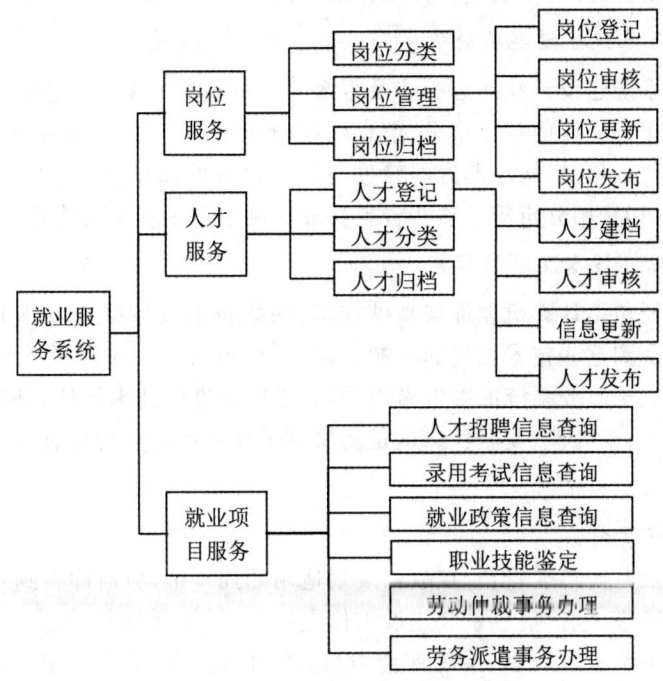

图 11.29　电子化就业服务系统的模块组成

(3) 电子化社会服务系统

电子化社会服务系统是政府部门利用网络的交互功能,通过政府与社会公众的双向交流,实现电子民主管理目标的信息系统。该系统使公民方便地接入政府法律法规规章数据库;公民通过网络发表对政府有关部门和相关工作的看法,参与相关政策、法规的制定;通过网络提供被选举人背景资料,促进公民对被选举人的了解,公民可以直接在网上投票,即可大大提高选举工作的效率,又可有效保证选举工作的公正和公平。

11.3.4　电子政务系统建设与管理

1. 电子政务系统规划

电子政务系统规划就是政府机构信息系统建设的战略规划,它是一种从政府业务发展和政府改革的战略角度考虑,对电子政务系统的目标、发展战略以及政务系统资源和开发工作的综合性计划,是针对电子政务系统的最高层次的管理和规划。其规划工作的主要目标是明确电子政务系统的发展方向、电子政务系统规模和开发计划。电子政务系统规划的内容包括以下几个方面。

(1) 电子政务系统的目标、总体结构和发展战略

电子政务系统的规划应根据机构的战略目标和内外约束条件(如地域因素、行业因素、经济因素等),确定政府电子政务系统的目标、电子政务系统的总体结构、电子政务系统建设的发展战略等。目标指明电子政务系统的发展方向;总体结构确定信息的主要类型以及主要的子系统,为电子政务系统的开发提供框架;发展战略则提出具体的步骤和各阶段应达到的分目标,并提供衡量具体工作效果的标准。

(2) 电子政务系统建设现状分析

对机构信息系统建设现状的分析涉及很多具体的资料和数据,包括截至制定电子政务系统规划时为止的整体信息化水平、信息化建设所处的阶段、信息系统的分布、各信息系统的进展及应用效果、机构已购置的软件与硬件设备的数量、设备利用情况、人员和技术储备、资金投入和费用分析等。这些资料将成为制定下一步发展战略的基础数据。

(3) 对相关信息技术发展的预测

信息技术主要包括计算机软件与硬件技术、网络技术及数据处理技术等。电子政务系统规划随时会受到这些技术发展的影响。因此,应该对规划中涉及的软硬件技术和方法论的发展及对电子政务系统的影响做出预测,必要时进行技术评估,以提高技术选型和产品选型的先进性、正确性、安全性。这是衡量电子政务系统是否具有可持续发展潜力的关键因素之一。

(4) 近期发展计划

战略规划涉及时间跨度较长,在战略规划适用的几年中,应对即将到来的较短的一个时间段做出具体安排,包括信息系统建设工作进度表、具体项目开发、实施、维护的进度安排,软件、硬件设备购置时间表,系统评价方法,人力、资金的需求计划,相关岗位培训计划等。

2. 电子政务系统项目建设过程

电子政务系统的建设,是一个具有较强综合性、复杂性的过程,其建设过程中存在着巨大的风险,需要吸收成形的项目管理的理论知识作为管理基础,吸收成功的电子政务系统建设经验,形成一种建设模式,以指导其他电子政务系统项目的实施。电子政务系统项目建设过程一般包括:项目准备、项目启动、项目采购、项目实施和系统评价几个阶段,如图 11.30 所示。

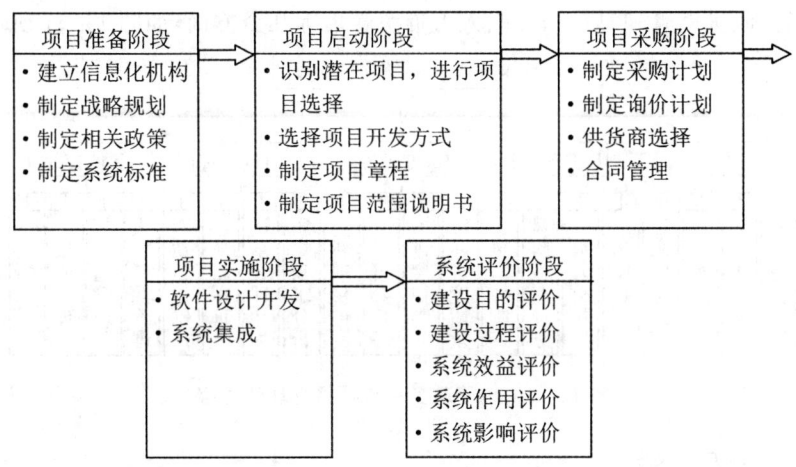

图 11.30 电子政务系统项目建设过程

项目准备阶段的任务是要建立信息化机构、制定战略规划、制定相关政策、制定系统标准,为具体项目的成功打下管理基础。

项目启动阶段,需要完成四个方面的工作:一是识别潜在项目,进行项目选择。项目识别和选择应当以政府业务流程为主线,在信息化规划的基础上进行。二是选择项目开发方式。电子政务系统的开发方式主要有自主开发、委托开发、合作开发和购买现成软件包四种。三是制定项目章程。项目章程应当包括项目名称和授权日期、项目负责人、项目简要的范围说明书、计划的项目管理方法总结、角色和职责矩阵图、签名部分和评述等。四是制定项目范围说明书。在项目章程的基础上,进一步形成较详细的范围说明书,为将来的项目决策奠定基础,包括怎样判断项目和项目阶段已经成功完成的基本标准。

项目采购阶段涉及项目管理知识领域的采购管理,如制定采购与询价计划、供货商选择、合同管理等。同时,它又是计划过程的一个组成部分,涉及项目的时间、费用、质量、人力资源、沟通等方面的管理。

项目实施阶段一般包括软件设计开发和系统集成两个环节。软件设计开发包括需求分析、软件设计、软件开发、软件测试和软件的安装维护等内容;系统集成通常分三步完成,即基本设备部署、基础软件部署和系统安装调试。

系统评价阶段指电子政务系统项目建设完成后,对系统建设目的、建设过程、效益、作用和影响等情况进行全面系统的分析与评价,从而改进投资效益,提高宏观决策和管理水平,发现系统建设中存在的问题,为系统的正常运行和维护提供决策信息。

3. 电子政务系统的项目管理

项目管理的理念在人们工作实践中起到了越来越重要的作用。对于一个涉及部门广泛、运作过程复杂的电子政务系统而言,有效的项目管理是很重要的。电子政务系统项目管理是指项目管理者按照客观规律的要求,在有限的资源条件下,运用系统工程的理论与方法,对开发电子政务系统这一项目所涉及的全部工作进行管理,即对电子政务系统的需求发现到实施的全过程涉及的项目申报和审批管理、建设管理、资金管理、监督管理和验收评价管理,以实现项目管理的目标。通常而言,电子政务系统项目管理的内容包括需求管理、风险管理、进度管理、质量管理、人力资源管理等几个方面,如图11.31所示。

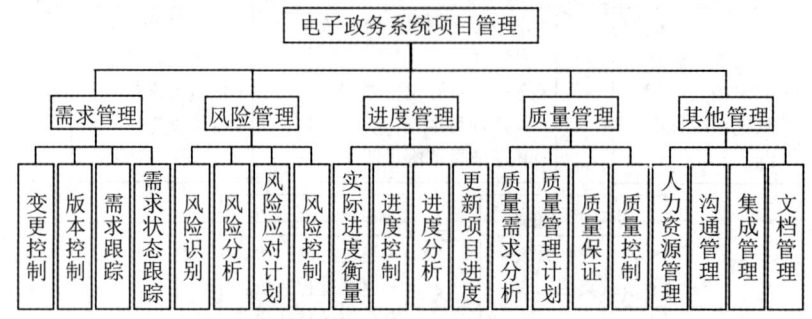

图 11.31 电子政务系统项目管理的内容

11.3.5 移动政务

传统的电子政务系统普遍采用的是有线网络通信方式和现场操作模式,政府公务人员一旦离开办公场所,便无法获得政府和相关单位的实时信息,造成信息和决策的延误。此外,电脑终端的普及程度也在客观上限制了广大市民更好地享受电子政务所带来的便利。随着移动通信技术的发展,特别是移动用户规模的扩大,建立在移动通信网络平台之上、不受线路束缚的移动政务成为建设"效能政府、透明政府"的助推器,掀起了政务信息化的新浪潮。

1. 移动政务的内涵

移动政务(Mobile Government)是指政府部门利用无线信息通信技术,通过移动通信网和互联网的联合应用,实现政府管理及服务的电子化和移动化。它是随着移动通信技术的快速普及和电子政务的迅速发展而产生的。移动政务是电子政务的一种新的表现形式,为政府开展政务活动带来了更大的便利和价值。对广大民众和企业来说,除了可以使用普通的移动电话来获得政府服务,还可以通过 PDA、笔记本电脑、可穿戴的个人电脑(Wearable PC)以及其他手持设备获得各种支持与服务。

2. 移动政务的应用

(1) 移动式政府信息发布系统

政府信息移动发布是指政府部门利用无线信息通信技术,借助移动通信网络向公众传递各类政府信息,实现政府信息的移动式发布。移动式政府信息发布系统发布的信息可分为两类:一类是一般的信息或通告,这类信息对公民、企业或政府都无法律约束,最适合通过短信平台直接向移动用户提供;另一类是由政府向企业或个人提供的重要信息或受法律约束的信息,这类信息需要通过加密、定制等方式发布,如涉税信息、政府招投标信息等。

(2) 移动式政府服务系统

这种应用方式主要包括移动身份认证服务系统、移动支付服务系统、移动医疗服务系统、移动教育服务系统以及移动定位服务系统等。

① 移动身份认证。

利用移动方式进行身份认证是指在移动通信的SIM卡与政府管理的相应公民信息之间建立起一定的关联,当公民需要提供身份认证时可直接通过移动通信终端接入政府的公民信息数据库,从中获得相应的个人身份信息,以表明自己的身份。

② 移动支付。

移动支付是指利用移动终端作为支付工具,实现资金支付的一系列活动。通过移动支付系统,公民和政府之间的部分资金往来,如个人所得税的缴纳可由移动支付方式实现;政府收费信息或服务项目可直接通过移动支付方式完成。

③ 移动医疗。

移动医疗的应用包括:政府利用移动政务平台,向公众发布发布一般性医疗信息,如医疗常识与保健知识;政府部门可以利用移动通信的用户信息建立公共医疗信息数据库,提供个性化、专业化、经常化的医疗保健服务;在突发性医疗事件出现后,政府公共卫生部门可以利用移动医疗电子政务系统向公众发布正确的信息,提供有效应对措施,澄清传言,消除恐慌;提供移动医疗救援服务,如公民在野外发病遇险,可通过移动终端向政府医疗援救部门发出求助,同时援救部门可及时从政府医疗管理数据库中调出病人病史等信息;利用移动终端开展远程诊疗和护理服务。

④ 移动定位。

在移动政务活动中,移动定位的应用有:为政府工作人员和公民提供全方位的移动定位服务,如提供在陌生地区查询最近商店、银行、医院等地理位置;在对突发事件的紧急处理中,政府工作人员可以通过移动定位系统调度和指挥相关人员与装备,以最快的速度、最优的路线进行最有效的部署;为公众提供救援服务,如在公民受到人身攻击时,帮助警务中心获取报警人位置而提供及时的救援。

(3) 移动式民主政府系统

移动式民主政府是指政府利用无线信息通信技术,借助移动通信网络为公众提供行使民主权利的手段和方法,促进公众更有效地进行参政议政,发挥其在参与政府事务中的积极性、主动性和创造性。通过移动式民主政府系统,公民可以方便地利用发送短消息或WAP服务,通过移动终端直接向政府部门表达他们的意见和愿望,行使自己的民主权利;公民可以方便地被告知他们选出的代表是如何对某些特殊问题进行决策的。扩大了民主范围,对更好地发扬政府民主有重要的推进作用。

以移动技术为核心的信息系统在公共管理领域的应用,即移动政务,得到各国政府的高度关注,为创新政府管理模式提供了新的机遇,同时进一步推动了电子政务系统的范式转变。

【知识总结】

企业资源计划就是一种"合理地组织和有效地利用各种资源"的科学的管理思想与处理逻辑。随着生产发展和管理水平的不断提高,在信息技术的支持下,企业资源计划系统经历了MRP、MRPII到ERP的发展过程。从管理思想的角度看,MRP是ERP的核心,MRPII是ERP的重要组成部分,它们是一脉相承的;从信息集成的角度看,MRP到

MRPII 再到 ERP 的演变,是管理信息集成的不断扩展和深化,与信息技术有着密不可分的关系。信息技术作为一种现代化的工具,使得管理思想得以实现,技术与思想的融合与互动成就了 ERP 系统。

供应链管理是围绕核心企业,对供应链中的信息流、物流和资金流以及贸易伙伴关系等进行组织、计划、协调、控制和优化的一系列现代化管理活动。有效的供应链管理离不开信息技术提供可靠的支持,EDI 和 Internet/Intranet 是供应链企业信息集成的两种重要工具。根据供应链管理的主要内容,可以把供应链管理系统分为供应链计划系统和供应链执行系统:计划系统负责组织计划执行和衡量企业全面物流活动,执行系统提供战术级的工具。

电子政务系统是为实现政务目标,综合、系统地处理政务信息以支持和协助政府部门各项业务活动的人员、组织、计算机硬件和软件、数据及其存储装置、通信网络以及标准与规范的统一体。电子政务系统的结构比较复杂,从网络、技术层次、功能角度看呈现不同的结构特征。电子政务模式类型有 GtoG、GtoB 和 GtoC 三种,一个完整的电子政务系统应当是三类系统的有机结合。实施电子政务系统必须做好战略规划,并吸收成形的项目管理的理论知识作为管理基础。移动政务的发展推动了电子政务系统的范式转变,为创新政府管理模式提供了新的机遇。

【思考题】

1. MRP、闭环 MRP、MRPII 和 ERP 之间的区别是怎样的?
2. 简要说明 MRP 的生成过程。
3. 绘制 MRPII 系统的逻辑流程图,解释其生成过程。
4. 供应链产生之前企业的物流活动及其管理有哪些特点?
5. 供应链的结构特征有哪些?
6. 如何理解 EDI、Internet 技术在供应链管理中的应用?
7. 供应链执行信息系统由哪些子系统组成?分别处于供应链上的什么位置?
8. 电子政务系统的发展经历了哪几个阶段?每个阶段各有什么特点?
9. 绘制电子政务系统的技术层次模型,解释各组成部分的关系及功能。
10. 简要说明电子政务系统规划的内容。

【案例 11.1】

玉柴公司 MRPII 系统应用

广西玉柴机器股份有限公司(玉柴公司)的前身是玉林柴油机厂,创建于 1951 年。1992 年,玉柴公司通过发行法人股,由国有企业改造为股份制企业;1993 年,又通过引进外资,由中资股份制企业改造为中外股份制企业。

玉柴公司是我国最大的中、重吨位车用柴油机生产企业,占地面积 171 万平方米,建筑面积105万平方米,员工7 000余人。公司的主要产品为6105、6108、6112、4108、4110系列柴油机和柴油发电机组。

一、MRPII 在玉柴公司推行的过程

1. YCMRPII 项目的背景

1993年1月,玉柴公司和重庆海山计算机工程公司合作开发企业管理信息系统YCMRPII,根据当时企业的实际需求进行原型开发,软件采用 Oracle 数据库,硬件采用SUN 大型服务器 Server 1000。由于原型开发周期长、功能不完备、程序可靠性差、系统运行效率低下,导致整套系统实用性差,使开发系统演变成用户手工操作的翻版,难以满足玉柴公司快速发展的需要。

1994年6月,玉柴公司决定改变实施策略,引进国外成熟的 MRPII 软件,在玉柴公司推行。

2. 项目实施的负责及组织者

玉柴公司 YCMRPII 项目的总负责人是总经理邓强,由复旦大学管理科学博士傅新华协助,项目实施的单位设在信息中心。

3. 软件的选择

在经过广泛调研的基础上,玉柴公司决定引进 CA 公司的 CA-MANMAN/X 软件。因为 CA-MANMAN/X 系统具有以下三个特点。

(1) 高弹性多功能

系统适应用户的生产经营实践。它包含了各种制造方法单独的或任何组合的应用,可以理想地满足企业大范围的需求。系统能够按用户希望满足特定需求,建立和生成一次性用户条件,直至产品 BOM、产品工艺路线和用户文档的自动生成。

(2) 容易修改和扩充

CA-MANMAN/X 工具使用户具备了对迅速多变的市场和用户需求做相应调整的能力,是真正的 4GL 开发环境。系统允许实行多级保密,维护、修改用户报告、菜单和屏幕,并能开发自己的应用程序。写报告功能使得每个人从技术专家到最终用户均能以最有效方式选取、格式化或分析 CA-MANMAN/X 的信息。

(3) 供选择的开放系统

由于开放、模块化结构,CA-MANMAN/X 是独立于计算机软硬件环境的。也就是说,它不受限于某一个工作平台或操作系统环境,它允许选择能最好工作的平台。

在引进 CA-MANMAN/X 软件的同时引进的还有 DEC 公司最先进的 Alpha-2100小型计算机、DEC Alpha-3600 工作站,DEC Hub 900 交换式以太网控制器,20 台终端服务器,建立起一整套交换式以太网技术为基础的企业网络系统。系统由一套 FDDI 主干网、6个局域网组成,网上共有11个部门,280个用户,86台计算机,145个终端。

4. 费用支出

从1994年6月到1996年底实现闭环 MRP,玉柴公司 YCMRPII 共投入资金1 100万元。费用分为硬件及网络、软件以及服务费,其中硬件和网络总费用为700万元,软件和服务费为400万元。国外在实施 MRPII 项目时,通常考察的一个指标是(硬件+软件)/咨询费用,欧美国家企业这个比例一般为1∶3,从玉柴公司的实际情况来看,同这个

数字有较大差异。

5. 实施步骤及方式

玉柴公司实施 YCMRPII 的步骤是:调研—购买软硬件—培训—基础数据的准备及实施。

在实施过程中,先是实施外围模块,然后再实施核心模块。玉柴公司先以销售系统为突破口,从1994年10月开始实施销售子模块,到1995年7月完成。实施周期从1994年6月开始,到1997年8月联合鉴定会的召开,共计3年零2个月。

6. 人员培训

国外企业在实施 MRPII 项目中,非常强调培训的作用,培训贯穿在实施过程始终。培训的内容也非常丰富,针对对象不同选择不同的内容。玉柴公司在选择 CA-MANMAN/X 软件之前没有对企业领导和员工进行培训,培训在实施过程中穿插进行,因为实施过程中主要涉及具体操作,所以培训的重点是业务人员,内容以操作为主。

二、玉柴公司通过实施 MRPII 而获得的经济效益

玉柴公司通过实施 MRPII 所取得的效益包括可计算的经济效益和不可计算的经济效益。

1. 可计算的经济效益

(1) 库存方面

物料存储量的准确性得到提高,缺料、待料情况减少,同时储备数量与金额减少;业务人员摆脱了大负荷、低水平的手工作业,减少了不必要的重复工作;库存准确性提高也提高了客户服务水平;库存系统同其他系统集成,管理部门可以随时查询,对各仓库库存及占用资金心中有数,方便管理和监督;物料周转率提高,呆滞比例下降。在应用系统的前三个月,库存占用资金下降了6 370万元,占原来库存水平的40%,按照年利率为7%计算,为446万元。

(2) 人工方面

实施 MRPII 后,业务员就是操作员,取消了长期以来的专职微机操作员岗位,如按每人年收入1万元计算,减少的60个岗位可以节省费用60万元。

两项可计算的经济效益总和为每年506万元。

2. 不可计算的经济效益

(1) 基础管理有进步

由于玉柴公司发展快,本来就不扎实的基础管理工作与现实要求的差距越来越大。CA-MANMAN/X 的实施直接拉动了基础管理工作,尤其是基础数据的管理,如设计与制造 BOM、工艺路线、工时定额、计划价格、供应商、客户等资料的标准化。公司级编码体系完善,其意义远远超过 CA-MANMAN/X 的实施本身。

(2) 业务程序理顺

手工操作方式下,跨部门的业务都是由人来协调的,人治色彩浓,导致责任不清、出现问题相互推委。随着 CA-MANMAN/X 的推行,在公司层面上理顺了业务处理流程及各部门的责任关系,明确了业务协调方式。

(3) 为公司实现"精细作业,精细管理"提供了技术基础由于 CA-MANMAN/X 的实施,公司在生产方式的转变上有了技术保证,为新的管理方法与技术如电子看板、拉式生产、准时化生产等的应用提供了便利。

(4) 销售方面

销售系统的实施,使销售人员摆脱了大负荷、低水平的手工作业,除了完成正常业务合同、订单、出入库、发票和财务进帐等活动,还能利用现有系统的数据,进行柴油机销售流向、产品销售、地区分布趋势、销售动态、销售结构分析、订单分析等统计分析。

(5) 采购方面

采购系统和库存管理系统集成,采购人员不必花费大量的时间查询库存,有利于采购部门人员对自身的控制,也加强了公司对采购部门的了解和监控。

(6) 生产方面

MRPII 系统的实施,实现了从生产领料、下达生产进度计划、完工生产进度计划到产品交库等一系列生产制造过程的计算机辅助管理,信息传递及时,反馈迅速,有利于各级管理人员指挥生产。

(7) 财务方面

尽管财务系统和其他系统没有集成,但由于库存的准确性提高,采购业务以及生产的规范化,使得财务数据的来源畅通,准确性和及时性都有了保证。

三、YCMRPII 系统应用存在的问题

一个完整实施的 MRPII 系统应当具备如下功能特点:各制造环节子系统实现了集成;实现了物流、信息流与资金流一体化的控制;数据在整个企业范围内共享;可以用系统进行企业决策模拟。

玉柴公司 CA-YCMRPII 在 1997 年 8 月通过了由机械厅主持的相关机构和高校的联合鉴定,等级为 A,并给予极高的评价。但实际上,按照实施 MRPII 的企业分级标准认定,玉柴公司 CA-YCMRPII 应该属于第二层次,即大约为国际通用标准的 B 级,达不到鉴定委员会所认为的 A 级,理由如下。

① 闭环 MRP 已经完成,但未实现物流、信息流和资金流的集成,财务系统仍是"孤岛",自成体系。

② 工作规程不完善,系统使用不具有强制性,业务部门不及时维护系统的事情时有发生。

③ 多数企业领导并没有真正理解 MRPII,也不会正确使用,造成资源的浪费,也增加了员工的工作量。

④ 采购系统还是手工与计算机两套系统并存。

思考:

玉柴公司在推行 MRPII 的过程中,有哪些工作是存在问题的?玉柴公司 MRPII 的实施是成功的吗?为什么?

【案例 11.2】

耐克为 i2 事件付出惨重代价

在 2000 年 6 月前后，耐克公司供应链管理系统的一个部件——i2 需求与供应规划软件系统——出现了问题。由于 i2 的需求预测应用和其供应链规划程序（规划具体产品的生产）使用不同的业务规则并用不同的格式保存数据，因而集成这两个应用程序很困难。i2 软件必须进行大量的定制工作才能与耐克的老软件一起使用，否则该软件记录一条输入条目需要长达 1 分钟的时间。在耐克所使用几千万个产品号的重压下，该系统经常崩溃。系统常常忽略了一些订单，重复了另一些订单。需求规划程序还在订单数据输入 6 到 8 周后删除它们，令规划人员不可能记起他们曾要求每家工厂生产什么。最终，导致了在 2000 年 Air Garnetts 运动鞋订单比市场需求多出了上万双，而 Air Jordans 运动鞋的订单却比需要的数量少了几千双。这样一个软件故障让耐克损失了 1 亿美元的销售额，使它的股价下跌了 20%，触发了一系列共同起诉官司，让董事长、总裁兼 CEO Phil Knight 悲哀地说出了"这就是你们花了 4 亿美元买的东西，嗯？"的名言。

耐克采用 i2 供应链管理系统的目的是使一双运动鞋的生产周期从 9 个月缩短到半年。减少 3 个月时间将使耐克的生产周期与零售商的订购时间表相匹配：他们 90% 的运动鞋是在交货时间之前 6 个月订购的。这意味着耐克可以开始按订单生产运动鞋，而不是提前 3 个月生产，然后盼望能够卖出它们。将供应链由"按产定销"转变为"按订单生产"是任何渴望通过供应链获得竞争优势的公司的梦想。

耐克在其 SAP ERP 系统内建立一个供为北美、中东和非洲每一位雇员使用的巨型集成数据库。在软件投入使用前，让所有人在业务惯例和公共数据定义上取得一致，这在 ERP 项目管理中很少见。不幸的是，耐克没有将同样的耐心用在实施其供应链战略第一部分上：i2 需求与供应规划软件应用。耐克没有将 i2 作为其 SAP ERP 项目的一部分部署，而是决定从 1999 年开始安装 i2，同时仍使用老系统。最终，因为两个系统的不匹配酿成了前面提到的业务问题。

耐克的临时解决办法是将来自 i2 需求预测器的数据下载，然后在需要应用程序共享数据时（每周需要一次），由程序员、质量保证人员和业务人员手工重新加载到供应链规划器中。耐克请来了咨询人员来开发数据库，以绕过 i2 应用程序部分，耐克还开发了一些定制的桥接程序，以使 i2 需求和供应规划器应用可以共享数据。虽然耐克声称到了 2000 年 11 月这些问题都被解决了，但损失已经造成了，而且这些问题造成的破坏一直影响到耐克下个季度的销售和库存。耐克全球运营与技术副总裁 Roland Wolfram 说，由于与 SAP 规划相比，i2 是一个非常小的项目，因此在 i2 部署上，耐克错误地相信了一种虚假的安全感。他说："由于它不改变企业中的其他东西，它看上去好像我们可以更容易做到，但是结果却是它非常复杂。"

思考：

耐克为什么会遭遇巨大损失？耐克的教训对建立供应链管理系统有哪些启示？

【案例 11.3】

国家电子政务外网实施

国家电子政务外网是我国电子政务重要的基础设施，基于国家电子政务传输网，由中央政务外网和地方政务外网组成，主要服务于各级党委、人大、政府、政协、法院和检察院等政务部门，为部门业务应用提供网络承载服务，支持业务网络的互联互通，支持跨地区、跨部门的业务应用、信息共享和业务协同，满足各级政务部门社会管理、公共服务等方面的需要。

一、国家电子政务外网的功能

国家电子政务外网主要用于运行政务部门不需要在国家电子政务内网上运行的业务，为政府公务员提供专业性的服务，为政务部门纵向的业务系统提供网络、信息、安全等技术支撑服务，为社会公众提供政务信息服务。

国家电子政务外网分期建设，一期工程通过租用电信运营商的信道，采用 IP 技术，组成中央城域网和广域骨干网。目前，网络主体工程已经基本建成。主要包括：构建完成了中央城域网、中央到各省市的一级广域骨干网，完成了中央级网络安全保障体系、电子认证系统和中央网管中心的建设等项任务，同时开始承载一批部委业务应用。

二、国家电子政务外网的结构

政务外网一期工程总体结构如图 1 所示。

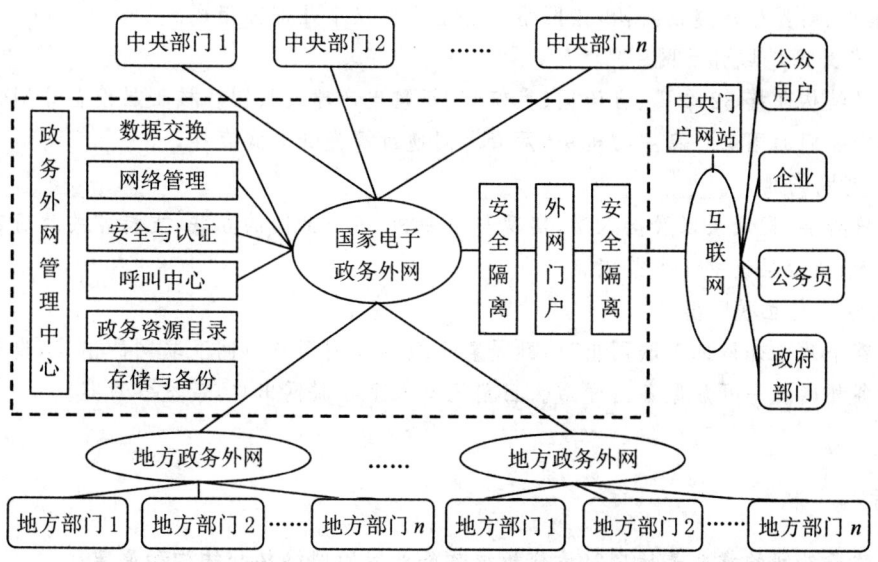

图 1　政务外网一期工程总体结构

本次招标采购是在现有政务外网建设的基础上,为网络系统的扩容与调整、进一步加强网络安全性以及增强应用备份系统等需要而采购相应的软硬件设备和服务。

三、国家电子政务外网的拓扑结构

目前国家电子政务外网一期工程已经进入试运行阶段,其网络拓扑结构如图 2 所示。

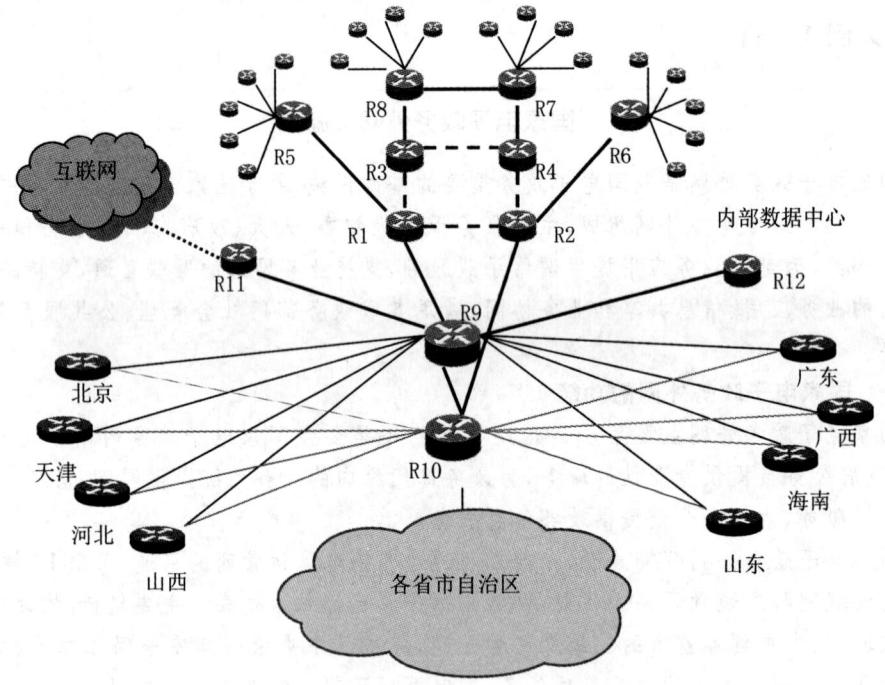

图 2 政务外网网络拓扑结构

政务外网一期工程实现横向联接国务院 30 多个部委局署单位,纵向联接 32 个省、自治区、直辖市、新疆生产建设兵团,该网络平台主要由以下几部分组成。

1. 政务外网广域骨干网

以双星结构联接 32 个省、自治区、直辖市、新疆生产建设兵团。核心层设备分别位于木樨地和广安门的国家信息中心机房,两者之间通过裸光纤方式直连。

2. 中央城域网

分为核心层、汇聚层以及接入层,实现与中央 30 多个部门的互联,支持相关政府部门的专网接入,核心层设立 4 个节点。

3. 政务外网互联网出口

提供整个政务外网的互联网出口,既是整个政务外网用户访问互联网的出口,也是公众访问政务外网统一开放服务的通道。目前已有三个互联网出口,带宽各百兆。

思考:

实施政务外网的意义是什么?请分析该政务外网的网络拓扑结构和原理。

参 考 文 献

1. 石新玲.管理信息系统.北京:清华大学出版社,2014.
2. 李政博,陈博,罗杰.管理信息系统.哈尔滨:哈尔滨工业大学出版社,2014.
3. 宋晓英,苑伟.管理信息系统(第五版).大连:大连理工大学出版社,2017.
4. 史艳萍,洪奕,刘铁.管理信息系统.武汉:华中科技大学出版社,2018.
5. 刘仲英.管理信息系统(第3版).北京:高等教育出版社,2017.
6. 郭东强,傅冬绵.现代管理信息系统.北京:清华大学出版社,2017.
7. 李敏.管理信息系统(第2版).北京:人民邮电出版社,2017.
8. 薛华成.管理信息系统(第6版).北京:清华大学出版社,2012.
9. 张建华.管理信息系统(第二版).北京:中国电力出版社,2014.
10. 陈广宇,任慧玉.管理信息系统(第二版).北京:清华大学出版社,2016.
11. 刘伟.管理信息系统(第2版).北京:清华大学出版社,2016.
12. 滕佳东.管理信息系统(第六版).长春:东北财经大学出版社,2018.
13. 范并思,许鑫.管理信息系统(第二版).上海:华东师范大学出版社,2018.
14. 王桂玲等.物联网大数据处理技术与实践.北京:电子工业出版社,2017.
15. 黄梯云,李一军.管理信息系统(第四版).北京:高等教育出版社,2009.
16. 雒伟群.管理信息系统教程.北京:国防工业出版社,2012.
17. 袁红清.管理信息系统理论与实训.北京:机械工业出版社,2012.
18. 秦秋莉,邵丽萍,刘会齐.管理信息系统.北京:科学出版社,2010.
19. 黄超,李丽等.管理信息系统.北京:清华大学出版社,2012.
20. 韩雅鸣.管理信息系统.北京:清华大学出版社,2011.
21. 钟雁.管理信息系统.北京:北京交通大学出版社,2012.
22. 张稼.管理信息系统.北京:电子工业出版社,2011.
23. 张志清.管理信息系统实用教程(第2版).北京:电子工业出版社,2011.
24. 温雅丽.ERP原理与应用教程.北京:北京大学出版社,2011.
25. 程国卿,吉国力.企业资源计划ERP教程.北京:清华大学出版社,2011.
26. 马士华,林勇.供应链管理(第3版).北京:机械工业出版社,2010.
27. 甘仞初.电子政务系统的体系结构.北京:机械工业出版社,2011.
28. 杨光凯.电子政务(第二版).大连:东北财经大学出版社,2011.
29. 王琦等.电子政务.北京:电子工业出版社,2011.